Kohlhammer

Die Herausgeberin

Prof. Dr. Annette Leonhardt, Ordinaria für Gehörlosen- und Schwerhörigenpädagogik an der Ludwig-Maximilians-Universität München, 2013 bis 2017 Dekanin der Fakultät für Psychologie und Pädagogik, zahlreiche nationale (darunter das Forschungsprogramm »Integration/Inklusion Hörgeschädigter in allgemeine Einrichtungen«) und internationale Forschungsprojekte (u. a. in der Slowakei, Tschechien, Japan, Äthiopien, Russland, Großbritannien und Nepal), 2010 Hear the World Award, 2012 Preis der Pädagogischen Stiftung Cassianeum, 2012 Bundesverdienstkreuz, 2016 Erhalt des Signets »Bayern barrierefrei – Wir sind dabei« als Anerkennung der wissenschaftlichen Arbeit zur Umsetzung der Barrierefreiheit.

Annette Leonhardt (Hrsg.)

Inklusion im Förderschwerpunkt Hören

mit Beiträgen von
Claudia Gräfen
Thomas Kaul
Kirsten Ludwig
Melanie Pospischil
Jürgen Wessel

Verlag W. Kohlhammer

Dieses Werk einschließlich aller seiner Teile ist urheberrechtlich geschützt. Jede Verwendung außerhalb der engen Grenzen des Urheberrechts ist ohne Zustimmung des Verlags unzulässig und strafbar. Das gilt insbesondere für Vervielfältigungen, Übersetzungen, Mikroverfilmungen und für die Einspeicherung und Verarbeitung in elektronischen Systemen.

Die Wiedergabe von Warenbezeichnungen, Handelsnamen und sonstigen Kennzeichen in diesem Buch berechtigt nicht zu der Annahme, dass diese von jedermann frei benutzt werden dürfen. Vielmehr kann es sich auch dann um eingetragene Warenzeichen oder sonstige geschützte Kennzeichen handeln, wenn sie nicht eigens als solche gekennzeichnet sind.

1. Auflage 2018

Alle Rechte vorbehalten
© W. Kohlhammer GmbH, Stuttgart
Gesamtherstellung: W. Kohlhammer GmbH, Stuttgart

Print:
ISBN 978-3-17-026888-3

E-Book-Formate:
pdf: ISBN 978-3-17-026889-0
epub: ISBN 978-3-17-026890-6
mobi: ISBN 978-3-17-026891-3

Für den Inhalt abgedruckter oder verlinkter Websites ist ausschließlich der jeweilige Betreiber verantwortlich. Die W. Kohlhammer GmbH hat keinen Einfluss auf die verknüpften Seiten und übernimmt hierfür keinerlei Haftung.

Vorwort der Reihenherausgeber

Vor dem Hintergrund der UN-Behindertenrechtskonvention, die seit 2009 für Deutschland verbindlich gilt, entwickelt sich die Idee der Inklusion zu einem neuen Leitbild in der Behindertenhilfe. Sowohl in der Schule als auch in anderen gesellschaftlichen Bereichen sollen Menschen mit Behinderung von vornherein in selbstbestimmter Weise teilhaben können. Inklusion in Schule und Gesellschaft erfordert einen gesamtgesellschaftlichen Reformprozess, der sowohl auf die Umgestaltung des Schulsystems als auch auf weitreichende Entwicklungen im Gemeinwesen abzielt. Der Ausgangspunkt dieser Entwicklung wird in Deutschland durch ein differenziertes Bildungssystem und eine stark ausgeprägte spezialisierte sonderpädagogische Fachlichkeit bezogen auf unterschiedliche Förderschwerpunkte bestimmt. Vor diesem Hintergrund soll die Buchreihe »Inklusion in Schule und Gesellschaft« Wege zur selbstbestimmten Teilhabe von Menschen mit Behinderung in den verschiedenen pädagogischen Arbeitsfeldern von der Schule über den Beruf bis hinein in das Gemeinwesen und bezogen auf die unterschiedlichen sonderpädagogischen Förderschwerpunkte aufzeigen. Der Schwerpunkt liegt dabei im schulischen Bereich. Jeder Band enthält sowohl historische und empirische als auch organisatorische und didaktisch-methodische sowie praxisbezogene Aspekte bezogen auf das jeweilige spezifische Aufgabenfeld der Inklusion. Ein übergreifender Band wird Ansätze einer interdisziplinären Grundlegung des neuen bildungs- und sozialpolitischen Leitbildes der Inklusion umfassen.

Die Buchreihe umfasst die folgenden Einzelbände:
Band 1: Inklusion in der Primarstufe
Band 2: Inklusion im Sekundarbereich
Band 3: Inklusion im Beruf
Band 4: Inklusion im Gemeinwesen
Band 5: Inklusion im Förderschwerpunkt emotionale und soziale Entwicklung
Band 6: Inklusion im Förderschwerpunkt geistige Entwicklung
Band 7: Inklusion im Förderschwerpunkt Hören
Band 8: Inklusion im Förderschwerpunkt körperliche und motorische Entwicklung
Band 9: Inklusion im Förderschwerpunkt Lernen

Vorwort der Reihenherausgeber

Band 10: Inklusion im Förderschwerpunkt Sehen
Band 11: Inklusion im Förderschwerpunkt Sprache
Band 12: Inklusive Bildung – interdisziplinäre Zugänge

Die Herausgeber
Erhard Fischer
Ulrich Heimlich
Joachim Kahlert
Reinhard Lelgemann

Inhaltsverzeichnis

Vorwort der Reihenherausgeber		5

Vorwort		11

1	**Grundlagen**	**15**
1.1	Zielgruppe	16
1.2	Kommunikation	31
1.3	Organisationsformen der Erziehung und Rehabilitation	36
1.3.1	Förderung am Förderzentrum Hören und Kommunikation	36
1.3.2	Modelle inklusiver Förderung	44
1.4	Der Hörgeschädigtenpädagoge als Experte	51

2	**Entwicklungsbereiche**	**58**
2.1	Hör- und Sprechentwicklung	59
2.2	Lautspracherwerb	67
2.3	Gebärdenspracherwerb	76
2.4	Mehrsprachigkeit	82
2.5	Schriftspracherwerb	87
2.6	Kognitive Entwicklung	97
2.7	Psychosoziale Entwicklung	106

3	**Rahmenbedingungen**	**117**
3.1	Nachteilsausgleich	118
3.2	Sächliche Ressourcen	126
3.2.1	Technische Hilfen	126
3.2.2	Räumliche Bedingungen	130
3.3	Personelle Ressourcen	135

3.3.1	Fachliche Begleitung	135
3.3.2	Zusammenarbeit mit den Eltern	139
3.3.3	Weitere personelle Unterstützungsangebote	150

4 Inklusiver Unterricht mit hörgeschädigten Schülern — 154

4.1	Didaktisch-methodische Grundlagen	157
4.2	Verstehen ermöglichen	158
4.2.1	Kommunikation sichern	159
4.2.2	Lehrersprache optimieren	160
4.2.3	Veranschaulichen und visualisieren	161
4.2.4	Strukturieren	163
4.2.5	Differenzieren	164
4.2.6	Wissensrahmen herstellen	165
4.3	Soziale Inklusion ermöglichen	166
4.3.1	Klassenklima gestalten	166
4.3.2	Sensibilität etablieren	168
4.3.3	Identitätsarbeit unterstützen	169
4.4	Unterrichtung und Förderung lautsprachlich kommunizierender Schüler	170
4.4.1	Kompetenzbereiche	170
4.4.2	Fremdsprachenunterricht	174
4.4.3	Mathematikunterricht	176
4.4.4	Allgemeine Hinweise	178
4.5	Unterricht und Förderung gebärdensprachlich kommunizierender Schüler	179
4.5.1	Einsatz von Gebärdensprachdolmetschern im Unterricht der allgemeinen Schule	181
4.5.2	Deutsch als Herausforderung	186
4.5.3	Deutsche Gebärdensprache als Unterrichtsfach	190
4.5.4	Fremdsprachenunterricht	191
4.5.5	Mathematikunterricht	192

5 Vergangenheit, Gegenwart und Zukunft der Inklusion — 194

| 5.1 | Die Verallgemeinerungsbewegung | 195 |
| 5.2 | Internat und Externat? – Der Übergang zurück zur segregierten Beschulung | 219 |

| 5.3 | Entwicklungen im 20. Jahrhundert | 222 |
| 5.4 | Auf dem Weg zur Inklusion | 225 |

Literaturverzeichnis **230**

Autorenverzeichnis **254**

Vorwort

Inklusion ist das alles dominierende Thema in den Schulen der Gegenwart. Es hat alle Schularten erreicht und gilt für allgemeine Schulen und Förder- bzw. Sonderschulen gleichermaßen. Während Diskussionen in der Hörgeschädigtenpädagogik in der Vergangenheit vorrangig als fachliche Auseinandersetzungen innerhalb des Wissenschaftszweiges geführt wurden, hat die aktuelle Inklusionsdebatte eine neue, andere Dimension erreicht. Sie findet »übergreifend« statt, was nicht selten dazu führt, dass spezifische Erfordernisse einzelner Förderschwerpunkte vernachlässigt werden oder unberücksichtigt bleiben. Mit diesem Buch soll versucht werden, Spezifisches im Förderschwerpunkt Hören hervorzuheben.

Das Ziel der Autoren ist es, den Lehrkräften der allgemeinen Schulen umfassende Informationen zur Verfügung zu stellen, die aus Sicht der Fachvertreter der Hörgeschädigtenpädagogik die Unterrichtung, Förderung und Begleitung von Schülern mit Hörschädigung in der allgemeinen Schule unterstützen.

Mit dieser Publikation liegt der siebte Band der von Erhard Fischer, Ulrich Heimlich, Joachim Kahlert und Reinhard Lelgemann herausgegebenen Reihe vor. Ihrer Initiative ist die Reihenherausgabe zu verdanken. Für uns Autoren – Fachvertreter der Universität zu Köln und der Ludwig-Maximilians-Universität München – war es Anlass, in einen intensiven fachlichen Dialog zu treten und Forschungsergebnisse, Erfahrungen und Ideen auszutauschen. In dem nun vorliegenden Buch sehen wir gemeinsam die Möglichkeit, den Lehrkräften der allgemeinen Schulen spezifisches Wissen über den Förderschwerpunkt Hören zu vermitteln. Unser Autorenteam hat sich bei der Erarbeitung stets von dem Gedanken leiten lassen, der Lehrkraft der allgemeinen Schule die notwendigen Informationen zu geben, die sie braucht, wenn sie einen oder mehrere Schüler mit Hörschädigung in ihrer Klasse unterrichtet. Dabei waren die Bandbreite der Hörschäden ebenso wie deren jeweilige, sehr individuelle Auswirkungen und entwicklungspsychologische Phänomene zu beachten. In einzelnen Passagen oder Textstellen gehen die Ausführungen über grundlegendes Wissen hinaus.

Um das Buch in der vorliegenden Form veröffentlichen zu können, gab es zahlreiche Treffen des Kölner Teams mit dem Münchener Team. Nicht nur, dass an dieser Publikation Fachvertreter verschiedener Bundesländer beteiligt waren und eng kooperierten, sondern auch, dass es galt, eine bundesweit nutzbare, informative und gewinnbringende Schrift vorzulegen, machte u. a. Absprachen hinsichtlich der Begrifflichkeit und der inhaltlichen Gestaltung erforderlich. So heißen beispielsweise die schulischen Einrichtungen für Hörgeschädigte in nahezu jedem Bundesland und zum Teil sogar innerhalb eines Bundeslandes unterschiedlich. Wir haben uns für die durchgängige Benutzung der Bezeichnung »Förderzentrum Hören und Kommunikation« entschieden. Ebenso wird »allgemeine Schule« verwandt, wofür in einigen Bundesländern »Regelschule« benutzt wird.

Im Fokus des Buches stehen die peripher hörgeschädigten Schüler. Das hat dazu geführt, dass Schüler mit Auditiven Verarbeitungs- und Wahrnehmungsstörungen (AVWS) nur Erwähnung finden und auf die Erörterung der Situation und Unterrichtung schwer mehrfachbehinderter hörgeschädigter Schüler bewusst verzichtet wird.

Der fachliche Austausch hat die Fachvertreter der beiden Universitäten bereichert und vorangebracht. Das, so hoffen wir, ist dem Inhalt der vorliegenden Publikation zugutegekommen.

Um die Lesbarkeit der Beiträge zu erhöhen, wird durchgehend das generische Maskulinum verwandt und umfasst damit weibliche und männliche Personen.

Als Herausgeber gilt mein Dank allen Autoren, die trotz hoher Belastungen im universitären Alltag bereit waren, mitzuwirken. Herausgeberwerke entstehen meistens in der Form, dass der Herausgeber »den Hut auf hat«, die Beiträge sammelt und redigiert. In diesem Fall entstand das Buch in echter Teamarbeit; jedes Kapitel wurde gemeinsam abgesprochen, wiederholt diskutiert und abgestimmt. Dabei waren wir stets von der Frage geleitet: Was sollte die Lehrkraft der allgemeinen Schule wissen, um Schüler mit unterschiedlichsten Hörschäden und den jeweiligen sehr individuellen Auswirkungen zu unterrichten? Mein besonderer Dank gilt den Kollegen aus Köln, die wiederholt bereit waren, zu den Arbeitssitzungen nach München zu kommen. Zu danken habe ich aber auch den Mitwirkenden aus München, die unermüdlich an der Fertigstellung der Beiträge arbeiteten. Aus Sicht beider Teams waren diese Treffen eine Zeit bereichernder, intensiver Zusammenarbeit.

In der Anfangszeit gehörte Frau Katja Sachsenhauser zum Autorenteam, sodass einzelne Textstellen in Kapitel 4 dankenswerterweise unter ihrer Mitwirkung entstanden.

Last but not least möchte ich Frau Hannelore Raudszus erwähnen, die mit bewährter Umsicht, aber inzwischen veränderten Bedingungen, die technische Bearbeitung des Manuskripts übernahm. Ohne sie wäre das Buch nicht zu diesem Zeitpunkt erschienen. Dafür sei ihr herzlich gedankt!

Annette Leonhardt im Namen der Autoren

1

Grundlagen

Das Kapitel gibt einen Überblick über die unterschiedlichen Arten und Grade von Hörschäden und deren jeweilige Auswirkungen (insbesondere auf die Sprach-, aber auch Persönlichkeitsentwicklung betroffener Kinder und Jugendlicher). Zusätzlich wird über die besonderen Entwicklungsbedingungen von hörgeschädigten Schülern ausländischer Herkunft und von hörgeschädigten Schülern mit weiteren Behinderungen informiert.
Zum allgemeinen Verständnis werden die von Schülern mit Hörschädigung benutzten Kommunikationsmittel vorgestellt.
Nach der Darstellung der unterschiedlichen Organisationsformen der Bildung, Erziehung und Rehabilitation hörgeschädigter Kinder und Jugendlicher – von Geburt an bis hin zur schulischen Förderung – wird die Vielfalt aktueller Modelle inklusiver schulischer Förderung beschrieben.
Das abschließende Teilkapitel verweist auf die sich verändernde Rolle der Hörgeschädigtenpädagogen im Zeichen der Inklusion und erörtert

> die vielfältigen (Kooperations-)Angebote dieser an die allgemeinen Schulen.

1.1 Zielgruppe

Annette Leonhardt

Beschreibung des Schülerkreises

Schüler mit Hörschädigung bilden eine äußerst heterogene Gruppe. Der Begriff »Hörschädigung« ist der Oberbegriff für alle Arten und Ausprägungsgrade (leicht-, mittel- bis hochgradig oder der vollständige Verlust des Gehörs) einer Höreinschränkung. Im Schulalter sind etwa zwei von 1.000 Kindern betroffen (Probst 2008, 181) (bei Geburt nur eins von 1.000). Das heißt, die Zahl der bleibend hörgeschädigten Kinder verdoppelt sich, zumeist in Folge einer Erkrankung (z. B. einer Mittelohrentzündung sowie deren gehäuftes Auftreten oder einer Meningitis). Neben den peripheren Hörschäden gibt es zentrale Wahrnehmungs- und Verarbeitungsstörungen (des Gehörten); man spricht dann von zentralen Hörstörungen. Die Zahl der davon betroffenen Schüler ist in den letzten Jahren sprunghaft angestiegen. Die Ursachen dafür sind noch ungeklärt.

Es wird zunächst zwischen Menschen mit Schwerhörigkeit und Gehörlosigkeit (und Ertaubung) unterschieden. Insbesondere die Gruppe der Schwerhörigen ist äußerst schwierig zu beschreiben. Schwerhörigkeit reicht von »fast normalhörend« (also geringer Höreinbuße) bis zum Übergang zur Gehörlosigkeit. Die Grenze von hochgradiger Schwerhörigkeit zur Gehörlosigkeit ist fließend. Zunehmend sieht man die mit Cochlea Implantat (CI) versorgten Personen als eigenständige Gruppe, obwohl sie – ohne Cochlea Implantat – gehörlos, ertaubt oder hochgradig hörgeschädigt sind. Spätestens seit Einführung des Neugeborenenhörscreenings zum 01.01.2009 und der damit möglich gewordenen frühzeitigen Versorgung mit CI (vor dem 1. Lebensjahr) sowie der inzwischen standardmäßigen beidseitigen Versorgung erscheint das sinnvoll, da sich diese Kinder völlig anders entwickeln als bis zu diesem Zeitpunkt möglich. Dieser frühen CI-Versorgung geht zumeist eine Hörgeräteversorgung (etwa im 3. bis 4. Lebensmonat) voraus, wodurch erste Höreindrücke möglich werden.

Die pädagogische Förderung hörgeschädigter Kinder beginnt unmittelbar nach der medizinisch-audiologischen Diagnose. Diese wird eingeleitet, wenn das Kind beim Neugeborenenhörscreening »hörauffällig« war. Neben der Anpassung von Hörhilfen setzt eine Frühförderung ein, die die Familie berät und die hörgeschädigten Kinder in ihrer sprachlichen, kommunikativen und psychosozialen Entwicklung begleitet und unterstützt. Kindern mit Hörschädigung stehen alle Bildungsabschlüsse (bis hin zur allgemeinen Hochschulreife) offen, die im Rahmen allgemeiner Schulen (inklusiv) oder in Förderzentren mit dem Förderschwerpunkt Hören und Kommunikation – die Bezeichnung ist in den einzelnen Bundesländern unterschiedlich – erreicht werden können. Dabei ist im Schulalltag zu beobachten, dass Schüler mit Hörschädigung während ihrer Schullaufbahn wiederholt zwischen den beiden Beschulungsformen wechseln, um das für ihre aktuelle Schulsituation passende Lern- und Sozialsetting zur Verfügung zu haben.

Allen Schwerhörigen ist gemeinsam, dass sie gesprochene Sprache mit Hilfe von technischen Hörhilfen aufnehmen und ihr eigenes Sprechen – wenn auch mitunter nur eingeschränkt – über die auditive Rückkopplung, also über das Ohr, kontrollieren können. Für die Auswirkungen einer Schwerhörigkeit auf den Entwicklungsverlauf eines (schwerhörigen) Kindes spielen zahlreiche Faktoren eine Rolle, so dass die psychosoziale Situation (▶ Kap. 2.7) und die Erscheinungsbilder erheblich voneinander abweichen können. Schwerhörige kommunizieren in der Regel lautsprachlich. Eine Schwerhörigkeit kann angeboren oder erworben sein. Im schulischen Kontext spielen vor allem die angeborene und die frühzeitig erworbene Schwerhörigkeit eine Rolle. Schwerhörigkeiten können progredient verlaufen, d. h., dass der Umfang des Hörverlustes zunehmen kann. Kindliche Schwerhörigkeiten sind von im Erwachsenenalter eingetretenen Schwerhörigkeiten dahingehend abzugrenzen, dass Erwachsene bei Eintritt der Schwerhörigkeit im Vollbesitz der Sprache (einschließlich der Schriftsprache) sind. Ein Kind braucht hingegen ein funktionsfähiges Gehör, um Sprache (z. B. Lexikon und Grammatik) und Sprechen überhaupt erst zu erlernen. Tritt eine Schwerhörigkeit erst im Schulalter ein, kann der Schüler auf seine bisher erworbenen Kompetenzen in der gesprochenen und geschriebenen Sprache zurückgreifen und wirkt daher zunächst oft unauffällig. Er steht jedoch einer ihm völlig neuen Situation gegenüber, an die er sich erst gewöhnen und für die er Strategien entwickeln muss, mit der Höreinschränkung umzugehen. Er muss sich an das Tragen von Hörgeräten gewöhnen und das ergänzende Absehen erst erlernen, was sich von Geburt an Hörgeschädigte parallel zur Sprachentwicklung aneignen.

1 Grundlagen

Gehörlosigkeit ist keine gesonderte Hörstörung, sondern letztendlich eine extreme (vom Ausmaß sehr umfassende) Schwerhörigkeit. Eine absolute Taubheit, bei der keinerlei Hörreste mehr vorhanden sind, ist sehr selten und kommt bestenfalls bei 2% der als »gehörlos« geltenden Menschen vor (Pöhle 1994, 12). Die Hörreste sind jedoch so gering, dass Lautsprache nicht auf natürlichem (imitativem) Weg erworben werden kann. Der Hörverlust ist vor oder während des Spracherwerbs eingetreten. Die Menschen mit Gehörlosigkeit kommunizieren meist in Gebärdensprache. Seit den 90er Jahren des 20. Jahrhunderts ist für diesen Personenkreis eine frühzeitige und beidseitige (beidseitig wird für Kinder seit etwa 2003 bis 2005 in Abhängigkeit von der jeweiligen Krankenkasse bezahlt, davor nur einseitig) Cochlea Implantat-Versorgung möglich und gängig geworden, die ihnen ein über das Hören vollzogenen Spracherwerb ermöglicht. Diesen frühzeitig und beidseitig mit CI versorgten Kindern eröffnet sich ein an der Norm angenäherter Spracherwerb, wobei sie hörgeschädigt bleiben und nach einer CI-Versorgung eine lebenslange Nachsorge erforderlich ist. Ob ein gehörloses Kind das CI erhält oder nicht, entscheiden (nach Beratung) die Eltern. Zu beachten ist, dass das CI ein Hören ermöglicht, die Person dennoch aber nicht normalhörend ist. Von den gehörlosen Kindern haben 90 (Schein 1987, 12f.; Krüger 1991, 29) bis 95% (Hintermair et al. 2014, 71) gut hörende Eltern. Diese entschließen sich heute nahezu zu 100% zu einer CI-Versorgung ihres (gehörlosen bzw. hochgradig hörgeschädigten) Kindes. Die anderen 5 bis 10% haben gehörlose bzw. hörgeschädigte Eltern. Von ihnen wählen derzeit schätzungsweise 40% ebenfalls ein Cochlea Implantat. Bei gehörlosen Eltern besteht nicht wie bei gut hörenden das Kommunikationsproblem. Sie können (im Vergleich zu gut hörenden Eltern) mittels Gebärdensprache von Anfang an mit ihrem Kind kommunizieren, da sie ihnen zur Verfügung steht.

Kommt es zu einem so umfassenden Hörschaden erst nach dem Spracherwerb (als untere Altersgrenze wird hier etwa das 3./4. Lebensjahr angegeben), spricht man von Ertaubung. Nach dem Hörstatus sind diese Personen gehörlos. Sie unterscheiden sich aber gravierend von der Gruppe der Gehörlosen, da sie auf normalem Weg, also imitativ, die Sprache erlernt haben. Sie können auf die (in mündlicher und schriftlicher Modalität) erlernte Sprache weiter zurückgreifen, es fehlt ihnen allerdings der akustische Zutritt. Eine Ertaubung stellt eine enorme psychische Belastung dar und hat besonders in psychosozialer Hinsicht erhebliche Auswirkungen. Die Gruppe der Ertaubten profitiert heute in hohem Maß von einer Cochlea Implantat-Versorgung, da ihnen damit – wenn auch unter veränderten Bedingungen – ein Hören (wieder) möglich ist und sie auf die bis zur Ertaubung gemachten (Hör-)Erfahrungen zurückgreifen und nutzen können.

Cochlea Implantat-Träger (oder kurz CI-Träger) sind Personen, die bis zur CI-Versorgung gehörlos oder hochgradig schwerhörig waren, ihr Gehör verloren haben (nach Ertaubung) oder eine progredient verlaufende Schwerhörigkeit hatten, die irgendwann ein solches Ausmaß annahm, dass eine Verständigung über das Gehör nicht mehr möglich war. Die letztgenannte Gruppe kommt eigentlich nur im Erwachsenenalter vor. Cochlea Implantationen sind seit Beginn der 80er Jahre des 20. Jahrhunderts möglich. Nachdem anfänglich nur Erwachsene versorgt wurden, kam es Ende der 80er Jahre erstmalig zur Versorgung eines anderthalbjährigen, von Geburt an gehörlosen Mädchens und weiterer nach Meningitis ertaubter Kinder (Lehnhardt 1997, 27f.). Im Verlauf der 90er Jahre verbreitete sich die CI-Versorgung bei Kindern mit angeborener Gehörlosigkeit und hochgradiger Schwerhörigkeit. Das technische Produkt »Cochlea Implantat« wurde und wird ständig weiterentwickelt, ebenso die Operationsmethoden und die mit einer CI-Versorgung notwendige Rehabilitation durch ein interdisziplinär zusammengesetztes Team.

Eine weitere Gruppe bilden Schüler mit angeborenen Missbildungen des Außenohres, wie z. B. bei Gehörgangsatresie (angeborener Verschluss des äußeren Gehörgangs) auch mitunter vergesellschaftet mit Lippen-Kiefer-Gaumen-Spalte, oder Fehlbildungen der Ohrmuschel. Da der Schall dadurch nicht ungehindert zum Mittelohr geleitet wird, kommt es zu Höreinbußen, die insbesondere bei bilateraler Ausprägung zu Störungen der Sprachentwicklung führen können. Hörhilfentechnisch sind die Kinder oft mit Knochenleitungshörgerät versorgt.

Arten von Hörschäden

Es sind zu unterscheiden:

a) Schallleitungsschwerhörigkeit
b) Schallempfindungsschwerhörigkeit
c) eine aus diesen beiden Formen bestehende kombinierte Schwerhörigkeit (auch kombinierte Schallleitungs- und Schallempfindungsschwerhörigkeit)
d) Gehörlosigkeit
e) Ertaubung
f) einseitige Hörschädigungen
g) Auditive Verarbeitungs- und Wahrnehmungsstörungen (AVWS).

Die unter a) bis f) aufgeführten Arten zählen zu den peripheren Hörschäden. Die AVWS ist eine zentrale Störung (»Gehörtes« kann nicht adäquat wahrgenommen und verarbeitet werden).

Eine *Schallleitungsschwerhörigkeit* (a) ist durch leiseres Hören gekennzeichnet. Der Höreindruck ist also quantitativ beeinträchtigt. Da die Ursache im schallleitenden Teil des Ohres, also dem Mittelohr, liegt, spricht man auch von Mittelohrschwerhörigkeit. Sie kann leicht- bis mittelgradig vorkommen. Die geringere Intensität der Höreindrücke führt dazu, dass unbetonte Redeanteile (Endsilben, Partikel usw.) unzureichend verstanden werden, mit der Folge, dass sie so, wie sie gehört, auch beim eigenen Sprechen verwendet werden. Die Konstanz der Wahrnehmung akustischer Zeichen bleibt erhalten, da keine Klangveränderungen vorliegen. Durch Verringerung der Distanz zwischen Sprecher und Hörer oder durch elektroakustische Verstärkung ist ein »technischer« Ausgleich möglich. Im Unterrichtsalltag bedeutet eine Schallleitungsschwerhörigkeit jedoch auch bei technischer Versorgung (Hörgeräte) eine Beeinträchtigung. Der Schüler muss mehr Konzentration und Aufmerksamkeit aufbringen, um dem Unterricht zu folgen. Die Artikulation der Schüler mit Schallleitungsschwerhörigkeit ist kaum betroffen. Ihr Sprechen ist unauffällig.

Eine *Schallempfindungsschwerhörigkeit* (b) bewirkt ein verändertes, verzerrtes Hören. Der Höreindruck erfährt eine quantitative und qualitative Veränderung. Die Störung liegt im Innenohr, daher wird sie auch als Innenohrschwerhörigkeit bezeichnet. Sie kann vom Umfang her leicht-, mittel- oder hochgradig sowie an Taubheit (Gehörlosigkeit) grenzend sein. Das Verstehen von Sprache (und Klängen) wird mehr oder minder stark erschwert; es wird verzerrt wahrgenommen. Das Gehörte ist im Vergleich zum normalen Gehör stark deformiert. Ohne technische Hörhilfen kann es – in Abhängigkeit vom Ausmaß – zum Nichtverstehen von Sprache kommen; bei Verwendung von Hörhilfen bleibt es ein verändertes, unvollständiges und verzerrtes Hören. Insbesondere hohe Töne werden nicht oder nur deformiert wahrgenommen. Das kann dazu führen, dass Sprachlaute nicht mehr unterschieden werden können. Insbesondere ist das Erkennen der Frikative (z. B. Zischlaute) betroffen, es kann aber auch das Erkennen von Vokalen anbelangen. Das Wahrgenommene ist verzerrt und entstellt, die Differenzierbarkeit der Sprachlaute ist herabgesetzt. Der Betroffene hat keine oder nur eine eingeschränkte Fähigkeit, einzelne Laute und damit auch Wörter über das Gehör zu unterscheiden. Infolgedessen kann er auch Wörter und Sätze nur eingeschränkt oder gar nicht verstehen. Er hört tiefe Töne gut, nimmt die (Sprech-)Stimme wahr, kann aber die einzelnen Teile des Gesprochenen nicht unterscheiden (Leonhardt

2010, 82). Der Betroffene »hört, dass mit ihm gesprochen wird, kann aber nicht verstehen«. Kommen Neben- bzw. Störgeräusche hinzu, was im Unterrichtsalltag häufig der Fall ist, wird das Hören weiter erschwert, da zusätzliche Anforderungen an die Differenzierungsfähigkeit gestellt werden. Demzufolge haben diese Schüler Probleme in der Sprachauffassung. Es kommt zu qualitativen Veränderungen und Klangentstellungen der wahrgenommenen Sprache, da die Laute der Sprache sich gerade in den höherfrequenten Klangfarben eines Tones charakteristisch unterscheiden. Das (möglicherweise) vorhandene Gehör eines Schallempfindungsschwerhörigen im Tieftonbereich reicht aus, um Vokale zu hören, aber nicht, um diese zu unterscheiden. Das wesentliche Merkmal dieser Schwerhörigkeit ist die Verzerrung der Sprache. Es kommt zu einem Verlust an Merkmalen der Sprache, die für die Analyse und Synthese von Sprache notwendig sind. Das Ausmaß der Verzerrung hängt davon ab, welche Frequenzen des Sprachfeldes im und welche außerhalb des Sprachfeldes liegen. Die veränderte Sprachwahrnehmung wirkt sich auf die Sprachentwicklung des betroffenen Kindes aus. Das kann sich beispielsweise in einem eingeschränkten Wortschatz, Auffälligkeiten in der Grammatik, einer veränderten Sprechweise (Artikulation) sowie einer beeinträchtigten Sinnentnahme aus Gehörtem und Gelesenem (Texten) zeigen (fortführend s. Leonhardt 2010, 83–86).

Von *kombinierter Schwerhörigkeit* (c) spricht man, wenn eine Schallleitungsschwerhörigkeit und Schallempfindungsschwerhörigkeit zugleich vorliegen. Es liegen also sowohl eine Störung im Außen- oder im Mittel- als auch Innenohr vor. Da die Schallempfindungsschwerhörigkeit die dominierende Störung ist, sind die Auswirkungen einer kombinierten Schwerhörigkeit mit dieser vergleichbar.

Von *Gehörlosigkeit* (d) spricht man, wenn die gravierende Hörschädigung (s. oben) im frühen Kindesalter (prä-, peri- oder postnatal) *vor* Abschluss des Lautspracherwerbs eingetreten ist. Die Lautsprache kann nicht natürlich auf imitativem Weg erlernt werden. Kinder mit Gehörlosigkeit oder einer hochgradigen Hörschädigung können heute frühzeitig mit Cochlea Implantaten (CI) versorgt werden. Ihnen wird so ein Spracherwerb »über das Ohr« möglich. Sie bleiben aber hörgeschädigt und brauchen besondere Unterstützung und Hilfe. Diese mit CI versorgten Kinder kommunizieren in den meisten Fällen lautsprachlich. Neben den lautsprachlich mit Hilfe von Hochleistungshörgeräten oder Cochlea Implantaten kommunizierenden gibt es gehörlose und hochgradig hörgeschädigte Schüler, die gebärdensprachlich kommunizieren. Sie besuchen dann unter Einsatz eines Gebärdensprachdolmetschers die allgemeine Schule. Bei der letztgenannten Gruppe handelt es sich vorzugsweise (aber nicht ausschließlich) um Kinder gehörloser bzw. hörgeschädigter Eltern, die in der Kommunikation mit ihren Kindern von Anfang an die Gebärdensprache einsetzen können und als Sprachvorbild dienen. Die Sprechweise von Menschen mit Gehörlosigkeit bleibt auch bei guter hörgeschädigtenspezifischer Förderung und fachpädagogischer Anleitung auffällig, da sie ihre eigene Sprache über das Gehör nicht kontrollieren können. Zur Auffassung gesprochener Sprache bedienen sie sich (wie auch die Schwerhörigen) des Absehens, was umgangssprachlich und fälschlicherweise häufig als Lippenlesen bezeichnet wird. Das Absehen bietet dem Absehenden durch Beobachtung der Sprechbewegungen (aber auch des gesamten Gesichtes sowie der Mimik und Gestik) ergänzende Informationen; es gewährleistet aber niemals ein vollständiges Sprachverstehen (▶ Kap. 1.2). Gehörlose Schüler, die mit Gebärdensprachdolmetscher die allgemeine Schule besuchen, kommunizieren über den Gebärdensprachdolmetscher mit dem Lehrer und den Mitschülern. Zunehmend besuchen auch prälingual gehörlose Kinder gehörloser bzw. hochgradig hörgeschädigter Eltern, also Kinder mit ererbter Hörschädigung (zu den Ursachen von Hörschäden, s. weiter unten in diesem Kapitel), die im frühen Kindesalter mit Cochlea Implantaten versorgt wurden, die allgemeine Schule. Sie wachsen bilingual auf und können zwischen Laut- und Gebärdensprache switchen. Im schulischen Kontext verwenden sie im Regelfall ausschließlich die Lautsprache.

Ertaubung (e) bedeutet, dass der Hörverlust erst nach dem Erwerb der Lautsprache (z. B. durch Krankheit oder Unfall) eingetreten ist. Diese Kinder und Jugendlichen haben auf natürlichem Weg Sprechen und Verstehen erlernt. Sie werden heute ebenfalls – es sei denn der Hörnerv wurde geschädigt – zeitnah nach Eintritt der Ertaubung mit Cochlea Implantaten versorgt. Ihnen bleibt so ein Leben als »Ertaubter« erspart, das früher auf Grund des plötzlich eingetretenen Hörverlustes und der damit verbundenen Kommunikationsbarrieren zur ihm umgebenden Umwelt und zu seinen Bezugspersonen zu erheblichen psychosozialen Auswirkungen führte. Mit Hilfe der Cochlea Implantate ist ein Hören wieder möglich. Es entspricht jedoch nicht ihrem vormals nicht oder kaum beeinträchtigten Gehör. Sie lernen aber erfahrungsgemäß rasch, die neuen Höreindrücke zu interpretieren und diese mit ihrem alten Höreindruck »in Deckung« zu bringen. Sie sind so wieder an der Welt der gut Hörenden »angedockt«. Sie können zudem auf die bisher erlernte Sprache aufbauen, was die Rehabilitationsphase erleichtert. Dennoch brauchen sie spezifische Betreuung und Beachtung. Bei Nebengeräuschen haben sie wie alle mit CI versorgten Personen Schwierigkeiten, zu hören und zu verstehen.

Die *einseitige Hörschädigung* (f) wurde lange Zeit in ihren Auswirkungen unterschätzt, da Sprache auf natürlichem Weg vollständig erlernt werden kann. Betroffene verfügen auf einer Seite über ein voll funktionsfähiges Gehör; auf der anderen Seite liegt eine der oben beschriebenen Hörschädigungen unterschiedlichen Ausmaßes vor. Kinder mit einer gering- bis mittelgradigen einseitigen frühkindlichen Hörschädigung entwickeln sich weitgehend unauffällig. Bei hochgradiger einseitiger Hörschädigung kann es zu Verzögerungen und Störungen der Sprachentwicklung kommen. Bei guter Förderung und unterstützendem Elternhaus zeigen die Kinder bei Schuleintritt keine sprachlichen oder kaum sprachlichen Abweichungen von Gleichaltrigen, was dazu führt, ihre Hör- und Verstehensprobleme zu negieren. In der Schule (und schon davor im Kindergarten) kann es zu Auffälligkeiten kommen: Obwohl der Schüler den Unterrichtsalltag weitgehend unauffällig meistert, hört er unter erschwerten Bedingungen. Immer dann, wenn Neben- und Störgeräusche auftreten, ist der Schüler in der auditiven Wahrnehmung beeinträchtigt. Das fehlende Richtungshören – Richtungshören ist die Voraussetzung, um die Schallquelle zu orten (also zu erkennen, wo sich der Sprecher befindet) – und Probleme bei der Störschall-Nutzschall-Trennung können die Teilhabe an sozialen Situationen (und damit am Unterricht) erschweren und erhöhte Aufmerksamkeit und Konzentration des Schülers fordern. Im Schulalltag sind die Hörbedingungen oft ungünstig, da Neben- und Störgeräusche nur begrenzt ausgeschaltet werden können. Sind sie jedoch vorhanden, können Äußerungen des Lehrers und/oder der Mitschüler nicht immer vollständig und angemessen verstanden werden, was zu einer unvollständigen Aufnahme des Gesagten, der Unterrichtsinhalte und damit des Lernstoffs führen kann (Leonhardt 2009a, 122). Schätzungen in der Fachliteratur gehen davon aus, dass einseitig hörgeschädigte Kinder zu 30 bis 40% schulische Lernprobleme zeigen, vor allem im Schriftspracherwerb (Rosanowski/Hoppe 2004).

Eine *Auditive Verarbeitungs- und Wahrnehmungsstörung (AVWS)* (g) liegt vor, wenn – trotz normaler Hörschwelle – zentrale Prozesse des Hörens gestört sind. Das bedeutet, dass höhere Funktionen des Hörens, wie das Sprachverstehen in Ruhe und bei Nebengeräuschen oder die Schalllokalisation, gestört sind. Es wird »gehört«, aber nicht adäquat verarbeitet. Dies kann zu Problemen beim schulischen Lernen führen. Nickisch (2010, 202f.) benennt folgende Auffälligkeiten:

- häufiges Nachfragen
- unangemessene Reaktionen oder Missverständnisse bei verbaler Kommunikation

- Empfindlichkeit bei lauten und schrillen Schallreizen
- vermindertes Sprachverstehen bei Störgeräuschen oder bei mehreren Gesprächspartnern
- hörbedingtes Verwechseln ähnlich klingender Wörter
- Probleme beim Merken mehrteiliger verbaler Aufforderungen
- Probleme bei der Phonemdifferenzierung und Störungen im auditiven Kurzzeitgedächtnis
- Lese- und/oder Rechtschreibstörungen mit häufigen oder vorrangigen Wahrnehmungsfehlern.

Auditive Verarbeitungs- und Wahrnehmungsstörungen fallen meist erst im Schulalter auf. Die Häufigkeit wird auf 2 bis 3% geschätzt, wobei männliche Kinder und Jugendliche doppelt so häufig betroffen sind. Auffällig ist, dass die Diagnosen mit aufsteigenden Schuljahren, also mit größer werdenden Leistungsanforderungen, steigen (Lindauer 2009, 107ff.). Die Verarbeitungs- und Wahrnehmungsschwierigkeiten in der schulischen Lernsituation führen zum schulischen Versagen und erschweren den betroffenen Schülern die Teilhabe am Unterricht, aber auch an sozialen Situationen.

Keine gesonderte Form, aber schulisch bedeutsam sind auch die *minimalen Hörschädigungen*. Ihre Folgen sind in vielerlei Hinsicht vergleichbar mit denen bei einseitiger Hörschädigung. Da die Schüler »auf den ersten Blick« unauffällig wirken, wird ihre Situation oft falsch eingeschätzt. Sie müssen sich beim Hören mehr anstrengen, was zu schnellerer Hörermüdung und rascherem Abbau der Aufmerksamkeit führen kann. Die Folgen sind mangelnde Konzentration, Ablenkbarkeit und Erschöpfung. Mitunter kommt es zu Auffälligkeiten in der (Schrift-)Sprache, da grammatische Markierungen unzureichend wahrgenommen und dann wie gehört verwendet werden. Nicht selten werden die Auswirkungen mit einer Lese-Rechtschreib-Schwäche (LRS) verwechselt.

Für alle Kinder mit einer Hörschädigung gilt, dass es zu Schwierigkeiten kommen kann, den Zugang zur Schriftsprache aufzubauen. Die Ursache liegt im engen Zusammenhang von gesprochener und geschriebener Sprache, der Korrespondenz von Phonemen und Graphemen. Im Schuljahr 2015/16 wurde erstmalig ein Geburtsjahrgang eingeschult, in dem alle Kinder (da zu ihrer Geburt bereits gesetzlich geregelt) das Neugeborenenhörscreening durchliefen und bei angeborener Hörschädigung frühzeitig hörtechnisch versorgt wurden sowie eine frühzeitige Hör- und Sprachförderung erhielten. Es bleibt abzuwarten, inwieweit das nun früh(er) erworbene Lautinventar hier zu einer Verbesserung führt.

Schüler mit Hörschäden haben oft eine gesteigerte Lautstärkeempfindlichkeit, d. h., dass auf Lautes (über)empfindlich reagiert wird, da die eintreffenden Schalleindrücke zu schmerzhaften Empfindungen führen. Die Hörsituation dieser Schüler kann zu Missverständnissen führen: Leises wird, da es unterhalb seiner Hörschwelle liegt, nicht gehört. Signale oberhalb der Schwelle werden erkannt. Bei (zum Teil nur geringer) weiterer Verstärkung ist jedoch die Schmerzschwelle – deutlich früher als bei gut Hörenden – erreicht.

Ausmaß/Grad einer Hörschädigung

Neben den Arten der Hörschädigung spielt das *Ausmaß, also der Grad des Hörverlustes,* eine Rolle. Eine periphere Hörschädigung kann in unterschiedlichem Ausmaß – leicht-, mittel- oder hochgradig (mit Übergang zur Gehörlosigkeit) – vorkommen. Mit steigendem Ausmaß sind die Auswirkungen auf die Sprachentwicklung und das Sprachverstehen des Betroffenen gravierender. Das Ausmaß des Hörverlustes wird in Dezibel (dB) gemessen. Betrachtet wird der Umfang der Abweichung von der Hörschwelle eines normalen Gehörs, das per Definition bei 0 dB liegt. Ein Hörverlust zwischen 20 bis 40 dB wird als leichter, von 40 bis 60 dB als mittlerer, bei 70 dB als erheblicher und zwischen 70 bis 90 dB als extremer oder hochgradiger Hörverlust bezeichnet. Ein darüber hinausgehender Hörverlust (im Hauptsprachbereich) bedeutet Gehörlosigkeit. Zum Vergleich werden in Tabelle 1 für einige Lautstärken Schallereignisse angegeben, um eine ungefähre Vorstellung vom jeweiligen Ausmaß des Hörverlustes zu vermitteln.

Tab. 1: Beispiele für dB-Stärken (s. auch Lindner 1992, 40; Plath 1992, 68; Leonhardt 2010, 56)

Dezibel	Entspricht
0 dB	Hörschwelle
30 dB	Rauschen von Bäumen
40 dB	gedämpfte Unterhaltung
60 dB	Staubsauger, Rundfunkmusik
80 dB	starker Straßenlärm
100 dB	sehr laute Autohupe
120 dB	Flugzeugmotoren in 3 m Abstand
130 dB	schmerzender Lärm

Der Grad bzw. das Ausmaß eines Hörverlustes, aber auch die Art der Hörschädigung, sagen wenig über die individuellen Auswirkungen und Folgeerscheinungen aus. Hörschäden und ihre Auswirkungen sind individuell wie Fingerabdrücke.

Ursachen

Die Ursachen von peripheren (kindlichen) Hörschädigungen sind häufig unbekannt. Biesalski/Collo (1991) geben dafür 40% an. Sie können prä- (vererbt oder pränatal erworben), peri- (z. B. Schädelverletzungen, Atemstillstand, Sauerstoffmangel) oder postnatal (z. B. Meningitis, Encephalitis, Diphtherie, Mumps, Scharlach, Masern, Mittelohrentzündungen) entstehen. Eine Hörschädigung kann in Verbindung mit einer oder mehreren weiteren Behinderungen sowie im Rahmen von Syndromen vorkommen.

Für die AVWS konnte bisher keine einheitliche Ursache ermittelt werden. Sie sind mittlerweile jedoch als Krankheit anerkannt und werden in der Internationalen Klassifikation von Krankheiten (ICD-10) der WHO geführt.

Technische Hörhilfen

Schüler mit Schwerhörigkeit sind im Regelfall mit Hörgeräten (bei einseitiger Hörschädigung mit Hörgerät) versorgt, während solche mit hochgradigen Hörschäden (hochgradige Schwerhörigkeit, Gehörlosigkeit oder Ertaubung) Cochlea Implantate (CI) tragen. Nur ein minimaler Teil nutzt keine technischen Hörhilfen, z. B. wenn die Eltern keine Implantation wünschen oder der Hörnerv nicht angelegt ist. Hörhilfen (Hörgeräte, Cochlea Implantate) tragen zum besseren Hören (auditiven Wahrnehmen) bei, gleichen die Hörschädigung aber niemals vollständig aus. Es bleibt immer ein verändertes, eingeschränktes Hören, das nicht dem gut Hörender entspricht.

Es gibt unterschiedliche Arten von individuellen Hörgeräten. Bei Kindern und Jugendlichen werden am häufigsten HdO(Hinter dem Ohr)-Geräte verordnet. Die Geräte werden vom Hörgeräteakustiker individuell, auf den jeweiligen Hörverlust zugeschnitten, angepasst. Für die Pflege und Wartung sind die Eltern und ab Ende der Grundschulzeit dann der Schüler selbst verantwortlich. Im Unterricht ist auf das Tragen der Hörgeräte zu achten. Gerade inklusiv beschulte (hörgeschädigte) Schüler neigen dazu, ihre Hörgeräte aus Scham nicht zu tragen oder auch um zu sein wie die anderen, und geben an, »auch so genug zu hören« (Lindner 2007,

105 ff.; Bringmann 2013, 213 ff.). Die Hörgeräte sind für die hörgeschädigten Schüler jedoch eine wichtige Unterstützung in der Wahrnehmung von gesprochener Sprache und Umweltgeräuschen. Sie helfen ihnen bei der Orientierung in der Umwelt. Der Schüler sollte stets Ersatzbatterien bei sich haben; bei jüngeren Schülern kann eine Reserve beim Lehrer hilfreich sein.

Zu den individuellen Hörgeräten zählt auch das Knochenleitungshörgerät (bone-anchored hearing aid, kurz: BAHA). Es findet bei Fehlbildungen des Gehörgangs Anwendung. Dieses wird operativ oder durch ein Stirnband am Knochen hinter der Ohrmuschel befestigt. Der Schall wird unter Umgehung des Außen- und Mittelohres direkt über Schallvibrationen an den Schädelknochen und so an das funktionsfähige Innenohr weitergegeben.

Cochlea Implantate (»Innenohrprothesen«) sind technische Hörhilfen, die operativ eingesetzt werden. Sie bestehen aus dem eigentlichen Implantat mit Elektroden, Empfängerspule und Magnet sowie aus externen Teilen. Zu diesen gehören die hinter dem Ohr getragene Sendespule, das Mikrofon, der Sprachprozessor und das Batteriefach. Mit Hilfe der CI wird eine akustische Wahrnehmung möglich. Die heute frühzeitig mit CI versorgten Kinder können die so erzielten Höreindrücke zum Verstehen der gesprochenen Sprache und zur Wahrnehmung von Umweltgeräuschen nutzen.

In schulischen Kontexten werden zusätzlich oft Übertragungsanlagen eingesetzt. Der hörgeschädigte Schüler trägt einen Funkempfänger, der mit den Hörhilfen verbunden ist. Die sprechenden Personen haben einen Sender, der ein Mikrofon enthält. Auf diese Weise sind Sprecher und hörgeschädigte Person direkt miteinander verbunden. Der Vorteil besteht in der Überbrückung der Entfernung und in der Reduzierung der Umgebungsgeräusche, die als Störschall die auditive Wahrnehmung beeinträchtigen können (weiterführend s. Kap. 3.2.2).

Hörgeschädigte Schüler mit Migrationshintergrund

Die Benachteiligung von Kindern und Jugendlichen mit Migrationshintergrund in ihrer schulischen Laufbahn wird in den verschiedenen PISA-Studien, aber auch im Integrationsbericht der Bundesregierung (BMFSFJ 2010) beschrieben. Kommt bei einem Kind mit Migrationshintergrund eine Hörschädigung hinzu, kann sich die Problemlage verschärfen.

Große (2003, 32) kommt in seiner Erhebung an Förderzentren Hören und Kommunikation (Förderschulen für Hörgeschädigte) auf einen Anteil von 12% von Schülern mit ausländischer Herkunft und Spätaussiedlern.

In der Zusammenarbeit mit Eltern mit Migrationshintergrund ist interkulturelle Kompetenz und Kultursensibilität gefragt. Für das Kind mit Hörschädigung kommt dazu, dass es mehrsprachig aufwächst, da zu Hause eine andere Sprache als in der Schule gesprochen wird. Eine gute Sprachkompetenz des Schülers in der Zweitsprache (hier Deutsch als Unterrichtssprache) ist entscheidend für den schulischen Lernerfolg. Werden die Hör-Sprachkompetenz dieser Kinder bzw. die Kulturkompetenz der (gut hörenden) Eltern als abhängige Variablen gesetzt (Diller/Martsch 2010, 8), kann angenommen werden, dass die Schüler mit Migrationshintergrund wesentlich stärker von Benachteiligung betroffen sind (Ludwig et al. 2013; fortführend auch Kap. 3.3.2).

Eine von Große et al. durchgeführte Untersuchung zu hörgeschädigten Schülern mit Migrationshintergrund – allerdings im Rahmen von Förderschulen für Hörgeschädigte – belegt, dass bei diesen Schülern erhöhter bzw. spezieller Förderbedarf in erster Linie in Bezug auf die sprachliche Komponente besteht (genannt werden eingeschränkterer Wortschatz, geringeres Sprachverständnis und unvollkommenere Sprechfertigkeiten). In weitaus geringerem Umfang bestehen Unterschiede in Bezug auf die soziale Einordnung und in Hinsicht auf das Lernverhalten (Große/Schön 2004, 107).

In Deutschland stellen Familien mit türkischer Migrationsherkunft die größte Bevölkerungsgruppe mit demselben Migrationshintergrund dar (Migration wird hierbei entsprechend der Beschreibung des BMFSFJ 2010, 15f. interpretiert). Aus einer Untersuchung von Ludwig et al. (2015, 142) ist bekannt, dass türkische Eltern sich sowohl für eine Beschulung im Förderzentrum Hören und Kommunikation als auch in der allgemeinen Schule entscheiden. Sie verhalten sich damit vergleichbar mit deutschen Eltern. Es wird vermutet, dass das auf Familien mit anderen Herkunftsländern übertragen werden kann.

Die erwähnte Studie von Große und Schön schätzt ein, dass über die Hälfte der Eltern mit Migrationshintergrund lediglich begrenzte Deutschkenntnisse hat (2004, 108). Folglich können diese Eltern das schulische Lernen ihrer Kinder weit weniger unterstützen, als das deutschen Eltern möglich ist. Da eine langjährige Forschungsstudie der Universität München wiederholt belegt hat, dass ein Großteil der (schulischen) Integrations- bzw. Inklusionsleistung durch Vor- und Nacharbeiten von Unterrichtsstoff sowie durch Unterstützung bei der Erledigung der Hausaufgaben durch die Eltern der hörgeschädigten Schüler erbracht wird (Leonhardt/Ludwig 2007; Leonhardt 2009b; Ludwig 2009), gilt es, für die Schüler mit Migrationshintergrund besondere Unterstützung und Hilfe zu leisten und ergänzende Angebote zu organisieren.

Hörgeschädigte Schüler mit weiteren Behinderungen

Liegen bei einem Schüler neben einer Hörschädigung eine oder mehrere weitere Behinderung(en) oder eine Bedrohung durch eine oder mehrere weitere Behinderung(en) vor, bedarf es zusätzlicher pädagogischer Überlegungen und Maßnahmen, um dem Schüler gerecht zu werden. Mehrfachbehinderungen treten in unterschiedlichem Umfang, unterschiedlich schwer und in vielfach variierenden Kombinationen auf. Eine Hörschädigung kann in Kombination mit jeder weiteren Behinderung vorkommen, sie kann angeboren und erworben sein. Die Auswirkungen der einzelnen vorliegenden Behinderungen, die oftmals nur schwer voneinander abzugrenzen sind, addieren sich nicht einfach, sondern sie tragen potenzierenden Charakter. Eine inklusive Beschulung dieser Schüler bedarf einer interdisziplinären Zusammenarbeit und engen Abstimmung der unterschiedlichen Fachvertreter.

Bei Kindern mit Hörschädigung kommt es gehäuft zu Lernschwierigkeiten, die oftmals medizinische Gründe haben (Leonhardt 2010, 79; Hintermair et al. 2014, 129). Zu klären, wie diese Kinder mit ihren spezifischen Bedürfnissen in inklusiven Settings beschult werden können, ist aktuelle Aufgabe der Bildungspolitik, der Forschung und der Schulpraxis. Die individuellen Bedürfnisse der Schüler mit Hörschädigung und weiterem Förderbedarf sind so unterschiedlich, dass das Vorgehen Einzelfallentscheidungen (aus Sicht der Bildungspolitik), Fallstudien (aus Sicht der Forschung) und individuelles schülerorientiertes Handeln (aus Sicht der Praxis) sein müssen.

Zu dieser Gruppe von Schülern zählt man im Allgemeinen auch Kinder und Jugendliche mit Syndromen. Syndrome sind angeboren; die Ausprägung der typischen Symptome kann sich bei einzelnen Syndromen im Laufe des Lebens verändern. Im Gesamtschrifttum werden mehr als 350 Syndrome, die mit einem Hörschaden einhergehen, beschrieben. Am häufigsten treten das Waardenburg-Syndrom, Franceschetti-Syndrom, Pendred-Syndrom, Usher-Syndrom und Alport-Syndrom auf (weitere Informationen in Leonhardt 2010, 60ff.). Erwähnenswert ist noch die Trisomie 21 (auch als Down-Syndrom bekannt), die gehäuft mit einer Schallleitungsschwerhörigkeit einhergeht; es kann aber auch eine Schallempfindungsschwerhörigkeit oder kombinierte Schwerhörigkeit vorliegen. Die Schwerhörigkeit bleibt häufig unerkannt und unbeachtet, da die anderen Auffälligkeiten dieser Schüler dominieren.

Noch mehr als bei der Inklusion eines Schülers mit Hörschädigung bedarf es bei einem Schüler mit Hörschädigung und weiterem Förderbedarf der qualifizierten und hoch spezialisierten fachlichen Begleitung durch einen Hörgeschädigtenpädagogen und möglicherweise durch weiteres Fachpersonal. Ein polyvalent ausgebildeter Sonder- und/oder Inklusionspädagoge vermag den spezifischen Erfordernissen kaum gerecht zu werden, sofern er nicht umfassende vertiefte Spezialkenntnisse im Fach Gehörlosen- und Schwerhörigenpädagogik erworben hat.

Sichtweisen auf Hörschäden

Die Sichtweisen auf Hörschäden sind aus pädagogischer und medizinischer Perspektive unterschiedlich. Von beiden (nochmals) abweichend ist die Sicht der Betroffenen, insbesondere der Gehörlosen, die einen Hörverlust aus kultureller Perspektive betrachten und definieren. Aus Sicht der *Medizin* wird jede Funktionsstörung des Hörorgans erfasst. Sie leitet Interventionsmaßnahmen, beispielsweise eine hörverbessernde Operation oder eine Versorgung mit Hörgeräten, ein. Die *Pädagogik* beschäftigt sich in erster Linie mit den Folgen einer Hörschädigung, die die Beziehungsgestaltung zwischen Person und Umwelt beeinträchtigen und damit soziale Auswirkung auf den Betroffenen haben. Es geht darum, (negative) Folgeerscheinungen möglichst gering zu halten oder solche erst gar nicht eintreten zu lassen. Aus Sicht der Betroffenen (hier insbesondere der *Gehörlosen*) kann sich jeder Hörgeschädigte – unabhängig vom Ausmaß der Hörschädigung – als »gehörlos« bezeichnen, wenn er sich der Kulturgemeinschaft der Gehörlosen zugehörig fühlt. Sie gehen davon aus, dass Gehörlose eine eigene Sprache (die Gebärdensprache) und eine eigene Kultur (Gehörlosenkultur) haben. Bedient man sich dieser, ist man dieser Gemeinschaft zugehörig. Das erklärt, dass es im Einzelfall leicht- bis mittelgradig schallleitungsschwerhörige Kinder geben kann, bei denen die (gehörlosen) Eltern eine Inklusion in die allgemeine Schule mit Gebärdensprachdolmetscher wünschen.

1.2 Kommunikation

Annette Leonhardt/Kirsten Ludwig

Lautsprache

Lautsprache wird definiert als »ein konventionalisiertes Symbolsystem von gelauteten und geschriebenen Zeichen« (Jussen 1982, 219). Die Bezeichnung Lautsprache umfasst heute die mündliche und schriftliche Modalität der Sprache; ursprünglich galt sie nur für die aus Lauten zusammengesetzte oder in Lauten gegliederte Sprache (Schumann 1929, 141).

Eine Hörschädigung wirkt sich auf das Erlernen und Verwenden der Lautsprache aus. In der mündlichen Modalität sind Auswirkungen in

- der Sprachproduktion im phonetisch-phonologischen sowie
- im lexikalisch-semantischen und morphologisch-syntaktischen Bereich zu beobachten. Die phonetisch-phonologischen Auswirkungen umfassen die phonematische Differenzierungsfähigkeit (impressive Seite) und die Sprechfertigkeiten (expressive Seite). Beim Vorgang der Lautbildung kann es beim Schüler mit Hörschädigung neben Problemen in der Artikulation zu Abweichungen bei der Respiration (Atmung) und Phonation (Stimmgebung) kommen. Im lexikalisch-semantischen und morphologisch-syntaktischen Bereich können sich Einschränkungen in der Beherrschung des Lexikons und dessen Semantik zeigen. Die Folgen sind Probleme im Verstehen und Verwenden der Lautsprache.

Bei der schriftlichen Modalität (kurz Schriftsprache) können sich Abweichungen bei der Lesefertigkeit, dem sinnerfassenden Lesen und dem Schreiben zeigen. Das Erlernen des Lesens setzt die Beherrschung der Lautsprache in mündlicher Modalität voraus, was beim hörgeschädigten Schüler nicht uneingeschränkt gegeben ist. Er kann sich zudem nur eingeschränkt auf das akustische Klangbild stützen, wobei das Schriftbild nur bedingt dem Klangbild gegenübersteht. Die Grapheme sind nicht identisch mit den Phonemen; zwischen beiden besteht nur eine begrenzte Kongruenz. Beim sinnerfassenden Lesen kann es zu Schwierigkeiten kommen, da dem Schüler möglicherweise die Bedeutung von Wörtern nicht klar ist und/oder er sich die Bedeutung der morphologisch-syntaktischen Struktur des Satzes nicht erschließen kann. Auch beim Schreiben kann der Schüler nicht vollständig auf das Klangbild zurückgreifen, was zu Hör- und Absehfehlern führen kann.

1 Grundlagen

Lautsprachunterstützende und Lautsprachbegleitende Gebärden

Lautsprachbegleitende Gebärden (LBG) werden eins-zu-eins parallel zur Lautsprache verwendet. Sie bilden den Wortschatz und die Grammatik der deutschen Lautsprache ab. LBG sind damit keine eigenständige Sprache, sondern beruhen auf der Struktur der Lautsprache. Seit 2002 sind LBG rechtlich als Kommunikationsform der deutschen Sprache im Behindertengleichstellungsgesetz anerkannt.

Deutsche LBG können als gebärdetes Deutsch verstanden werden; jedes Wort wird in der Reihenfolge der Lautsprache übersetzt. Notwendigerweise verfügen Produzenten und Rezipienten über lautsprachliche Kompetenzen. Die Gebärden sind zum einen der Deutschen Gebärdensprache (DGS) entnommen. Zum anderen wurden sie eigens entwickelt, beispielsweise für Adverbien, für die es in der DGS keine Gebärden gibt. Beugungen, Steigerungen oder Zeitformen werden mit Hilfe des Fingeralphabets (s. Graphembestimmtes Manualsystem) markiert. Zur Anwendung kommen LBG bei Kindern und Jugendlichen mit Hörschädigung, die im Besitz der Lautsprache sind. Im Unterricht mit gehörlosen Schülern werden LBG (und Lautsprachunterstützende Gebärden) zur Förderung laut- und schriftsprachlicher Kompetenzen sowie im bilingualen Unterricht (Lautsprache und DGS) zur kontrastiven Sprachbetrachtung verwendet. Auf Grund des parallelen Eins-zu-eins-Gebärdens ist der Einsatz von LBG langatmig, kann den Redefluss verlangsamen und die natürliche Kommunikation hemmen. Daher wird LBG eher selten in vollständiger Form benutzt. Meistens wird lautsprachunterstützend gebärdet.

Lautsprachunterstützende Gebärden (LUG) folgen dem Prinzip der LBG mit dem Unterschied, dass nicht alle Wörter und Flexionen gebärdet werden, sondern nur die, die der Sprecher individuell abgestimmt auf den/die Hörer als verständnisunterstützend erachtet. Sie setzen wie LBG Lautsprachkompetenzen auf Sender- und Empfängerseite voraus. Mit LUG wird folglich der Inhaltsaspekt einer Mitteilung ausgedrückt und mit LBG (und GMS, s. S. 35) zusätzlich die grammatische Struktur visualisiert.

Deutsche Gebärdensprache

Die Deutsche Gebärdensprache (DGS) ist eine vollwertige und eigenständige Sprache in einer visuell-räumlichen Modalität, deren rechtliche Anerkennung in Deutschland ebenfalls im Jahr 2002 im Behindertengleichstellungsgesetz festgeschrieben wurde. DGS basiert auf einem komplexen grammatischen System, das sich grundlegend von dem der deutschen

Lautsprache unterscheidet. Hinsichtlich Grammatik, Gebärdenschatz und -ausführung unterscheidet sie sich auch von anderen Gebärdensprachen. So gibt es z. B. eine amerikanische Gebärdensprache (American Sign Language – ASL), eine schwedische Gebärdensprache (Svenska Teckenspråk – STS), eine Australische Gebärdensprache (Australian Sign Language – AusLan) und eben auch die Deutsche Gebärdensprache (DGS). Innerhalb der DGS gibt es darüber hinaus regionale Gebärdenunterschiede und Dialekte.

In den 60er Jahren des vergangenen Jahrhunderts konnte der Sprachwissenschaftler William Stokoe (1960) nachweisen, dass Gebärdensprachen einen Lautsprachen vergleichbaren linguistischen Status haben. In den darauffolgenden Jahrzehnten sind Gebärdensprachen umfassend durch die Sprachwissenschaft erforscht worden, so dass deren Komplexität und Vielschichtigkeit aufgezeigt werden konnte.

Die DGS besitzt regelgebundene Systeme der Artikulation, Flexion, Wortbildung, Satzstruktur und Bedeutung (Eichmann et al. 2012). Sie ist eine visuelle Sprache, mit der im Unterschied zur Lautsprache simultan unterschiedliche semantische und grammatische Informationen mitgeteilt werden können. Neben Gebärden (Hände) werden bei der DGS auch Mimik, Mundbild (von tonlos gesprochenen Wörtern) und Körpersprache benutzt. Satzarten (Aussage, Frage, Befehl) werden beispielsweise mimisch markiert. Die Gebärden werden im so genannten Gebärdenraum ausgeführt. Sie unterscheiden sich voneinander durch Handform, Handstellung, Ausführungsstelle und Bewegung. Diese vier Parameter sind zur phonologischen Analyse der Gebärden entscheidend, um den semantischen Gehalt zu erschließen. Für den Satzbau gilt z. B. bei Aussagesätzen die Regel der Verbendstellung; Zeitangaben hingegen stehen am Satzanfang. Zeitenformen werden lediglich nach Präsens, Präteritum und Futur I unterschieden.

DGS wird muttersprachlich von gehörlosen, schwerhörigen und gut hörenden Kindern gehörloser Eltern erworben. Letztere erwerben in der Regel parallel die deutsche Lautsprache und wachsen somit simultan zweisprachig auf. Selbstverständlich kann DGS jederzeit von gut hörenden und hörgeschädigten Personen als Zweitsprache erworben werden.

Visuelle Lautsprachperzeption/Absehen

Visuelle Lautsprachperzeption, auch Absehen genannt, meint die Aufnahme (Perzeption) der Lautsprache über den visuellen Sinneskanal. Da die auditive Perzeption (also das Hören) bei Menschen mit Hörschädigung eingeschränkt oder im Extremfall (bei Gehörlosigkeit) unmöglich ist, nutzen diese zum Verstehen ergänzend das Absehen. Es handelt sich dabei um eine Fähigkeit, die durch intensives Üben gesteigert werden kann. Auch gut hörende Personen verwenden das Absehen, z. B. beim Hören unter Störschallbedingungen. Menschen mit Hörschädigung erreichen erfahrungsgemäß einen höheren Kompetenzgrad, da sie darauf angewiesen sind und es bewusst verwenden. Das Absehen wird von der Sprachkompetenz des Absehenden beeinflusst (»man kann nur Wörter absehen, die man kennt«). Kinder mit angeborenen Hörschäden erwerben die Fähigkeit zum Absehen parallel zum Lautspracherwerb. Personen, die erst später von einem Hörverlust betroffen sind, können auf vorhandene Sprache zurückgreifen. Sie müssen lernen, durch bewusstes Absehen ihr eingeschränktes Hörvermögen auszugleichen, indem sie sich die Absehgestalten bewusst machen.

Das Absehen wird durch verschiedene Faktoren beeinflusst, z. B. organisatorisch-technische Bedingungen (wie Entfernung zwischen Absehendem und Sprecher, Beleuchtung, Lichtverhältnisse), sprachliches Material (so werden drei- oder viersilbige Wörter besser als ein- oder zweisilbige Wörter abgesehen, da Kombinationsmöglichkeiten vorhanden sind; kurze, klare und vollständige Sätze sind besser abzusehen als längere und komplizierte syntaktische Strukturen), Bedingungen, die vom Sprecher ausgehen (z. B. Sprechweise und -tempo) oder Bedingungen, die durch den Absehenden verursacht sind (Konzentration, Ermüdung).

Gängig sind umgangssprachlich auch die Begriffe »Ablesen« oder »Lippenlesen«. Gegen deren Verwendung spricht, dass es kein dem Buchstabenalphabet vergleichbares »Mundalphabet« gibt, die gesprochene Sprache im Gegensatz zu einem Text flüchtig ist sowie Groß- und Kleinschreibung, Wortzwischenräume, Interpunktionen und Untergliederungen, die das Verstehen unterstützen, nicht erkennbar sind. Das Absehen bleibt stets lückenhaft und mehrdeutig.

Manualsysteme

Manualsysteme sind künstlich geschaffene Handzeichensysteme, um Laut- oder Schriftsprache auf Graphem- bzw. Phonemebene zu visualisieren. Deren effektive Anwendung beruht darauf, dass Produzent und Rezipient die Systeme beherrschen.

Graphembestimmtes Manualsystem

Das Graphembestimmte Manualsystem (GMS) oder Fingeralphabet hat für jeden Buchstaben (Graphem) ein Handzeichen. Diese Zeichen werden mit einer Hand an einer Seite des Kopfes in Mundhöhe ausgeführt. Die Anwendung des Fingeralphabetes orientiert sich an der Schriftsprache, d. h. ein Wort wird entsprechend seiner Orthographie buchstabiert bzw. gefingert. Die einzelnen Handzeichen sind einfach auszuführen und deren Produktion schnell zu erlernen. Das Erlernen wird dadurch unterstützt, dass einige die Form einzelner Großbuchstaben nachbilden (z. B. C, L, M, N, U, V, W, Y). Die rasche Rezeption der Handzeichen benötigt hingegen sehr viel Übung. Das Fingeralphabet wird eingesetzt, wenn beispielsweise Eigennamen, Fremdwörter, neue oder schwer verständliche Wörter verwendet werden und für grammatische Markierungen bei Verwendung der LBG (s. Lautsprachunterstützende und Lautsprachbegleitende Gebärden). Wird das Fingeralphabet sehr gut beherrscht, können Einzelwörter sehr schnell parallel zur Lautsprache bzw. innerhalb der Gebärdensprache buchstabiert werden.

Phonembestimmtes Manualsystem

Es existieren verschiedene Phonembestimmte Manualsysteme (zur Auflistung s. Schäfer/Leis 2008). Schulte und Mitarbeiter konzipierten ein Phonembestimmtes Manualsystem (PMS) vor allem für gehörlose Kinder. Die Zeichen des PMS basieren auf detaillierten akustisch-phonetischen Analysen (Schulte 1974). Jeder Laut wird durch ein spezifisches Handzeichen und teilweise auch mit einer Handbewegung abgebildet. Die Zeichen werden an der Nase, dem Kinn oder Kehlkopf ausgeführt und visualisieren die Stellung der Lippen, des Kiefers und der Zunge sowie den Ort der Artikulation während der Bildung eines Lautes. Sie visualisieren zudem, ob bestimmte konsonantische Laute stimmhaft oder -los gebildet wird. Die Bewegungen kommen insbesondere bei der Visualisierung von Plosiven (b, d, g und p, t, k) zur Anwendung. In der produktiven Verwendung des PMS von Kindern und Jugendlichen mit Hörschädigung kommt ihm die Funktion einer Artikulationshilfe zu und unterstützt dadurch deren Lautproduktion. Perzeptiv unterstützt es das Absehen und Verstehen. Zudem hilft das PMS hörgeschädigten Schülern bei der Mundbildimitation und somit beim Nachsprechen neuer und wenig geläufiger Wörter. Sehr hilfreich kann es auch bei der Verdeutlichung von morphologischen Markierungen (z. B. Verbflexion) sein.

1 Grundlagen

1.3 Organisationsformen der Erziehung und Rehabilitation

Claudia Gräfen/Jürgen Wessel

1.3.1 Förderung am Förderzentrum Hören und Kommunikation

Die Bezeichnung der Bildungseinrichtungen für Kinder und Jugendliche mit Hörschädigung sind in den einzelnen Bundesländern unterschiedlich (z. B. »Schule für Hörgeschädigte«, »Sonderpädagogisches Förderzentrum mit dem Förderschwerpunkt Hören«, »Förderzentrum für Hörgeschädigte«, »Bildungszentrum Hören und Kommunikation« u.v. a.m.). Nachfolgend wird die spezielle Einrichtung, an der Kinder und Jugendliche mit Hörschädigung von Hörgeschädigtenpädagogen unterrichtet werden, »Förderzentrum Hören und Kommunikation« genannt.

Das Förderzentrum Hören und Kommunikation führt die Schüler zu den gleichen Bildungsabschlüssen wie an einer allgemeinen Schule. Es lassen sich darüber hinaus zwei übergeordnete Ziele und Prinzipien dieser Förderzentrum benennen, und zwar:

- Förderung der Hör- und Kommunikationsentwicklung
- Unterstützung eines bewussten Umgangs mit der eigenen Hörschädigung.

Das Förderzentrum Hören und Kommunikation besteht aus verschiedenen Einrichtungen, die Kinder und Jugendliche mit Hörschädigung und deren Familien begleiten. Trotz unterschiedlicher Bezeichnungen und Schwerpunkte der einzelnen Förderzentren lässt sich das Bildungssystem für Schüler mit Hörschädigung nach Abschnitten des Lebenslaufs unterteilen. Es umfasst alle Lebensabschnitte bis zur Zeit des jungen Erwachsenenalters (Leonhardt 2010, 150).

Die Einrichtungen (▶ Abb. 1) gliedern sich in der Regel in:

- die Frühförderstelle und mobile Hausfrühförderung, die den *Frühbereich* abdecken
- die Pädagogisch-audiologische Beratungsstelle, die Eltern und Kooperationspartnern anderer Einrichtungen als Anlaufstelle zur Verfügung steht

- den Kindergarten oder die schulvorbereitende Einrichtung, die den *Elementarbereich* abdecken
- den *Schulbereich*, der alle verschiedenen Schulstufen und Schularten umfassen kann, zum Teil mit angeschlossener heilpädagogischer Tagesstätte, offenem Ganztag, Internat u. a.
- und die mobilen sonderpädagogischen Dienste, die die Kinder und Jugendlichen mit Hörschädigung an allgemeinem Schulen förderdiagnostisch und beratend begleiten.

Abb. 1: Aufbau des Förderzentrums Hören und Kommunikation

Einige Bundesländer bieten auch berufsbildende Bereiche innerhalb des Förderzentrums Hören und Kommunikation an. Diese Angebote umfassen beispielsweise ein berufsschulisches Angebot in der dualen Ausbildung, Vollzeitklassen, in denen verschiedene Ausbildungsgänge absolviert werden können, und berufsvorbereitende Lehrgänge. An einzelnen Standorten gibt es ferner Bildungsgänge für hörgeschädigte Lernende, die zur allgemeinen Hochschulreife oder zur Fachhochschulreife führen (z. B. das Rheinisch-Westfälische Berufskolleg Essen, das Bildungs- und Beratungszentrum für Hörgeschädigte Stegen, die Margarethe-von-Witzleben-Schule Berlin) sowie Realschulen (Rheinisch-Westfälische Realschule Dortmund und Samuel-Heinicke-Realschule München).

Darüber hinaus gibt es Förderzentren, die sich auf die Beschulung von hörgeschädigten Kindern und Jugendlichen mit weiteren Behinderungen (Mehrfachbehinderung) spezialisiert haben.

Förderzentren Hören und Kommunikation betreuen nicht nur Schüler mit Hörschädigung am Förderzentrum selbst, sondern dienen als Kompetenzzentren, an die sich Kinder und Jugendliche mit Hörschädigung und deren Eltern in allen Lebensabschnitten vom Säuglings- bis zum jungen Erwachsenenalter bei Bedarf wenden können.

1 Grundlagen

Frühe Förderung

Die frühe Diagnose einer Hörschädigung wird mittlerweile durch das Neugeborenenhörscreening, das in Deutschland seit 2009 verpflichtend flächendeckend durchgeführt wird, gewährleistet. Dies bedeutet, dass Säuglinge direkt nach der Geburt auf eine Hörschädigung hin untersucht werden und gegebenenfalls unmittelbar anschließend bei Auffälligkeiten eine weitere Diagnostik durchgeführt werden kann. Aus diesem Grund wird eine hörgeschädigtenpädagogische Frühförderung schon im Säuglingsalter, unmittelbar nach der frühen Diagnose, eingeleitet. Frühförderung ist ein Angebot für Familien mit hörgeschädigten Kindern, vom Zeitpunkt der Diagnosestellung bis zur Einschulung. Auch gehörlose Eltern mit gut hörenden Kindern können sich an die Frühförderstelle wenden, um eine spezifische Förderung für ihr Kind zu erhalten. Die Frühförderstelle ist oftmals Teil des Förderzentrums Hören und Kommunikation oder mit diesem eng assoziiert. Hier arbeiten unterschiedliche Berufsgruppen, beispielsweise Hörgeschädigtenpädagogen, Sozial- und Heilpädagogen, Erzieher und weitere Berufsgruppen mit Zusatzqualifikationen im Bereich Hören und Kommunikation. Die Teams von Frühförderstellen kooperieren in der Regel mit Experten weiterer Organisationen wie Kliniken, Hörgeräteakustiker, psychologische Beratungsstellen etc. Die Finanzierung der Förderung und Beratung wird als Eingliederungshilfe nach den Paragraphen 55.2 und 56 SGB IX von den Ländern getragen.

Frühförderung versteht sich im Falle einer Sinnesbehinderung als präventives Angebot, um entwicklungsgefährdete Kinder in ihrer Entwicklung zu unterstützen. Sie hat es sich insbesondere zur Aufgabe gemacht, die frühe Eltern-Kind-Beziehung zu stärken und somit Entwicklungsverzögerungen zu mindern (Eitner 2008, 25ff.). Die wichtigsten Säulen einer frühen Förderung von Kindern mit Hörschädigung sind eine umfassende Diagnostik und eine frühzeitige Förderung und Versorgung mit technischen Hilfsmitteln. Im Mittelpunkt der Begleitung von Familien mit Kindern mit Hörschädigung steht die Unterstützung im Bereich der Hör-, Sprach- und Kommunikationsentwicklung, die auch die Förderung im Bereich der Gebärdensprache umfassen kann. Darüber hinaus fokussieren die Mitarbeiter der Frühförderstelle auch alle weiteren Entwicklungsbereiche, insbesondere die kognitive und die psychosoziale Entwicklung.

Ein bedeutsamer Teil der Elternberatung im Rahmen der Frühförderung besteht in der Begleitung und Anleitung, zunächst bei der Bewältigung der für die meisten Eltern überraschenden Diagnose, dann bei der Entscheidungsfindung im Hinblick auf die technische Versorgung und das

Förderkonzept (hörgerichtet/lautsprachlich und/oder gebärdensprachlich) sowie bei der Aufnahme und der Gestaltung der Interaktion mit ihrem Kind. Dabei gehen die Mitarbeiter der Frühförderstelle in der Regel ressourcen- und alltagsorientiert vor, d. h. sie orientieren sich an den Kompetenzen der betreffenden Familien und an deren Bedarfen. Diese Form der Begleitung und Beratung findet in der Regel im Elternhaus statt. Dadurch wird den Familien ein leichter Zugang zum Beratungs- und Förderangebot ermöglicht und die Mitarbeiter erhalten einen Einblick in die natürliche Umgebung des Kindes. Dieses spezifische Beratungsangebot wird üblicherweise mindestens einmal wöchentlich realisiert.

Zu den weiteren Angeboten von Frühförderstellen zählen u. a. Gesprächskreise und Eltern-Kind-Gruppen, die den Austausch zwischen Betroffenen fördern, Vorträge von Experten (z. B. zur Versorgung mit Hörgeräten oder zu Erziehungsfragen) oder Väterwochenenden, an denen die Väter explizit Zeit mit ihren Kindern verbringen.

Alle Angebote sollen letztendlich dazu beitragen, die Entwicklung des Kindes zu begleiten und zu fördern, die Eltern-Kind-Beziehung zu stärken und einen gelungenen Übergang in die Schule vorzubereiten.

Die frühe Förderung wird später in (Förder-)Kindergärten, schulvorbereitenden Einrichtungen oder inklusiver ambulanter Betreuung im Kindergarten fortgeführt (Eitner 2008, 26; Leonhardt 2010, 153).

Pädagogisch-audiologische Beratungsstelle

Pädagogisch-audiologische Beratungsstellen sind in den meisten Bundesländern ebenfalls feste Bestandteile des Förderzentrums Hören und Kommunikation. Zur Zielgruppe zählen Schüler des Förderzentrums, Kleinkinder aus der Frühförderung oder in Kindertagesstätten, Schüler mit Hörschädigung, die in der allgemeinen Schule lernen, und alle Kinder, bei denen eine Hörschädigung vermutet wird. Die Aufgaben sind vielfältig und können nur durch eine breite interdisziplinäre Zusammenarbeit umfassend erbracht werden. So trägt die Pädagogisch-audiologische Beratungsstelle ähnlich wie die Frühförderstelle wesentlich zur Vernetzung zwischen Eltern, Medizinern, Akustikern und Pädagogen aus den beteiligten Schulen bei (Eitner 2008, 31ff.; Leonhardt 2010, 152).

Es finden sich bundesweit unterschiedliche Bezeichnungen und Schwerpunktsetzungen der einzelnen Beratungsstellen, die Aufgabenbereiche und Zielsetzungen der Beratungsstellen sind jedoch trotz aller Unterschiede vergleichbar.

Die Pädagogisch-audiologische Beratungsstelle ist zuständig für die Diagnostik von Kindern und die Beratung von Eltern. Beides wird durch spezifisch ausgebildete Fachleute in den Förderbereichen Hören und Kommunikation sichergestellt. Die Beratungsstellen leisten somit einen entscheidenden Beitrag dazu, dass die pädagogische Frühförderung von hörgeschädigten Kindern möglichst früh einsetzt, indem sie eine förderdiagnostische, fachärztliche und psychologische Untersuchung durchführen bzw. veranlassen (Leonhardt 2010, 151ff.).

Die Aufgabenfelder der Pädagogisch-audiologischen Beratungsstelle sind im Einzelnen:

- Erhebung audiologischer Daten (Hörmessungen)
- Umsetzung und Weiterleitung dieser Diagnosen an die Praxis für eine diagnosegeleitete hörgeschädigtenspezifische Förderung (Frühförderung)
- Bestätigung, Ergänzung und Modifikation audiologischer Befunde
- Sicherstellung der bestmöglichen Versorgung mit technischen Hilfsmitteln
- Beratung von Eltern und weiteren Bezugspersonen
- Aufklärung über Früherfassung und Frühförderung
- Ausbau von Strukturen für interdisziplinäre Kooperation.

Da insbesondere die Beratung einen entscheidenden Teil der Arbeit einnimmt, werden an dieser Stelle die wesentlichen Beratungsschwerpunkte aufgeführt (Deutsche Gesellschaft der Hörgeschädigten 2010, 5):

- Psychosoziale Beratung
  Die Eltern sollen möglichst umfassend über die Bedeutung und die Auswirkungen einer Hörschädigung aufgeklärt werden. Dieses Wissen soll dazu beitragen, den Schock der Diagnose schneller zu überwinden. Darüber hinaus werden auch die Kinder und Jugendlichen mit ansteigendem Alter selbst beraten und begleitet.
- Medizinisch-technische Beratung
  Hierbei geht es um die Versorgung mit technischen Hilfsmitteln wie z. B. Hörgeräten, Cochlea Implantaten oder Übertragungsanlagen. Auch hier sollen die Eltern durch Aufzeigen verschiedener Wege zu einer selbstbestimmten Entscheidung gelangen können. Im weiteren Verlauf gilt dies auch für die Kinder und Jugendlichen mit Hörschädigung selbst.
- Beratung zu Fördermöglichkeiten
  Die unterschiedlichen Möglichkeiten der Förderung des Kindes sowohl bezogen auf Inhalte als auch auf die potenziellen Förderorte werden

hier möglichst wertfrei und ausführlich dargestellt, so dass die Eltern sich ein umfassendes Bild über die Vor- und Nachteile machen können und dann individuell für sich und ihr Kind entscheiden.
* Rechtliche Beratung und Informationen
  Es gilt, den Eltern ein Netzwerk von unterschiedlichen Anlaufstellen zugänglich zu machen, von Selbsthilfegruppen bis hin zu Unterstützungsmöglichkeiten für Eltern und Kind, genauso wie das Aufzeigen von sozialrechtlichen und steuerlichen Auswirkungen.

Kindergarten

Förderschulkindergärten oder schulvorbereitende Einrichtungen können ebenfalls an das Förderzentrum Hören und Kommunikation angeschlossen sein. Diese Einrichtungen nehmen überwiegend Kinder mit Förderbedarf im Förderschwerpunkt Hören und Kommunikation auf und unterstützen diese Kinder in ihrer Entwicklung mit speziell ausgebildeten Erziehern oder Sonderpädagogen. Dieser so genannte Elementarbereich umfasst die Vorschulerziehung bis zum Eintritt in die Schule.

Im Fokus stehen eine gezielte Hör-, Sprach- und Kommunikationsförderung der Kinder sowie eine Unterstützung der bewussten Auseinandersetzung mit der eigenen Hörschädigung. Zusätzlich werden alle Bereiche der Entwicklung analog zum allgemeinen Kindergarten gefördert, wie z. B. Sozialverhalten, emotionale Entwicklung, Lernmotivation, Spielfähigkeit etc. Die Vorschulerziehung setzt den in der Frühförderung angebahnten Prozess der Entwicklung und Förderung der Kinder fort – dies kann sowohl im allgemeinen Kindergarten mit Unterstützung eines mobilen Dienstes als auch im Förderzentrum erfolgen. Die Erwachsenen dienen als sprachliches Vorbild. Der Einsatz technischer Hilfsmittel und der Umgang mit diesen werden als Teil der Akzeptanz der Behinderung angebahnt und unterstützt. Des Weiteren findet eine gezielte Vorbereitung auf die Schule statt.

Aus den Erkenntnissen über die Entwicklungsfortschritte im Elementarbereich wird schließlich eine Empfehlung für die weitere Beschulung am Förderzentrum oder die Inklusion in der allgemeinen Schule abgeleitet (Leonhardt 2010, 159).

Schulische Förderung

Die Gruppe der Kinder mit einer Hörschädigung ist, wie in Kapitel 1.1 bereits dargestellt, sehr heterogen und stellt somit auch unterschiedliche Anforderungen an die Orte schulischer Bildung. Es gibt verschiedene schulische Einrichtungen in Deutschland, die für Kinder und Jugendliche mit Hörschädigung ein spezielles oder auch ein inklusives Bildungsangebot bereitstellen. Unterricht für Kinder und Jugendliche mit Hörschädigung kann grundsätzlich am Förderzentrum Hören und Kommunikation oder inklusiv an der allgemeinen Schule stattfinden. Bei der Frage nach der bestmöglichen Beschulung für Kinder und Jugendliche mit sonderpädagogischem Förderbedarf im Förderschwerpunkt Hören und Kommunikation wird ein sonderpädagogisches Gutachten erstellt, in dem der Entwicklungsstand des Kindes bzw. Jugendlichen auf Grundlage förderdiagnostischer Kriterien ermittelt und beschrieben wird. In diesem Gutachten wird der zu dieser Zeit bestmögliche Förderort vorgeschlagen, der neben dem Förderzentrum auch eine allgemeine Schule sein kann, in der der Schüler mit Hörschädigung von den mobilen Diensten begleitet wird (▶ Kap. 3.3.1).

Zu den Besonderheiten der Beschulung am Förderzentrum Hören und Kommunikation gehört in erster Linie, dass die hörgeschädigten Schüler gemeinsam mit anderen Schülern mit Hörschädigung unterrichtet werden. Hier besteht für die Kinder und Jugendlichen durchgängig die Möglichkeit, sicher zu kommunizieren (in Laut- und bzw. oder Gebärdensprache) und die eigene Hörschädigung weitestgehend als normal zu erleben. Insbesondere im Rahmen des von Experten vorgeschlagenen Unterrichtsfachs bzw. Unterrichtsprinzips »Hörgeschädigtenkunde« – ob Fach oder Unterrichtsprinzip ist vom jeweiligen Bundesland abhängig – werden folgende Inhalte und Ziele verfolgt (Becker 2010, 126ff.):

- personale Stärkung (»Bewusstmachen der eigenen Bedürfnisse und Erweiterung der Kompetenzen in Bezug auf die eigene Hörschädigung« (126))
- Vermittlung eines Zugangs zur Vielfalt an sozialen und kulturellen Optionen
- soziale Anerkennung durch Lehrer, Pädagogen und andere professionell im Feld Tätigen (Signalisieren der Anerkennung durch eine wertschätzende Auseinandersetzung mit den Auswirkungen der Hörschädigung, den individuellen Behinderungserfahrungen und verschiedenen Lebensformen und Kulturen).

Die Entwicklung einer Identität als Mensch mit Hörschädigung (▶ Kap. 2.7) wird auch durch die regelmäßige Begegnung mit hörgeschädigten Gleichaltrigen wie Erwachsenen ermöglicht. So können Schuljahre am Förderzentrum Hören und Kommunikation entscheidend zum Umgang mit der Hörschädigung und insbesondere zur Entwicklung eigener Kommunikationstaktiken beitragen. Ein zusätzlicher Vorteil des Förderzentrums sind die Begegnungen und der Austausch mit anderen Kindern und Jugendlichen mit Hörschädigung, die über ähnliche Alltagserfahrungen verfügen. Insbesondere in der Pubertät sind sichere und regelmäßige Peerkontakte sowie Kontakte zu Erwachsenen mit Hörschädigung als potenzielle Vorbilder und Identifikationsfiguren von Bedeutung.

Darüber hinaus zeichnet sich die spezielle Schulform für Kinder und Jugendliche mit Hörschädigung dadurch aus, dass besondere räumliche und personelle Bedingungen die Kommunikation und das Lernen garantieren. Zur Sicherung und Gewährleistung gelingender Kommunikation gibt es am Förderzentrum kleine Klassen von bis zu zwölf Schülern, die in einer halbkreisförmigen Sitzordnung am Unterricht teilnehmen. Sie werden von Sonderpädagogen mit hörgeschädigtenspezifischer Fachkompetenz unterrichtet. Die Klassen sind mit einer Übertragungsanlage und guten raumakustischen Gegebenheiten ausgestattet. Es können altershomogene Lerngruppen mit einem gebärdensprachlichen Schwerpunkt eingerichtet werden, die von gehörlosen und gut hörenden Lehrern mit hoher Gebärdensprachkompetenz gefördert werden.

Als ein Modell inklusiver Beschulung innerhalb des Förderzentrums wird an einigen Standorten die »umgekehrte Inklusion« – auch als »präventive Integration« (Breiner 1989) bezeichnet – angewendet, bei dem Kinder und Jugendliche ohne Förderbedarf ein Förderzentrum besuchen und dort gemeinsam mit schwerhörigen Kindern und Jugendlichen einzelne Klassen besuchen. Diese Klassen sind jeweils zur Hälfte mit gut hörenden und hörgeschädigten Schülern besetzt.

Da alle schulischen Einrichtungen der Kultushoheit unterliegen, sind die Bezeichnungen und Bildungspläne in allen Bundesländern unterschiedlich; jedoch gibt es eine große Übereinstimmung in der Zielrichtung. Schulen für Kinder und Jugendliche mit Hörschädigung sind zu Angebotsschulen geworden, die eine möglichst große Durchlässigkeit im Schulsystem gewährleisten sollen. Die Schüler haben die Möglichkeit, am Förderzentrum Hören und Kommunikation alle allgemeinen Schulabschlüsse zu erreichen (Leonhardt 2010, 159). Zusätzlich verlängert sich die Grundschulzeit der Kinder und Jugendlichen mit Hörschädigung in einigen Bundesländern um ein Jahr, was den Kindern mehr Zeit bietet, Erfahrungen zu sammeln und eventuell durch die Hörschädigung entstandene Entwicklungsverzögerungen aufzuholen.

Die Förderzentren Hören und Kommunikation orientieren sich grundsätzlich an den Richtlinien und Lehrplänen für die allgemeine Schule. Neben der Vermittlung von Abschlüssen und dem Erwerb von Kenntnissen und Kompetenzen bezogen auf die jeweiligen Unterrichtsfächer werden in den Förderzentren noch folgende Ziele verfolgt: Bildung der Persönlichkeit, selbstbestimmte Gestaltung des Lebens und soziale Integration. Vor allen Dingen kann eine vollständige und sichere Kommunikation bei Menschen mit Hörschädigung als eine zentrale Voraussetzung für Inklusion in allen Lebensbereichen gesehen werden. Am Förderzentrum Hören und Kommunikation findet bereits während der Schulzeit eine intensive Vorbereitung auf die darauffolgende Berufswahl durch Praktika und Beratung statt. Letztendlich ist Ziel aller schulischen und rehabilitativen Angebote für Kinder und Jugendliche mit Hörschädigung eine soziale und berufliche Teilhabe in der Gesellschaft.

Neben den speziellen Angeboten am Förderzentrum Hören und Kommunikation gibt es eine Reihe inklusiver Beschulungsmodelle, die im Folgenden erörtert werden sollen.

1.3.2 Modelle inklusiver Förderung

Wie im vorangegangenen Abschnitt bereits angedeutet wurde, setzen Konzepte zur Inklusion hörgeschädigter Kinder bereits im Früh- und Elementarbereich an. Erste Studien zur sozialen Integration und zur Sprachentwicklung liegen vor (z. B. Diller 2009).

Die inklusive Beschulung hörgeschädigter Kinder und Jugendlicher ist mittlerweile fester Bestandteil der deutschen Bildungslandschaft. Schwerhörige Kinder und Jugendliche besuchen zu einem hohen Prozentsatz erfolgreich allgemeine Schulen aller Schulstufen und können dort je nach individueller Ausgangslage alle Schulabschlüsse erreichen. Seit einigen Jahren werden auch Modelle der inklusiven Förderung gehörloser, gebärdensprachlich kommunizierender Schüler entwickelt und im Schulalltag erprobt. Auch hier liegen erste Erfahrungen vor. In allen Bundesländern haben sich Konzepte zur hörgeschädigtenspezifischen Unterstützung in Form von mobilen Diensten etabliert (▶ Kap. 1.4), weitere Unterstützungssysteme wie beispielsweise der Einsatz von Gebärdensprachdolmetschern werden laufend entwickelt und ausgebaut.

Im Folgenden werden die bislang erprobten Modelle der schulischen Inklusion schwerhöriger und gehörloser Kinder und Jugendlicher gekennzeichnet und im Hinblick auf ihre Chancen und Grenzen für alle Beteiligten diskutiert. Ziel dieser Diskussion soll es nicht sein, das beste Modell herauszustellen und interessierten allgemeinen Schulen als Muster zu emp-

1.3 Organisationsformen der Erziehung und Rehabilitation

fehlen. Vielmehr geht es darum, auf die Vielfalt der relevanten Aspekte hinzuweisen, die zum Gelingen inklusiver Bildung beitragen können.

Den nachfolgenden Grafiken liegt folgende Legende zugrunde:

○	Schüler ohne Förderbedarf
●	schwerhöriger/gehörloser Schüler
◉	Schüler mit Förderbedarf (andere Förderschwerpunkte)
⬭	Lehrer einer allgemeinen Schule
⬬	Hörgeschädigtenpädagoge
⬮	Förderschullehrer (andere Förderschwerpunkte)

Abb. 2: Legende zu Abbildungen 2 bis 5

Grundsätzlich lassen sich – unabhängig von der Art der Hörschädigung und der Kommunikationsform des hörgeschädigten Schülers – zwei Kernmodelle der schulischen Inklusion unterscheiden: Einzel- und Gruppeninklusion (Wessel 2012, 150ff.).

Das Modell der *Einzelinklusion* – ein einzelner Schüler mit einer Hörschädigung besucht eine allgemeine Schule – ist das mit großem Abstand am meisten verbreitete Modell. Dies ist vor allem dem Bedürfnis der Familien nach einer wohnortnahen Beschulung des hörgeschädigten Kindes geschuldet. Wegen der niedrigen Prävalenz hörgeschädigter Kinder und Jugendlicher (▶ Kap. 1.1) ist die Wahrscheinlichkeit äußerst gering, dass im gleichen Sozialraum ein weiterer Schüler mit Hörschädigung in der gleichen Alters- bzw. Schulstufe die gleiche Schule und die gleiche Klasse besucht.

In diesem Modell ist in erster Linie Wohnortnähe sichergestellt, so dass das Kind bzw. der Jugendliche keine weiten Wege vom Elternhaus zur Schule zurücklegen muss und mit den Kindern und Jugendlichen der Nachbarschaft bzw. des sozialen Umfeldes gemeinsam beschult wird. Förderpädagogische Unterstützung bekommen Schule und Schüler in der Regel durch den mobilen Dienst eines für den Einzugsbereich zuständigen Förderzentrums Hören und Kommunikation. Der Umfang der Unterstützung unterscheidet sich in den Bundesländern erheblich und variiert zwischen wöchentlichen und sporadischen Kontakten.

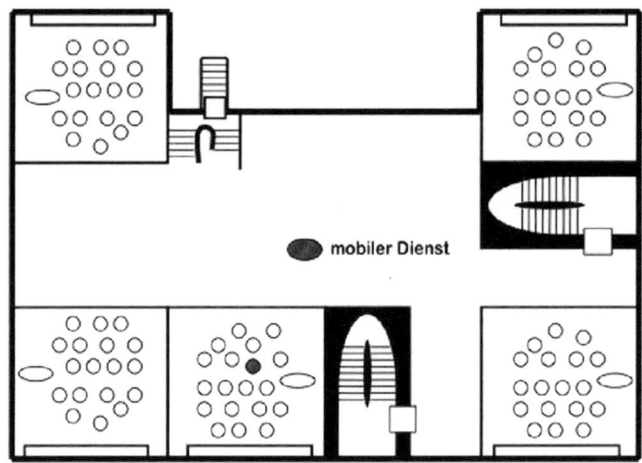

Abb. 3: Einzelinklusion

Für den hörgeschädigten Schüler besteht hierbei die Einschränkung, dass er im Rahmen des Schulbesuchs keinen Kontakt zu gleich betroffenen Peers und somit keine Möglichkeit des Modelllernens und des Interessensbündnisses hat, was für die Persönlichkeits- und Identitätsentwicklung hilfreich sein kann (▶ Kap. 2.7). Einzelinklusiv beschulte schwerhörige Schüler müssen insbesondere in den Klassenstufen der Sekundarstufe die Herausforderung bewältigen, auf ihre Bedürfnisse im Hinblick auf Wahrnehmung und Kommunikation hinzuweisen (Besonderheitsanspruch) und gleichzeitig nicht zu sehr aufzufallen, um sich nicht aus der Peergroup auszuschließen (Normalitätsanspruch).

Bei der Einzelinklusion gehörloser, gebärdensprachlich kommunizierender Schüler bestehen darüber hinaus nur geringe Möglichkeiten der Kommunikation mit Gleichaltrigen in der Erstsprache. Gebärdensprachliche Förderangebote, z. B. in Form von muttersprachlichem Unterricht, sind durch das Fehlen von Lerngruppen maßgeblich eingeschränkt. Für die meisten gehörlosen Kinder und Jugendlichen, deren Eltern gut hörend sind, kommt ferner bei der Einzelinklusion die Schwierigkeit hinzu, eine Identität als gehörloser Mensch inmitten ausschließlich gut hörender Menschen zu entwickeln (▶ Kap. 2.7). Die Deutsche Gesellschaft der Hörgeschädigten hebt diesbezüglich in ihrem Positionspapier zur schulischen Inklusion ausdrücklich den Stellenwert von Förderzentren hervor

1.3 Organisationsformen der Erziehung und Rehabilitation

»... als Ausgangspunkte oft lebenslang bestehender Netzwerke sowie informeller und formeller Unterstützungssysteme. Sie sind eine Wurzel der Gehörlosenkultur und der Gebärdensprachgemeinschaft ...« (Deutsche Gesellschaft der Hörgeschädigten 2010, 7).

Die Vernetzung einzelinklusiv beschulter hörgeschädigter Kinder und Jugendlicher, z. B. durch vom mobilen Dienst gestaltete Wochenendveranstaltungen, kann diese Einschränkung des Modells der Einzelinklusion im Vergleich zum Förderzentrum oder zur Gruppeninklusion nur in geringem Maße kompensieren.

Die betreffende allgemeine Schule sieht sich beim Modell der Einzelinklusion vor das Dilemma gestellt, einerseits für den hörgeschädigten Schüler gute Lernbedingungen herzustellen und andererseits beim personellen und organisatorischen Aufwand zur Förderung eines einzigen Kindes oder Jugendlichen Verhältnismäßigkeit zu wahren.

Das Modell einer inklusiven Schule, in der Schüler mit verschiedenen Behinderungen inklusiv gefördert werden, stellt aus der Perspektive des hörgeschädigten Schülers ein einzelinklusives Angebot dar. Zwar verfügt diese Schule wegen ihrer auf Heterogenität ausgerichteten Schulkultur über eine explizite förderpädagogische Kernkompetenz. Allerdings können aus organisatorischen und personellen Gründen die spezifischen Bedürfnisse hörgeschädigter Schüler in der Regel nur in geringem Maße berücksichtigt werden.

Neben dem Modell der Einzelinklusion lassen sich verschiedene Modelle der Gruppeninklusion unterscheiden, die im Folgenden näher gekennzeichnet werden:

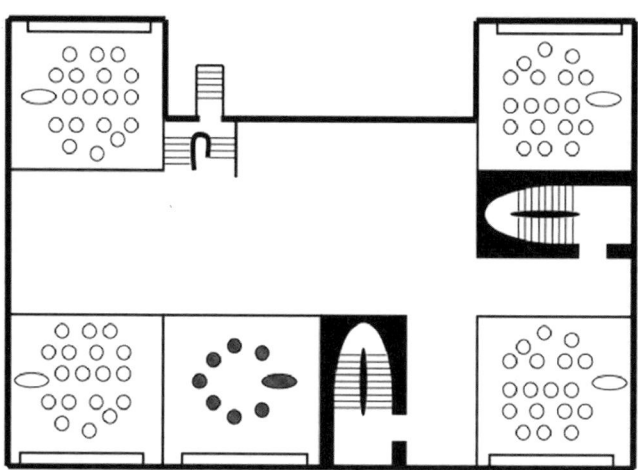

Abb. 4: Außenklasse

1 Grundlagen

Das Konzept der Außenklassen wurde entwickelt, um in ländlichen Regionen sowohl eine wohnortnahe Beschulung für hörgeschädigte Schüler als auch ein hohes Maß an förderpädagogischer Expertise im Schulalltag zu gewährleisten. Eine Außenklasse stellt eine Mischform aus segregierender und inkludierender Beschulung dar. Einerseits werden in einer Außenklasse ausschließlich hörgeschädigte Schüler von Hörgeschädigtenpädagogen unterrichtet (segregatives Element). Dies ermöglicht vor allem eine hochgradige förderpädagogische Versorgung sowie Barrierefreiheit und eine sichere Kommunikation im Unterricht. Für gehörlose, gebärdensprachlich kommunizierende Schüler kann die Förderung in der Erstsprache erfolgen; die Entwicklung einer Identität als gehörloser Mensch ist im Vergleich zur Einzelinklusion deutlich besser möglich. Andererseits befindet sich die Außenklasse im Gebäude einer allgemeinen Schule und bietet dadurch für Schüler mit und ohne Förderbedarf eine Fülle an Begegnungschancen (inklusives Element). Außerunterrichtliche Alltagssituationen und gezielte didaktisch angeleitete Projekte gemeinsamen Lernens lassen Teilhabe in hohem Maße verwirklichen.

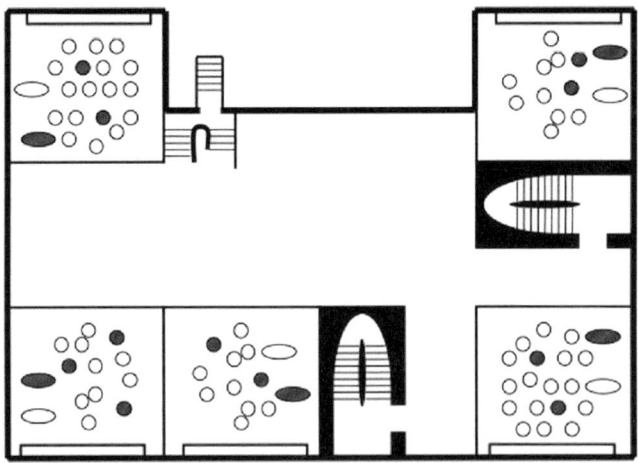

Abb. 5: Inklusionsschule Hören und Kommunikation bzw. Schwerpunktschule Hören und Kommunikation

Das Konzept einer Inklusionsschule für einen spezifischen Förderschwerpunkt, hier für den Förderschwerpunkt Hören und Kommunikation, erfüllt gleich mehrere Bedingungen erfolgreichen Lernens hörgeschädigter Schüler an allgemeinen Schulen (Wessel 2012, 153):

- So verfügt eine Schule, die regelmäßig hörgeschädigte Kinder und Jugendliche inklusiv beschult, mittel- und langfristig über eine hohe fachliche Expertise. Die Fokussierung auf den Förderschwerpunkt Hören und Kommunikation ermöglicht eine Schwerpunktsetzung in der Schaffung einer inklusiven Organisationskultur (z. B. in Bezug auf strukturelle Barrierefreiheit, auf kontinuierliche Kooperation mit einem Förderzentrum bzw. einem mobilen Dienst oder auf Beschäftigung von Hörgeschädigtenpädagogen).
- Sie bietet den Familien weitgehend Wohnortnähe und Erhalt der Sozialraumbezüge.
- Sie ermöglicht für schwerhörige und gehörlose Schüler Begegnungen mit anderen hörgeschädigten Schülern in vergleichbaren Lebenssituationen (und damit eine identitätsstiftende Lernumgebung) ebenso wie mit gut hörenden Mitschülern.
- Sie bietet für gehörlose Kinder und Jugendliche insofern die Möglichkeit muttersprachlichen Unterrichts, als homogene oder auch jahrgangsübergreifende Lerngruppen zum Unterrichtsfach »Deutsche Gebärdensprache« eingerichtet werden können.

Evaluationsstudien bestätigen die positiven Effekte im Hinblick auf psychosoziales Wohlbefinden bei allen beteiligten Schülern und Zufriedenheit bei der Elternschaft (Randall 2014; Wessel 2014a, b), können allerdings nicht ohne Weiteres für alle Schulformen und Regionen generalisiert werden. Langjährige positive Erfahrungen in der inklusiven Beschulung schwerhöriger Schüler liegen z. B. an diesen Standorten vor:

- Gisela-Gymnasium München (inklusive Beschulung schwerhöriger Schüler ab Klasse 10; mit Schuljahr 2016/17 ab Klasse 5)
- Stadtteilschule Hamburg-Mitte (vormals Lohmühlengymnasium; inklusive Klassen für schwerhörige Schüler ab Klasse 5)
- Wilhelm-Remy-Gymnasium Bendorf (Inklusion von schwerhörigen Schülern in allen Jahrgangsstufen)
- Berufsbildungszentrum (BBZ) Schleswig (Fachhochschulreife nach Klasse 12 und Abitur nach Klasse 13 in inklusiven Lerngruppen mit gut hörenden und schwerhörigen Schülern)
- Michael-Ende-Schule, Gemeinschaftsgrundschule der Stadt Minden (Beschulung von Gruppen hörgeschädigter Kinder in jahrgangsübergreifenden Klassen).

Diese beispielhaft genannten Schulen können mit ihren jeweiligen Konzepten als landesspezifische Varianten von Inklusionsschulen mit dem Schwerpunkt Hören und Kommunikation bezeichnet werden.

Für die inklusive Beschulung gehörloser, gebärdensprachlich kommunizierender Kinder und Jugendlicher liegen weitere spezifische Modelle vor (Co-enrollment-Programme und Einbezug von Gebärdensprachdolmetschern). Diese werden explizit in Kapitel 4.5 vorgestellt.

Allgemeine Schulen können sich, unterstützt von einem regional zuständigen Förderzentrum Hören und Kommunikation, somit auch aktiv für ein bestimmtes Modell der inklusiven Beschulung entscheiden. Neben der Anpassung der technischen (▶ Kap. 3.2.1) und der raumakustischen Rahmenbedingungen (▶ Kap. 3.2.2) sind bei einer strukturellen Implementierung der Inklusion hörgeschädigter Kinder und Jugendlicher vor allem Fragen zur Organisation des Schultags sowie zur psychosozialen Situation aller Beteiligten, vor allem der hörgeschädigten und gut hörenden Schüler, zu klären. In Bezug zur Schulorganisation bedeutet dies u. a.:

- Wie können dem Förderbedarf hörgeschädigter Kinder und Jugendlicher angemessene Bildungs-, Beratungs- und Unterstützungsangebote gestaltet werden (KMK 2011, 13)?
- Wie kann es gelingen, vorhandene Schulkonzepte mit förderpädagogischen Konzepten zu verbinden (ebd.)?
- Wie kann eine Expertise für den Förderschwerpunkt Hören und Kommunikation entwickelt und ausgebaut werden (Wessel 2012, 148)?

In Bezug zur psychosozialen Situation der am Schulalltag Beteiligten bedeutet dies beispielhaft:

- Wie kann kommunikative Barrierefreiheit erreicht werden, um eine möglichst störungsarme Kommunikation zu ermöglichen (Wessel 2012, 148)?
- Wie kann eine für schwerhörige bzw. gehörlose Kinder und Jugendliche identitätsstiftende und -fördernde Lernumgebung gestaltet werden (ebd., 147)?
- Wie kann das gemeinsame Lernen gut hörender und hörgeschädigter Schüler harmonisch gestaltet werden, so dass alle Schüler ihren Bedürfnissen und Ansprüchen entsprechend lernen können (KMK 2011, 3)?
- Wie gelingen unter Einbezug von Nachteilsausgleich gerechte Formen der Leistungsbeurteilung (▶ Kap. 3.1)?

- Wie kann dem Bedürfnis jedes einzelnen Schülers nach Normalität und nach Berücksichtigung individueller Besonderheiten angemessen begegnet werden?

Eine Vielzahl von Studien (Leonhardt 2009c) belegen die Möglichkeit gelingender schulischer Inklusion hörgeschädigter Kinder und Jugendlicher, weisen aber auch auf Herausforderungen und Grenzen hin. Die Entscheidung für eine inklusive Beschulung in Form eines spezifischen Inklusionsmodells kann für einen bestimmten Zeitpunkt für die beteiligten Schüler, Eltern und Schulsysteme eine gute Lösung darstellen, sollte allerdings in regelmäßigen Abständen überprüft werden. Übergänge von einem Bildungssystem in ein anderes sollten frühzeitig angebahnt und sorgfältig begleitet werden.

1.4 Der Hörgeschädigtenpädagoge als Experte

Thomas Kaul

Veränderung der sonderpädagogischen Förderung im Zeichen der Inklusion

Bund und Länder sind gehalten, die gesetzlichen Rahmenbedingungen für ein inklusives Schulsystem zu entwickeln und aufzubauen. Im Zentrum der Inklusionsdiskussion steht ein umfassendes Verständnis von gesellschaftlicher Teilhabe von Menschen mit Behinderung. Im Bildungsbereich stehen neben schulstrukturellen und inhaltlichen Fragen zur Umsetzung und Realisierung eines solchen Systems insbesondere normative und ethische Fragestellungen im Vordergrund. Darüber hinaus wird auch die Rolle der beteiligten Sonderpädagogen zur Diskussion gestellt (Hinz/ Boban 2009). Es stellt sich die Frage, wie die pädagogischen Aufgabenfelder, die durch ein inklusives Bildungssystem entstehen, zu konturieren und auszugestalten sind. Lehrer müssen auf dieses, für die allgemeine Schule eher neue Tätigkeitsfeld vorbereitet werden. Dies hat Konsequenzen für die Aus- und Fortbildung der beteiligten Lehrkräfte. In den vergangenen Jahren ist darüber hinaus auch eine breite Diskussion über die Aufgaben und Funktionen von Sonderschullehrern in inklusiven Bildungskontexten entstanden. Grob lassen sich hierzu zwei Positionen voneinander abgrenzen.

Die eine Position wird von Vertretern eines engen, eher normativen Verständnisses von Inklusion vertreten und auch als *full inclusion* charakterisiert (z. B. Farrell 2000). Aus dieser Perspektive ist die Sonderpädagogik per se Teil eines exkludierenden Systems, das einem grundlegenden Verständnis von Inklusion widerspricht. Sonder- oder Förderschulen sind demnach Ausdruck von Exklusion, so dass das Förderschulsystem abgeschafft werden müsse. Es besteht darüber hinaus gemäß der UN-BRK sogar ein Rechtsanspruch auf den Besuch einer allgemeinen Schule (Beauftragte ... 2014). Ein inklusives Bildungsverständnis geht von der Heterogenität und Diversität aller Schüler aus. Pädagogisches Handeln muss dieser Vielfalt in allgemeinen Schulen Rechnung tragen. So fordern z. B. Hinz und Boban (2009) einen nonkategorialen Zugang zu Lehr- und Lernprozessen. Gemeint ist hiermit die Veränderung des Blickwinkels von der traditionell zielgruppenspezifischen Ausrichtung der Sonderpädagogik in Fachrichtungen bzw. Förderschwerpunkten hin zu einer systemischen Orientierung, die die Schule bzw. Schulklasse als einen Lernort der Vielfalt versteht.

> »Dabei wird davon ausgegangen, dass inklusive Bildung ein neues Bildungsverständnis enthält, das Umgang mit Heterogenität zur Grundlage hat, gesellschaftliche Teilhabe verbessert und auf eine Individualisierung der pädagogischen Angebote für alle Kinder abzielt« (Heimlich 2013, 12).

Pädagogisch kompetentes Handeln in inklusiven Bildungskontexten besteht dann, wenn der Heterogenität angemessen – was immer das auch heißen mag – begegnet werden kann. Das förderpädagogische Verständnis einer traditionellen Sonderpädagogik, das sich durch einen individuums- und förderpädagogisch orientierten Zugang charakterisieren lässt, ist aus dieser Perspektive nicht mehr zeit- und sachgemäß, so dass auch das damit verbundene Professionsverständnis der Sonderpädagogik nicht mehr tragfähig sei, sondern Inklusion Pädagogen benötige, deren Fokus nicht auf dem Individuum liege.

Die zweite Position wird weniger aus einer normativen denn aus einer wissenschaftlichen forschungsorientierten Perspektive verfolgt. Hillenbrand et al. (2014, 154) kennzeichnen diese Position nach Farrell (2000) als *educational inclusion* mit folgenden Merkmalen:

- »Inklusive Bildung fordert in erster Linie eine wirksame Unterstützung aller Lernenden, die unterschiedlich organisiert sein kann [sic]
- Moderates Verständnis
- Die Argumentation erfolgt empirisch mit der Frage bestmöglicher Effekte bei Lernenden [sic]

- Da empirische Befunde keine durchgängige Überlegenheit für eine bestimmte Organisationsform belegen, gelten verschiedene Angebote als hilfreich.
- In der Konsequenz werden evidenzbasierte Verfahren, Kooperation, Förderplan etc. wichtiger als die Schulorganisation.«

Der Sonderpädagogik kommt die Aufgabe zu, diese (wissenschaftlichen) Rahmenbedingungen für eine inklusive Bildung und Förderung bereitzustellen und zu vermitteln. Der Sonderpädagoge ist hiernach Teil eines inklusiven Bildungssystems mit alten und neuen Aufgaben. Die Auflösung der Orientierung an Förderschwerpunkten ist nicht das Ziel, sondern es geht darum, Förderung auf der Basis von wissenschaftlichen Erkenntnissen auszugestalten.

Die Diskussion, die im vorhergehenden Abschnitt angerissen worden ist, ob eine sonderpädagogische Expertise, die den Fokus auf das Kind mit einem spezifischen pädagogischen Bedarf richte, überhaupt noch gebraucht werde, berührt natürlich zentrale Fragen der (sonder-)pädagogischen Förderung in allgemeinen Schulen. Offensichtlich haben sich die Rahmenbedingungen, unter denen Kinder mit Behinderung und, in unserem besonderen Fall, Kinder mit einer Hörschädigung gefördert werden, in den vergangenen Jahren dramatisch geändert.

Die im Jahre 1995 veröffentlichten KMK-Empfehlungen zur gemeinsamen Beschulung haben den Förderschulen, den Eltern und den Kindern die rechtliche Möglichkeit eröffnet, Kinder und Jugendliche mit Behinderung in allgemeinen Schulen zu unterrichten und ihnen gleichermaßen eine sonderpädagogische Unterstützung zuteil werden zu lassen. Das gemeinsame Lernen in allgemeinen Schulen ist in der heutigen Zeit für eine große Anzahl hörgeschädigter Schüler sicherlich eher der Regelfall als die Ausnahme (für NRW Kaul/Niehaus 2014, 70f.). Dadurch hat sich auch das Anforderungs- und Tätigkeitsprofil von Hörgeschädigtenpädagogen umfassend verändert. Die pädagogische Arbeit in inklusiven Bildungssettings gehört spätestens seit Mitte der 1990er Jahre zur normalen Tätigkeit eines Hörgeschädigtenpädagogen. In den vergangenen 25 bis 30 Jahren sind darüber hinaus auch die Ausbildungsstrukturen an den Hochschulen schrittweise an die neuen Anforderungsprofile immer mehr angepasst worden.

Die Organisationsformen einer gemeinsamen Beschulung variieren je nach gesetzlichen Voraussetzungen oder den jeweiligen Entwicklungen in den verschiedenen Bundesländern (▶ Kap. 1.3.2), dennoch herrscht im Rahmen der Förderung hörgeschädigter Kinder und Jugendlicher die

Einzelintegration oder -inklusion (aus der Perspektive der Hörschädigung) vor. Dies hat im Wesentlichen seine Ursache in der Forderung oder dem Wunsch, die Kinder und Jugendlichen wohnortnah zu beschulen (z. B. §19, §46 des SchulG NRW). Dass in dem Einzugsgebiet einer Schule mehrere hörgeschädigte Schüler einer Altersstufe wohnen, ist außerordentlich selten, so dass diese in der Regel als Einzelne in dem jeweiligen Klassenverband der allgemeinen Schule gefördert werden. Oftmals ist dieser hörgeschädigte Schüler auch der erste und langfristig einzige, der in dieser Schule gefördert wird.

Die spezifischen pädagogischen Kompetenzen, die zur Förderung hörgeschädigter Kinder und Jugendlicher sowie zur Einordnung der Lern- und Leistungsvoraussetzungen notwendig sind, sind in der Regel nicht vorhanden. Dies ist auch dann der Fall, wenn Sonderpädagogen anderer Förderschwerpunkte an der Schule arbeiten. Für eine optimale Förderung ist aber eine hörgeschädigtenspezifische Fachkompetenz unabdingbar. Die förderpädagogische Begleitung geschieht in der Regel durch Hörgeschädigtenpädagogen der Förderzentren, Förderschwerpunkt Hören und Kommunikation. Dieser Umstand wird auch von Befürwortern einer möglichst umfassenden Inklusion vertreten:

>»Es ist gemeinhin nicht möglich, allen ›special needs‹ behinderter Kinder durch schulinterne Ressourcen unmittelbar vor Ort zu entsprechen. Ein besonderer Stellenwert in ›Integrationsnetzwerken‹ kommt so genannten ›Förderzentren‹ zu. Förderzentren sind dabei als Ressourcen- und Kompetenzzentren zu verstehen, die in ambulanter Form spezialisierte Hilfs- und Unterstützungsangebote vorhalten und dezentralisiert ›zu den Kindern‹ bringen« (Wocken 2015, 10).

Das heißt, Hörgeschädigtenpädagogen kommen mehr oder weniger (das hängt von den jeweiligen Voraussetzungen in den verschiedenen Bundesländern ab) regelmäßig von einem Förderzentrum an die allgemeine Schule, fördern die dort unterrichteten hörgeschädigten Schüler, beraten und unterstützen die Unterrichtenden der allgemeinen Schule sowie die Eltern der hörgeschädigten Kinder und Jugendlichen.

Diese organisatorischen Ausgangsbedingungen können sich dann verändern, wenn sich allgemeine Schulen z. B. zu Schwerpunktschulen für hörgeschädigte Kinder entwickeln (▶ Kap. 1.3.2). Zum einen können unter solchen Rahmenbedingungen Hörgeschädigtenpädagogen an die allgemeine Schule längerfristig abgeordnet werden, so dass hörgeschädigtenpädagogische Kompetenz kontinuierlich vor Ort ist. Zum anderen baut sich über die Zeit unter den Unterrichtenden der allgemeinen Schule eine hörgeschädigtenpädagogische Kompetenz auf, so dass die interne und externe Unterstützung anders ausgestaltet werden kann.

1.4 Der Hörgeschädigtenpädagoge als Experte

Was leisten Hörgeschädigtenpädagogen im Rahmen der Inklusion?

Wie zuvor bereits ausgeführt worden ist, hat sich das Tätigkeits- und Anforderungsprofil von Förderpädagogen im Allgemeinen und auch von Hörgeschädigtenpädagogen im Besonderen über die vergangenen Jahre verändert. Durch die Bemühungen, Kinder und Jugendliche mit Hörschädigung in allgemeinen Schulen zu fördern, sind zusätzliche oder auch anders zu gewichtende Kompetenzen notwendig, die Hörgeschädigtenpädagogen in ihrer täglichen Arbeit in inklusiven Arbeitsfeldern benötigen und aufgebaut haben.

Hierzu gehören z. B. Kompetenzen, die im Bereich

- der Kooperation mit Unterrichtenden der allgemeinen Schule
- des Teamteachings, d. h. des gemeinsamen Unterrichtens
- der Beratung von Institutionen, Kollegen und Eltern und
- der spezifischen Förderung Schülern in inklusiven Kontexten (Differenzierung, Individualisierung u. a.) liegen.

Grundlegend sind aber dennoch die *hörgeschädigtenspezifischen* Förderkompetenzen, die Hörgeschädigtenpädagogen in den Prozess der Förderung mit einbringen, die andere Fachdisziplinen nicht aufweisen. Hierzu gehören ein differenziertes Wissen um die Entwicklungs- und Lernvoraussetzungen hörgeschädigter Kinder und Jugendlicher sowie die spezifischen Möglichkeiten der Förderung (▶ Kap. 2).

Die Versorgung von Kindern und Jugendlichen mit Hörschädigung über die Förderzentren ist in den verschiedenen Bundesländern unterschiedlich geregelt. In der Regel wird dies durch den Mobilen Dienst (auch hier unterscheidet sich die Terminologie von Bundesland zu Bundesland) der Förderzentren geleistet. Beispielhaft soll dies an den Rahmenbedingungen von zwei Bundesländern aufgezeigt werden.

In *Nordrhein-Westfalen* werden hörgeschädigte Kinder und Jugendliche in allgemeinen Schulen auf der Basis des *Gemeinsamen Lernens* (§20, Abs. 3 des SchulG NRW) gefördert. Die rechtlichen Grundlagen sind in der *Ausbildungsordnung Sonderpädagogische Förderung* (AO-SF) verankert. Im Rahmen eines Gutachtens werden der Umfang und der Bedarf der sonderpädagogischen Förderung festgestellt. Der sonderpädagogische Förderbedarf der Kinder und Jugendlichen wird mit Unterstützung von Hörgeschädigtenpädagogen, die an einer Förderschule mit dem Förderschwerpunkt Hören und Kommunikation arbeiten, gedeckt. Die allgemeine Schule liegt im Einzugsgebiet eines zuständigen Förderzentrums. Die verantwortlichen Hörgeschädigtenpädagogen kommen im Rahmen einer mobilen Tätigkeit einmal in der Woche in die allgemeine Schule, um Lehrer, Schüler und Eltern zu unterstützen.

In *Bayern* wird der sonderpädagogische Förderbedarf von hörgeschädigten Kindern und Jugendlichen, die eine allgemeine Schule besuchen, durch den Mobilen Sonderpädagogischen Dienst (MSD) begleitet. Die rechtlichen Grundlagen hierfür sind im BayEUG Art. 21, Abs. 1 festgehalten: »Die Mobilen Sonderpädagogischen Dienste unterstützen die Unterrichtung von Schülern mit sonderpädagogischem Förderbedarf, die ... eine allgemeine Schule besuchen können.« Im MSD arbeiten ebenfalls fachlich hochqualifizierte Hörgeschädigtenpädagogen.

Alle Hörgeschädigtenpädagogen sind ausgebildete Lehrer und neben einem Studienabschluss in Hörgeschädigtenpädagogik auch für den Unterricht in verschiedenen Fächern qualifiziert. Sie verfügen selbst über Unterrichtserfahrung und sind im Umgang mit heterogenen Bedingungsfeldern und der damit verbundenen Individualisierung von Förderung geschult. Das Aufgabenspektrum von Hörgeschädigtenpädagogen reicht aber noch weiter und erstreckt sich über die Förderung des Kindes hinaus auf ein breites Spektrum an Beratungs- und Unterstützungsleistungen. Hierzu gehören differenzierte Kenntnisse über die unterschiedlichen kindlichen Entwicklungsbereiche, die von einer Hörschädigung beeinflusst werden. Im Zentrum stehen hier insbesondere die Hör-, Sprech- und Sprachentwicklung und die damit verbundenen sprachlich-kommunikativen Möglichkeiten der Kinder. Darüber hinaus kommt dem Zusammenhang zwischen der sprachlich-kommunikativen sowie kognitiven und psychosozialen Entwicklung eine wichtige Bedeutung zu. Es bedarf einer differenzierten Abstimmung zwischen den jeweiligen Entwicklungsvoraussetzungen und dem pädagogischen sowie methodisch-didaktischen Vorgehen. Hörgeschädigtenpädagogen können hierbei umfassend unterstützen und beraten. Hierzu gehört auch die Abstimmung der technischen und weiteren Hilfen zur Kommunikationsabsicherung wie z. B. Übertragungsanlagen, Hörhilfen oder auch die sprachlich-kommunikative Unterstützung durch Gebärdensprachdolmetscher.

Darüber hinaus sind Förderpädagogen mit dem Förderschwerpunkt Hören und Kommunikation auch förderdiagnostisch geschult und können auf der Basis von sorgfältiger Beobachtung, Kind-Umfeld-Analysen und auf Grund von standardisierten diagnostischen Verfahren gemeinsam mit den Kollegen der allgemeinen Schule Strategien zur Förderung der Kinder entwickeln.

Durch die Anbindung an Förderzentren Hören und Kommunikation sind Hörgeschädigtenpädagogen sehr gut vernetzt und stehen in einem stetigen Austausch mit Fachkollegen und anderen Fachdisziplinen und -einrichtungen, die für die Entwicklung und Förderung der Kinder und Jugendlichen von Bedeutung sind.

Hierzu gehören z. B.:

- verschiedene medizinische Einrichtungen (HNO-Kliniken, audiologische und sozialpädiatrische Zentren)
- vor Ort ansässige Akustiker (technische Hilfsmittel)
- andere förderpädagogische Fachdisziplinen (z. B. bei einer zusätzlichen Sehbehinderung)
- andere therapeutische Disziplinen (z. B. Logopädie, Physiotherapie, Ergotherapie)
- Frühfördereinrichtungen
- im Bereich des Übergangsmanagements Schule-Beruf Integrationsämter und Integrationsfachdienste
- Eltern- und Selbsthilfeverbände.

Diese Bündelung von fachlichem Wissen und Kompetenzen sowie die darüber erfolgende Einbindung in die relevanten Netzwerke ist eine wichtige Voraussetzung für eine erfolgreiche Inklusion von Kindern und Jugendlichen mit einer Hörschädigung.

2

Entwicklungsbereiche

Dieses Kapitel ist ausgewählten Bereichen der Entwicklung von Kindern und Jugendlichen mit Hörschädigung gewidmet und gibt Einblick darin, inwiefern eine Hörschädigung diese Entwicklungsbereiche beeinflussen kann. Es sensibilisiert für die Lebens- und Lernsituation betroffener Schüler und untermauert die in Kapitel 3 und 4 ausgeführten pädagogischen Maßnahmen zur Organisation und Durchführung hörgeschädigtenspezifischen Unterrichtes.

Zunächst wird die Hör- und Sprechentwicklung abgehandelt und der enge Zusammenhang zwischen diesen Entwicklungsbereichen herausgestellt (▶ Kap. 2.1). Dem folgen Ausführungen zum Lautsprach- (▶ Kap. 2.2) und Gebärdenspracherwerb (▶ Kap. 2.3) sowie zum Thema Mehrsprachigkeit, in dem sowohl auf Bilingualität als auch Bimodalität eingegangen wird (▶ Kap. 2.4). Im Abschnitt zum/zur Schriftspracherwerb/-kompetenz (▶ Kap. 2.5) werden die produktive und perzeptive Seite sowie der Unterschied zwischen Schwerhörigkeit und Gehörlosigkeit berücksichtigt. Ausführungen zur kognitiven (▶ Kap. 2.6) und psychosozialen Entwicklung (▶ Kap. 2.7) von Schülern mit Hörschädigung runden dieses Kapitel ab.

2.1 Hör- und Sprechentwicklung

Kirsten Ludwig/Thomas Kaul

Die Funktion des Innenohres ist angeboren und entwickelt sich unabhängig von äußeren Reizen. Auch der Erwerb der Hörfähigkeit ist über ein genetisches System festgelegt, benötigt jedoch zwingend den Einfluss von Hörreizung. Diese geschieht bereits pränatal, so dass das Gehör schon vor der Geburt physiologisch aktiv ist. Mit der Geburt sind auch spezialisierte Detektorsysteme zur Sprachanalyse im Gehirn angelegt. Das Hören ist zu diesem Zeitpunkt noch kein bewusster Vorgang, hierzu sind nach der Geburt wesentliche Entwicklungen notwendig.

In der Säuglingsphase finden entscheidende Reifungsprozesse des Hörapparates statt, die wiederum von ausreichend akustischer Stimulation abhängen und auf Grund einer Hörschädigung massiv beeinträchtigt sein können. Hinsichtlich der Sprachanalyse werden die angelegten Detektorsysteme durch das Hören einfacher »Konsonant-Vokal-Kombinationen, Frequenzänderungen, Schallanfang und -ende aktiviert und trainiert« (Spreng o. J., 8). Die typischen präverbalen Sprachmuster, die Eltern in der Kommunikation mit ihrem Baby zeigen, sind ideal für diese Sprachanalyse beschaffen, beispielsweise durch eine langsamere Sprechgeschwindigkeit, längere Pausen, klare Segmentation und einen insgesamt größeren Frequenzbereich mit extremen Maxima und Minima (Szagun 2013, 37).

In den ersten Lebensmonaten kann ein gut hörendes Kind sämtliche Phoneme aller Sprachen auditiv voneinander unterscheiden. Diese allgemeine Fähigkeit geht zum Ende des 1. Lebensjahres verloren und spezifiziert sich auf die Phoneme, die in der Muttersprache unterschieden werden (Kral 2009, 10). Es entwickelt sich eine sprachspezifische kategoriale Wahrnehmung: »Damit wir die auditorischen Reize unterschiedlichen Ursachen zuordnen und so die auditorischen Objekte konstruieren können, müssen wir von der natürlichen Varianz der Umwelt abstrahieren« (Kral 2012, 31). Für die Spracherkennung ist dies immens wichtig, da beispielsweise ausgehend von der enormen Varianz von gehörten Phonemen gelernt wird, nur die Parameter zu abstrahieren, die für die Unterscheidung der Phoneme wesentlich sind.

Dies wirkt sich wiederum auch auf die Produktion gesprochener Sprache aus. Kinder mit Hörschädigung sind bereits hier in ihrer Sprachentwicklung gefährdet, denn was nicht gehört werden kann, kann später nicht auf natürlich imitativem Weg (ohne pädagogisch-therapeutische Förderung) gelernt werden. Je nach Art und Grad der Hörschädigung entwickeln die Kinder einen mehr oder weniger vollständigen Lautbestand. Durch eine frühzeitige Benutzung der Sprechbewegungsorgane werden die Bewegungsabläufe eingeübt und internalisiert.

Die Entwicklung des Gehörs ist aufs Engste mit der Entwicklung der Stimmgebung und des Sprechapparates verbunden. Dies zeigt sich im Lallen des Babys, das sich mit der Reifung des Hörsystems charakteristisch verändert (Klinke 1998, 88). Etwa im 3. bis 4. Lebensmonat produziert das Baby in der ersten Lallphase erste sprachrelevante Laute. Es beginnt, Vokale zu bilden, und experimentiert mit den Bewegungsabläufen, was mit entsprechenden Berührungs- und Bewegungsempfindungen im Mund- und Rachenbereich einhergeht. Die Rückkopplung erfolgt zunächst über das Fühlsystem als taktil-kinästhetische Wahrnehmung. Die Empfindungen werden lustvoll erlebt und wiederholt. Diese Phase ist auch bei Kindern mit Schwerhörigkeit oder Gehörlosigkeit zu beobachten, wobei Säuglinge mit hochgradigem Hörverlust bereits hier auffällig sind, da sie weniger intensiv und variantenreich lallen. Später erfolgt die Rückkopplung über die vorbewusste auditive Eigenwahrnehmung, die zur Aktionswiederholung führt, »mit dem Ergebnis nicht nur eines quantitativen Zuwachses des Lallens, sondern auch der zunehmenden qualitativen Differenzierung. Das Ausbleiben dieses Phänomens ist folglich ein dringlicher Hinweis auf eine Störung dieses auditiven Regelkreises« (Kruse 2014, 246) bedingt durch eine periphere oder zentrale Hörschädigung.

In der zweiten Lallphase, etwa zwischen dem 6. und 8. Lebensmonat, erfolgt die Rückkopplung über die auditive Fremdwahrnehmung. Das Kind lernt, dass auch andere Schall produzieren, und zwischen ihm und seinen Bezugspersonen entstehen Lalldialoge. Per Nachahmung produziert das Kind Lautkombinationen, die in der Muttersprache vorkommen. Sie lernen zu dieser Zeit, Konsonanten und Vokale zu Silben oder Silbenketten nach Zeitmustern der Muttersprache zusammenzuschließen und zu kombinieren (kanonisches Babbeln). Dabei beginnen sie gleichzeitig zu lernen, die Artikulationsorgane aufeinander abzustimmen. »In dieser Phase entwickeln sich die phonologischen Kategorien« (Kral 2012, 29), was entscheidend von der Hörerfahrung abhängig ist.

Babys mit unversorgter Hörschädigung verstummen in der zweiten Lallphase je nach Grad des Hörverlustes mehr oder weniger, denn die eingeschränkte auditive Rückkopplung verhindert, sich als Geräuschquelle erleben zu können und immer wieder erleben zu wollen. Das zieht nicht nur eine geringere Lautproduktion, sondern auch eine Verringerung der Lautkombinations- und Artikulationsübung nach sich. Masataka (2006, 56) berichtet für Kinder mit Hörschädigung von mitunter elf- bis 49-monatigen Entwicklungsverzögerungen und davon, dass die Kinder generell weniger babbeln und ihr Phonemrepertoire weniger variantenreich ist als das gut hörender Kinder.

Bei gut hörenden Kindern wird im Weiteren die audio-phonatorische Rückkopplung als Basis zum komplexen Sprechenlernen ausgebaut (Spreng o. J., 9). Ihre ursprüngliche Fähigkeit zur nicht-muttersprachlichen Phonemdiskrimination geht gegen Ende des 1. Lebensjahres verloren (Klinke 1998, 89).

Phonematisches Hören oder auch phonematische Differenzierungsfähigkeit ist Voraussetzung, die einzelnen Phoneme in der gesprochenen Rede deutlich heraushören und voneinander unterscheiden zu lernen. Hörschädigungen führen dazu, ähnlich klingende Laute (z. B. b/p, p/pf, k/g) nicht klar diskriminieren zu können. Besonders deutlich und nachteilig zeigt sich eine Schwäche in der phonematischen Differenzierung beim Erlernen der Schriftsprache. Dann bereitet die Phonem-Graphem-Zuordnung und Verschriftlichung auch sehr lautgetreuer Wörter den Schülern Schwierigkeiten (▶ Kap. 2.5).

Die Hörentwicklung bis zum 2. Lebensjahr ist durch Stabilisierung des Gelernten, Detailausreifung und Steigerung der Verarbeitungsgeschwindigkeit gekennzeichnet. Hinsichtlich Lautspracherwerb und späterem Schriftspracherwerb sind die Verbesserung der Frequenzwahrnehmung und die Entwicklung der phonematischen Differenzierungsfähigkeit bedeutsam. Letztere geht mit der Entwicklung höherer kognitiver Leistungen einher und ist von der Qualität und Quantität des sprachlichen Inputs seitens der Erwachsenen abhängig (Spreng o. J., 14).

Für die Sprechentwicklung ist die Ausbildung der taktilen Rückkopplungssysteme entscheidend, die Informationen über die Sprechmotorik und Konfigurationen im Ansatzrohr (z. B. Lippen, Zunge, Gaumen) rückmelden. Ebenso müssen sich Verknüpfungen mit dem Atemzentrum sowie der Atemmuskulatur etablieren (ebd., 13f.).

Bis zum 6. Lebensjahr ist das Gehör gut hörender Kinder zunehmend in der Lage, Störgeräusche zu unterdrücken, und sie lernen das Lauschen. Durch Aufmerksamkeitszuwendung können sie Schallinformationen so verändern, dass nur ganz bestimmte Frequenzen wahrgenommen und andere unterdrückt werden (ebd., 15). Insgesamt differenzieren sich die Leistungsfähigkeiten in der Verarbeitung auditiver Informationen weiter aus und die analytische Kompetenz nimmt zu. Im Vorschulalter beginnt die Entwicklung der phonologischen Bewusstheit im weiteren Sinn, die z. B. die Fähigkeit zum Silbenklatschen oder Erkennen von Reimen einschließt. Das Gehör steht für die Spracherkennung als hoch paralleles und enorm schnell arbeitendes System zur Verfügung, was allerdings in den vorangegangenen Jahren trainiert werden musste und in den kommenden Jahren auch weiterhin geschult werden muss. Kinder mit Hörschädigung weisen hierbei je nach Art und Grad der Hörschädigung sowie Höralter (Lebenszeit seit Versorgung mit Hörhilfen), Qualität der technischen Versorgung und sprachlichen Förderung äußerst heterogene Fähigkeiten auf.

Mit dem Erwerb schriftsprachlicher Kompetenzen setzt die letzte Abstraktionsstufe des Sprechens und Hörens unter Einbezug visuell-auditorischer Assoziationszentren ein. Sie steuern beispielsweise Aufmerksamkeit, Motivation und Emotion und sind die Basis unter anderem für multisensorische Repräsentationen, wie der Sprache, und dem Zugriff auf Speichersysteme, wie dem für Sprachmotorik (Spreng o. J., 19ff.). Die im Vorschulalter in der Regel spontan erworbene phonologische Bewusstheit im weiteren Sinn muss beim Lesen- und Schreibenlernen zur Bewusstheit im engeren Sinn, der auf den Einzellaut bezogenen phonematischen Differenzierungsfähigkeit, entfaltet werden, um die lautlichen Strukturen von Sprache und Schrift erkennen und damit die Phonem-Graphem-Korrespondenz erlernen zu können.

Reifungsprozesse beim Hörenlernen

> »So paradox es nämlich klingt, wir hören gar nicht mit dem Ohr, auch wenn das Ohr den ersten Schritt des Hörvorganges vollzieht. Hören ist nicht die Aufnahme von Schallereignissen durch das Innenohr, Hören ist die Verarbeitung und Auswertung der Schallereignisse durch das Gehirn« (Klinke 1998, 77f.).

Die Weiterleitung der akustischen Information vom Innenohr zur Verarbeitung und Wahrnehmung im Gehirn ist bei der Geburt eines Kindes noch nicht vollkommen, denn das Gehirn unterliegt bis zu seiner vollständigen Funktionstüchtigkeit vor- und nachgeburtlichen Reifungsprozessen. Entsprechend trifft dies auch für die Ausreifung des auditorischen Systems zu.

Die Reifung des Gehirns ist genetisch nur sehr grob vorprogrammiert, seine Funktionsgenauigkeit erwirbt es erst unter dem Einfluss externer Reize. Das Hörsystem ist etwa um das 8. Lebensjahr vollständig entwickelt (Klinke 1998, 83). Dem gehen drei grundsätzliche Entwicklungsschritte in der Hirnreifung voraus: Zunächst müssen sich Axone mit anderen Nervenzellen verknüpfen. Gibt es über chemische Botenstoffe seitens einer anderen Zelle keine Veranlassung zur Verknüpfung (weil z. B. akustische Reize ausbleiben), wird die Ursprungszelle eliminiert. Dies betrifft jedoch nicht nur funktional unbedeutende Synapsen, sondern auch potenziell wichtige (Kral 2009, 5). Haben Axone eine Zelle erreicht, beginnt als zweiter Prozess deren Myelinisierung, wodurch sich die neuronale Leitungsgeschwindigkeit etwa verzehnfacht. Dieser Prozess kann in den höheren Regionen der Hörbahn bis zum 4. Lebensjahr andauern (Klinke 1998, 85). Ohne ihn ist das Hörsystem nicht voll funktionstüchtig. Im dritten Schritt (der parallel zum zweiten verlaufen kann) werden genetisch gesteuert die synaptischen Verknüpfungen gebildet und stabilisiert. An diesen Synapsen findet Informationsverarbeitung statt. Zunächst werden »zu viele, auch falsche synaptische Kontakte gebildet« (ebd.). Die Etablierung der Kontakte im Hörsystem hängt von deren Nutzen bei der Verarbeitung extern eintreffender Hörreize ab. Daher sind regelmäßige Höreindrücke zwingend erforderlich. Bleiben sie aus, erhalten die Synapsen keine Wachstumsstoffe zur Stabilisierung, da sie sich nicht als dienlich erwiesen haben. Infolgedessen können ursprünglich richtige synaptische Kontakte wieder abgebaut werden und verloren gehen (ebd.).

Der Reifungsprozess des auditorischen Systems ist die Basis des Hörenlernens. Er kann nur stattfinden, wenn das Außen-, Mittel- und Innenohr voll funktionstüchtig und die Schallaufnahme und -weiterleitung nicht gestört sind. Die Reifungsprozesse verlaufen in gewissen Zeitfenstern, den so genannten kritischen oder sensiblen Phasen, besonders schnell und effizient. Bleiben die Zeitfenster ungenutzt, können die Prozesse nicht mehr oder nur noch mangelhaft nachgeholt werden (Klinke 1998, 87). Hinsichtlich der Entwicklung des auditorischen Systems und des Sprechapparats gilt die zweite Lallphase als außerordentlich wichtige Periode (ebd., 88). Zudem gibt es Hinweise darauf, dass die sensiblen Phasen Auswirkungen auf die Organisation des zentralen Hörsystems haben. Verlaufen sie weniger günstig, kann dies die Interaktion zwischen dem zentralen Hörsystem und anderen Hirnarealen zum Austausch von Informationen beeinträchtigen (Kral 2012, 42). Die sensiblen Phasen verlängern sich in gewissem

Maß zeitlich, wenn die synaptische Aktivierung ausbleibt oder nur suboptimal verläuft. Allerdings geschieht dies nicht unbegrenzt. Erfolgt keine oder zu wenig Reizung,

> »reorganisiert sich das System und passt sich der gegebenen Situation optimal an. Die Integrität der auditorischen Areale in der Hirnrinde wird zerstört und einzelne Areale werden mit neuen, unterschiedlichen Funktionen belegt. ... Die Phase der hohen synaptischen Plastizität klingt ab« (Kral 2012, 45).

Verläuft die Aktivierung nicht optimal, verlangsamt sich auch das Lernen (Szagun 2013, 275). Für die Sprachentwicklung muss eine sehr frühzeitige sensible Phase im kindlichen Entwicklungsverlauf angenommen werden. Darauf deuten Studien zur Sprachentwicklung prälingual gehörloser Kinder mit CI hin. Für sie erweist sich der Zeitpunkt der Versorgung als entscheidend: Vor dem 5. Lebensjahr implantierte Kinder gelangen zu einem signifikant besseren Sprachverständnis als später implantierte Kinder. Durch die Einführung des Neugeborenenhörscreenings werden in der heutigen Zeit die meisten hochgradig hörgeschädigten Kinder frühzeitig erfasst, so dass sehr viel günstigere Voraussetzungen für den Lautspracherwerb gegeben sind.

Postlingual Ertaubte hingegen können nach einer CI-Versorgung, auch wenn die Ertaubung bereits jahrzehntelang zurückliegt, Sprache wieder verstehen lernen (Kral 2009, 4), da sie auf die einmal angelegten akustischen und sprachlichen Wissenssysteme zurückgreifen können. Bei gebärdensprachlich kommunizierenden gehörlosen Kleinkindern, die keine hörtechnische Versorgung und kaum lautsprachliche Angebote erhalten, können auf Grund der fehlenden Hörreize die auditorischen neuronalen Schaltsysteme nicht ausreifen. Bei einer zu späteren CI-Versorgung

> »können wegen der reduzierten Synapsenzahlen nicht alle notwendigen Eigenschaften der Reize im auditorischen Kortex repräsentiert werden. So kann der Kortex auch nicht lernen, ihnen die notwendige Bedeutung zuzuordnen. Lernen führt nicht mehr zu adaptivem Verhalten. Der Gehörlose verpasst die frühe Phase der hohen synaptischen Plastizität« (Kral 2009, 5).

Jedoch gehen die für das auditorische System vorgesehenen neuronalen Kapazitäten nicht verloren. Vielmehr lässt die neuronale Plastizität des Gehirns erfahrungsabhängige strukturelle und funktionelle Veränderungen des neuronalen Netzwerks zu. Neuronale Verbindungen sind demnach nicht starr, sondern können infolge sich ändernder Umweltbedingungen ständig umorganisiert werden (z. B. durch »Reparaturen« nach Hirnschädigungen oder durch Lernen) (Bock 2014, 1). Das heißt, mittels von der Umwelt angeregter perzptueller Lernprozesse (sensorisch be-

2.1 Hör- und Sprechentwicklung

dingt und implizit) können zentral gesteuerte Perzeptionsleistungen optimiert werden. Das ist die Chance für Kinder mit Hörschädigung, beispielsweise mittels stetiger Hörerziehung, das physiologische Hören zu schulen und mittels gezielter Förderung des Absehens das funktionelle Hören zu verbessern (Klinke 1998, 92).

Aus der Relevanz uneingeschränkter Entwicklungs- und Reifungsprozesse des Hörens als Basis optimaler individueller Voraussetzungen für die Sprech- und Lautsprachentwicklung (▶ Kap. 2.1 und 2.2) erklärt sich die Bedeutung frühzeitiger Diagnostik und technischer Versorgung von angeborenen oder vor dem Lautspracherwerb eingetretenen Hörschädigungen.

Die folgende Übersicht bildet summarisch die Beziehung zwischen der Hör- und Sprechentwicklung vom Zeitpunkt der Geburt bis zum etwa 6. Lebensjahr ab. Gleichzeitig vermittelt sie einen Eindruck davon, wie in der pädagogischen bzw. therapeutischen Hör-Sprech-Lautsprachförderung vorgegangen wird, die sich immer jeweils individuell an dem Höralter jedes Kindes orientiert.

Tab. 2: Hör-Sprechentwicklung (adaptiert nach Erber 1982; Estabrooks 1998)

Alter	Hören	Sprechen
0 Jahre	auditive Wahrnehmung	Weinen
	Aufmerksamkeit	Gurren
	Schalllokalisation	Lächeln
	Schallunterscheidung	Lachen
	auditives Feedback	Vokalisation (2. Lallphase)
	Unterscheiden von Stimmen	Babbeln und Lallen
	Erkennen von Lautfolgen	Imitieren
	auditive Verarbeitung	Kauderwelsch
	Verstehen	Ein-, Zwei-, Mehrwortäußerungen Sätze, Gespräch
6 Jahre	Verstehen auf höherem Niveau	fast perfekte Grammatik

Hören und artikulieren zu lernen, ist unabdingbar auf ausreichend auditivem und lautsprachlichem Input angewiesen. Sprache und Kommunikation entwickeln sich aber schon lange Zeit vor dem ersten gesprochenen Wort. Deren Entwicklung ist wiederum entscheidend von der Qualität der Interaktionen zwischen Eltern und Kind beeinflusst, die maßgeblich vom so genannten intuitive parenting bestimmt wird (Papoušek/Papoušek 2002). Gemeint sind elterliche Früherziehungskompetenzen, die zu Verhaltensanpassungen im vorsprachlichen Kommunikationsverhalten der Eltern während der Interaktionen mit ihrem Kind führen. Sie sind biologischen Ursprungs und werden ohne bewusste Steuerung von den Eltern, aber auch anderen erwachsenen Bezugspersonen und Kindern, im Kontakt mit dem Baby ausgeübt. Sie haben einen positiven Entwicklungsanreiz (Papoušek 2004, 89ff.). Ein hohes Maß an mütterlicher Sensitivität in der Zusprache zum gut hörenden Kind geht beispielsweise mit einer raschen Spiel- und Sprachentwicklung einher. Dies bestätigt sich auch für gehörlose und schwerhörige Kinder (Spencer 2003, 335). Bekannt ist aber auch, dass diese intuitiven Kompetenzen durch Stress und anhaltende Belastung der Eltern eingeschränkt werden können.

Ein Stress- oder Risikofaktor für die Eltern kann die Diagnose einer Hörschädigung bei ihrem Säugling sein, darauf verweisen die Ausführungen von Spencer (2003, 336ff.): So wurden mehrfach Unterschiede im intuitive parenting zwischen Müttern bestätigt, deren Baby denselben Hörstatus wie sie selbst hat (z. B. beide gut hörend oder gehörlos), und Müttern, deren Baby einen anderen Hörstatus hat (z. B. Mutter gehörlos, Kind gut hörend). Die mütterliche Sensitivität und Responsivität ist bei gleichem Hörstatus ausgeprägter. Ist die Mutter gut hörend und ihr Baby gehörlos oder umgekehrt, sind die mütterliche Feinfühligkeit und die Fähigkeit seitens Mutter und Kind, gegenseitige Wechselreaktionen zu erreichen, weniger gut ausgebildet. Das intuitive parenting erscheint stressbehaftet und mitunter gestört, so dass das Interaktionsverhalten der Mutter weniger zur Sicherung der Aufmerksamkeit des Kindes und Kommunikation mit ihm beiträgt (Spencer 2003; Koester/Papoušek/Smith-Gray 2000, 65f.).

In einer Studie von Koester (1995) zeigte sich, dass gehörlose Kinder nicht in dem gleichen Maße wie gut hörende Kinder bemüht sind, die Interaktion mit der Bezugsperson durch Blick- oder Körperkontakt (Anlehnen an die Person) aufrecht zu halten oder wieder in Gang zu setzen, wenn Reaktionen der Erwachsenen ausbleiben (Koester 1995, 148). Im Alter zwischen zwölf und 18 Lebensmonaten wechseln gehörlose und schwerhörige Kinder gut hörender Eltern weniger ihren Blick zwischen Bezugsperson und Objekt hin und her als gut hörende Kinder. Den gut hörenden Kindern stehen damit mehr Möglichkeiten zur Verfügung, Interesse an der Kommunikation zu bekunden, zum einen Interesse am Kommunikationspartner und zum anderen am Objekt, dem gemeinsamen Kommunikationsgegenstand. Dies dürfte motivierend für die Kommunikationspartner sein, die Interaktion aufrecht zu halten. Den Blickwechsel zeigen auch gehörlose Kinder gehörloser Eltern, was die Rolle des gemeinsamen Hörstatus untermauert und darauf hinweist, dass nicht der Hörstatus per se die Verhaltensmuster während der Interaktion determiniert. Frühe professionelle Unterstützung erwies sich als sehr hilfreich für die Sensibilisierung und Interpretation der kindlichen Reaktionen durch die Eltern. Eine unmittelbar an die Diagnose anschließende Beratung und Begleitung scheint ein besonders erfolgversprechender Faktor für frühzeitig gelingende Eltern-Kind-Interaktionen zu sein (Köster 1995; Leonhardt/Wendels 2007).

2.2 Lautspracherwerb

Kirsten Ludwig/Thomas Kaul

Die Fähigkeit, Sprache zu erwerben, ist Teil der biologischen Ausstattung des Menschen. Ob und inwiefern diese sprachspezifisch angelegt ist oder auf allgemeiner kognitiver Leistungsfähigkeit basiert, die sich eventuell sehr früh in der kindlichen Entwicklung auf sprachliches Wissen hin ausrichtet, ist allerdings eine bisher ungeklärte Frage (Szagun 2013, 295f.).

Der Spracherwerb muss sowohl auf der perzeptiven als auch auf der produktiven Ebene erfolgen. Der natürliche Weg verläuft über die Perzeption zur Produktion: Die Kinder imitieren das, was sie hören, versehen dies nach und nach mit Bedeutung und erschließen sich unbewusst allmählich das Regelwerk der Muttersprache. Bis zum Alter von »vier Jahren erwerben die meisten Kinder eine grundlegende Grammatik ihrer Muttersprache« (Szagun 2013, 63).

Kindern mit Hörschädigung bleibt in Abhängigkeit von der Art und dem Grad des Hörverlusts der natürliche Einstieg in die Lautsprachentwicklung mehr oder weniger verschlossen. Die frühe Erkennung und technische Versorgung von Hörschädigungen sowie die Förderung des Hörens sind entscheidend für die Lautsprachentwicklungsprozesse der Kinder, die je nach Zeitpunkt und Qualität sowie weiterer Einflussfaktoren äußerst individuell verlaufen. Der Lautsprachentwicklung vorauslaufend besteht die Notwendigkeit, die entscheidenden Phasen des Hören- und Sprechenlernens (▶ Kap. 2.1) zu durchlaufen. Für Kinder mit Hörschädigung beginnen diese Phasen am effektivsten mit der optimalen technischen Anpassung der Hörhilfen. Seit der Einführung des Neugeborenenhörscreenings im Jahre 2009 erfolgt die Diagnose deutlich früher. Der Diagnosezeitpunkt liegt heute etwa bei dem 3. Lebensmonat (Matulat et al. 2014, 177). Die Versorgung mit Hörhilfen folgt der Diagnose kurze Zeit später. Ab diesem Zeitpunkt wird vom Beginn des Höralters der Kinder mit Hörschädigung gesprochen. Mit diesem Zeitpunkt beginnt das Hören in bestmöglicher Qualität. Damit können die folgenden lautsprachlichen Sprech- und Spracherwerbsmechanismen unter der Bedingung einer Hörschädigung optimal zur Entwicklung angeregt werden. Je nach Zeitpunkt des Einsetzens des Hörens kommt es zu zeitlichen Verschiebungen in der Lautsprachentwicklung gemessen am Lebensalter des Kindes. Das heißt, der Lautspracherwerb kann unter der Variable Höralter altersangemessen und unauffällig sein, aber unter der Variable Lebensalter ist er (mitunter um mehrere Jahre) verzögert.

Der ungestörte Lautspracherwerb geschieht universell bemerkenswert gleichförmig und sehr systematisch, wie selbstverständlich, und bedarf keiner Instruktion. Unabdingbare Voraussetzung ist neben dem Hören ein qualitativ und quantitativ ausreichend großes externes Sprachangebot, um die Zielsprache(n) erlernen zu können. Nach interaktionistischer Erklärung des Spracherwerbs ist der sozial-emotionale und interaktiv-kommunikative Gehalt bedeutsam, der vom Kind mit dem Input verbunden werden kann. Der Input muss motivierend sein und das Kind zur Interaktion einladen. Das ist der Antrieb zum Spracherwerb: Sprache benutzen zu können, erweist sich als bereichernd und sinnvoll. Quantität und Qualität des Inputs nehmen frühzeitig Einfluss auf die individuellen Entwicklungswege der Kinder. Beispielsweise stehen die Häufigkeit von Erwachsenenäußerungen an das Kind (Quantität) sowie Diskursmerkmale, Interaktionsstil und Länge der Erwachsenenäußerungen (Qualität) im Zusammenhang mit der Schnelligkeit des kindlichen Wortschatzerwerbs (Hoff/Naigles 2002; Klann-Delius 2008). Voraussetzung ist, dass das Kind den Input aufnehmen und verarbeiten kann. Die Schnelligkeit des Wortlernens wiederum steht in engem Zusammenhang mit der Schnelligkeit der grammatikalischen Entwicklung. Ab einem 200 bis 300 Wörter umfassenden Wortschatz steigen die grammatischen Fähigkeiten rapide an (Szagun 2013, 200).

Trotz des uniformen Entwicklungsverlaufs gibt es zwischen den Kindern individuelle Unterschiede hinsichtlich des Stils, den sie in frühen Phasen des Spracherwerbs präferieren. Differenziert wird nach holistischem und analytischem Spracherwerbsstil (Szagun 2013, 179). Die »Analytiker« gehen sehr referenziell vor und erweitern recht schnell ihren

Wortschatz. Die »Holistiker« sind sehr intonationsorientiert und konzentrieren sich eher auf die Prosodie, was zum ganzheitlichen Abspeichern zweier Wörter führen kann (z. B. »gehtich« statt »geht nicht«; Tracy 2002, 3). Sie imitieren viel und bauen ihren Wortschatz langsamer auf. Die Stile schließen einander nicht aus. Vielmehr nutzt ein Kind beide Strategien, wobei die holistische oder analytische Herangehensweise dominiert. Welcher Spracherwerbsstil überwiegt, scheint mit der Art und Weise der Informationsverarbeitung allgemein (nicht nur der sprachbezogenen) des Kindes im Zusammenhang zu stehen (Szagun 2013, 178).

Im weiten Sinne ist der Spracherwerb ein lebenslanger Prozess, denn permanent können z. B. neue Wörter und deren Bedeutungen oder weitere Sprachen erworben werden. Im engeren Sinne fokussiert er die Zeit der frühen Kindheit, in der das Lernen implizit und inzidentell stattfindet und hierüber sprachliche Grundbausteine gelegt werden, auf die spätere sprachliche Lernerfolge aufbauen. In der frühen Lebensphase der etwa ersten drei Lebensjahre reift und entwickelt sich das Gehirn enorm rasant. In diesem Zeitraum ist es am besten in der Lage, eine Sprache oder auch mehrere Sprachen besonders effektiv auf imitativem Weg zu lernen. Bleibt in dieser sensiblen Phase jedoch ausreichend Sprachinput aus, z. B. infolge einer Hörschädigung, schränkt sich diese ausgesprochen intensive Lernfähigkeit ein. Neben der Grammatik sind weitere Sprachbereiche, deren komplexe Funktionen und Kompetenzen zu erlernen (▶ Tab. 3).

Tab. 3: Grundbausteine der Sprachentwicklung (nach Grimm 2003, 16; Grimm/Weinert 2002, 503)

Sprachbereich	Funktion	Kompetenzbereiche
Prosodie und Phonetik	Intonation, Betonung, Rhythmik Wahrnehmung, Unterscheidung und Produktion von Lauten, Silben und Wörtern im Vorsprachlichen	prosodische Kompetenz
Phonologie	Organisation von Sprachlauten	linguistische Kompetenz
Morphologie und Syntax	Wort- und Satzbildung	
Semantik	Wort- und Satzbedeutung	
Lese- und Schriftsprache	Lesen, Schreiben, Textkompetenz	
Pragmatik	sprachliches Handeln, kontextbezogene Verwendung von Sprache, Diskurs, Konversationssteuerung	pragmalinguistische Kompetenz
Sprache als Sprache reflektieren	metalinguistische Komponente	metalinguistische Kompetenz

Zur Lautsprachentwicklung im Deutschen von prälingual hörgeschädigten, insbesondere mit CI versorgten Kindern bis zum maximal 7. Lebensjahr gibt es zahlreiche Studien, die sich im Forschungsdesign jedoch teilweise erheblich unterscheiden. In einer vergleichenden Übersichtsarbeit von insgesamt 33 Studien stellen Ullherr und Ludwig (2014a-d) fest, dass die Entwicklungen außerordentlich heterogen verlaufen und zahlreichen Einflussfaktoren unterliegen. Konkret gehen aus dieser Übersichtsarbeit vergleichende Daten zu den Bereichen vorsprachliche Entwicklung der Phonologie, phonetisch-phonologische Entwicklung, Entwicklung des Wortschatzes sowie der morpho-syntaktischen Entwicklung hervor. Sie werden den verschiedenen Kompetenzbereichen (▶ Tab. 3) zugeordnet präsentiert. Die Ausführungen zu den Entwicklungsbereichen basieren, sofern nicht anders gekennzeichnet, auf Ullherr und Ludwig (ebd.). Daran schließen Überlegungen zum kommunikativ-pragmatischen Bereich an. Der Schriftsprachkompetenz ist auf Grund der besonderen Relevanz in der schulischen Förderung ein eigener Unterpunkt gewidmet (▶ Kap. 2.5). Darin wird auch der Aspekt der Wort- und Satzbedeutung und metalinguistischen Kompetenz berücksichtigt.

Prosodische Kompetenz

In der vorsprachlichen Entwicklung der Phonologie zeigen sich zwar Unterschiede zwischen hörgeschädigten und gut hörenden Kindern, aber die Ähnlichkeiten überwiegen. Unterschiede gibt es hinsichtlich bestimmter Parameter, z. B. der Schreimelodie, wobei dies ein Erwachsener kaum heraushören kann. Kinder mit Hörschädigung beginnen in der Regel später mit dem kanonischen Babbeln, welches regulär in der zweiten Hälfte des 1. Lebensjahres einsetzt und erkennbare Silbenstrukturen bestehend aus Konsonanten und Vokalen mit sprachtypischen Zeitparametern aufweist (▶ Kap. 2.1). Gegen Ende des 1. Lebensjahres gleichen gut hörende Kinder ihr Babbeln auch in der Lauthäufigkeit der Zielsprache an.

Hinsichtlich der Perzeption gilt das Erkennen der sprachspezifischen Betonungsmuster als wesentlich für das Erkennen von Wortgrenzen, die im Redefluss nicht deutlich markiert sind (Höhle 2010, 130). Hier zeigt sich der Zusammenhang mit der audio-phonatorischen Rückkopplung. Kinder mit Hörschädigung, die den präverbalen Sprachinput, der eigens auf eine optimale Sprachwahrnehmung für das Baby ausgerichtet ist, nicht oder nur suboptimal perzipieren können, können auch nicht oder nicht altersangemessen produzieren.

Linguistische Kompetenz

In der phonetisch-phonologischen Entwicklung müssen sprachliche Einzellaute sowie deren sprachspezifische Kombination und Artikulation gelernt werden. Für hörgeschädigte Kinder liegen unterschiedliche Studienergebnisse zum Phonemerwerb vor. Einerseits wird er als größtenteils unproblematisch beschrieben, was nicht ausschließt, dass es zu Verzögerungen kommen kann. Diese Verzögerungen können beispielsweise bis zu eineinhalb Jahren bei Kindern mit CI und einem Höralter von zwei bis vier Jahren umfassen. Andererseits werden Schwierigkeiten aufgedeckt, die im Zusammenhang mit dem Grad der Hörschädigung, dem Höralter und der Kompetenz in anderen Sprachbereichen diskutiert werden. Die individuellen Unterschiede sind beträchtlich, was allerdings auch für gut hörende Kinder zutrifft. Möglicherweise erwerben Kinder mit CI trotz der CI-Versorgung nicht den kompletten Phonembestand der Muttersprache auf imitativem Weg. In einer Studie fiel Kindern mit CI die Produktion von Phonemen der hinteren Artikulationszonen besonders schwer, wobei hierzu anzumerken ist, dass auch gut hörende Kinder Frikative (z. B. ach-Laut, h-Laut) in der Erwerbsreihenfolge der Konsonanten erst spät produzieren (Höhle 2010, 132). Unabhängig von der Art der technischen Versorgung steigt mit zunehmender Hörerfahrung tendenziell auch die Anzahl der Phoneme.

Ergebnisse hinsichtlich Artikulation und Aussprache liegen für Kindergartenkinder vor. Sie decken das Spektrum von »unproblematisch und gut verständlich« über »beginnende Schwierigkeiten gut überwunden« bis zu Kindern, die »anfängliche Schwierigkeiten nur teilweise abbauen« konnten und von Eltern und Erziehern insbesondere am Spracheinstieg nicht verstanden wurden. Erneut spiegelt sich hierin die enorme Heterogenität in der Lautsprachentwicklung wider.

Hinsichtlich der Entwicklung des rezeptiven Wortschatzes zeichnet sich das Ausmaß des Hörverlusts als besonders relevant ab. Leicht- bis mittelgradige und einseitige Hörschädigungen stellen eher keine großen Risikofaktoren hierfür dar. In der Tendenz ist die Entwicklung umso anfälliger, je höher der Hörverlust ist. Diagnosezeitpunkt, Mehrsprachigkeit und nonverbale Intelligenz kommen als weitere Einflussfaktoren infrage. Die beiden Letztgenannten können auch bei gut hörenden Kindern ein Risiko darstellen. Ferner kann die Akzeptanz von Hörgeräten eine Rolle spielen. Werden sie abgelehnt, schränkt dies das Spektrum an Hörerfahrungen und damit an Lernmöglichkeiten ein.

Bei Kindern mit CI können Lebens- und Höralter sehr stark divergieren: Bezogen auf ihre Hörerfahrungen sind normgerechte oder -nahe Entwicklungserfolge möglich, die jedoch bezogen auf das Lebensalter deutlich verzögert sein können. Ob der weitere Entwicklungsverlauf eine Angleichung bringt, bleibt offen.

Vergleichbar mit der rezeptiven Entwicklung ist die Entwicklung des expressiven Wortschatzes bei leicht- bis mittelgradiger und einseitiger Hörschädigung eher unproblematisch, bei höherem Hörverlust tendenziell anfälliger.

Auch für Kinder mit CI trifft zu, dass ihre Leistungen in Bezug auf das Höralter, nicht aber in Bezug auf das Lebensalter, weitgehend im Normbereich liegen. Als erschwerend muss die Entwicklung für CI-versorgte Kinder mit Migrationshintergrund angenommen werden: Bei vergleichbarem Höralter zeigen beispielsweise türkeistämmige Kinder mit CI im Gegensatz zu deutschen Kindern mit CI Verzögerungen in der expressiven Wortschatzentwicklung (Diller/Martsch 2012).

Werden die Leistungen auf der lexikalischen Ebene miteinander verglichen, ist von einem Vorsprung hinsichtlich rezeptiver Fähigkeiten gegenüber expressiven Fähigkeiten auszugehen, was auch für den normgerechten Sprachentwicklungsprozess zutrifft.

Die Entwicklung des morphologisch-syntaktischen Sprachbereichs beginnt bei ungestörten Entwicklungsverläufen mit der Produktion von Zwei- und Mehrwortäußerungen etwa im Alter von eineinhalb bis zwei Jahren (Szagun 2013, 74). Die Kinder leiten aus dem Input Regeln ab und lernen so die Grammatik ihrer Muttersprache(n). »Fehler« passieren dabei systematisch und gehören zum Entwicklungsprozess. Um das 3. Lebensjahr können einfache vollständige Sätze mit zielsprachlicher Wortstellung gebildet werden (Tracy 2008). Die rezeptiven Fähigkeiten liegen wiederum vor den produktiven (Höhle 2010). Bei Kindern mit Hörschädigung verschieben sich die Zeitpunkte in Abhängigkeit vom Höralter, und die Entwicklungsverläufe bleiben sehr individuell.

Für Kinder mit Hörgeräten scheint das Ausmaß des Hörverlusts entscheidend für die morphologisch-syntaktische Entwicklung zu sein. Mit abfallendem Verlust steigen die Chancen auf einen Entwicklungsverlauf, der dem gut hörender Kinder nahe kommt. Die Entwicklungsgeschwindigkeiten sind sehr variabel und stehen offenbar mit Entwicklungserfolgen in anderen Sprachbereichen im Zusammenhang: Kinder mit schwachen Leistungen in anderen Bereichen erreichen auch geringere Leistungen hinsichtlich Morphologie und Syntax und steigern diese nur langsam.

In den Entwicklungsverläufen von Kindern mit CI zeigen sich ebenfalls sehr große Variabilitäten. Unklar ist, ob die Grammatikentwicklung bei hörgeschädigten und gut hörenden Kindern vergleichbar verläuft. Erneut muss das Höralter auch als bedeutende Variable für den Grammatikerwerb in Betracht gezogen werden, wobei den Hörerfahrungen vor der Implantation große Bedeutung zukommt. Bei genügend Hörerfahrung können Kinder unterschiedlichen Versorgungsalters einen ähnlichen Entwicklungsstand erreichen. Als wesentliche externe Einflussfaktoren wurden die Qualität der Inputsprache (Deutlichkeit, Erweiterungen, Äußerungslänge) und Mehrsprachigkeit identifiziert. Ferner spielt die Verarbeitungsqualität des phonologischen Gedächtnisses des Kindes eine Rolle.

Zusammenfassend geht aus der Übersichtsarbeit zum Spracherwerb hörgeschädigter Kinder (Ullherr/Ludwig 2014a-d) eine enorme Heterogenität in den Entwicklungsverläufen hervor. Die Erwerbsgeschwindigkeit ist sehr wahrscheinlich von der Qualität und Quantität der Hörerfahrungen sowie von einer gelingenden Eltern-Kind-Interaktion abhängig.

Studien zum Spracherwerb sind äußerst aufwändig. Häufig ist die Stichprobengröße sehr niedrig und die Fragestellung jeweils sehr spezifisch, so dass der Spracherwerb hörgeschädigter Kinder, vor allem auch in Anbetracht der enormen Heterogenität der Entwicklungsprozesse, nicht generalisiert dargestellt werden kann. Dies zeigte sich in den vorherigen Ausführungen bereits darin, dass die jeweils individuell zu entscheidende Art der Versorgung, Hörgerät oder CI, auschlaggebend sein kann. Besonders aussagekräftig sind Longitudinalstudien. Die in die Übersichtsarbeit einbezogenen erstrecken sich meist auf den Zeitraum von drei Jahren; wie der Entwicklungsverlauf im Nachhinein voranschreitet, ist unklar. Zwar ist bekannt, dass sich mit ansteigendem sprachlichem Wissen auch die sprachlichen rezeptiven und expressiven Fähigkeiten verbessern und ebenso die Arbeitsgedächtnisleistungen. Ob jedoch die Kinder ihre gut hörenden Peers zu einem späteren Zeitpunkt einholen können, bleibt ungewiss.

Phonologisches Arbeitsgedächtnis

Das phonologische Arbeitsgedächtnis ermöglicht eine kurzfristige Speicherung sprachlicher Informationen, damit diese verarbeitet werden können. Das gehörte Sprachmaterial wird für 1,5 bis 2,0 Sekunden im phonetischen Speicher abgelegt. Artikulatorische Kontrollprozesse (so genannte subvokale Rehearsalprozesse; ähnlich einem inneren Sprechen) halten die Speichereinheiten aktiv, die ansonsten verloren gehen würden. Dieser Kontrollprozess wird beispielsweise auch zur Rekodierung nicht-phonologischer Informationen wie Schrift oder Bilder genutzt. Er gibt ihnen ein phonologisches Format, das im Gedächtnisspeicher abgelegt wird (Werner 2009, 14f.). Die Leistungsfähigkeit des phonologischen Arbeitsgedächtnisses ist von der Arbeitsqualität des phonetischen Speichers und der Rehearsalprozesse abhängig. Und:

> »Die Qualität des phonetischen Speichers hängt von dessen zeitlich dimensionierter Größe und von der Präzision ab, mit der er akustische Information ablegt und wiedergibt. Die Leistungsfähigkeit des subvokalen Rehearsalprozesses wird von seiner (automatischen) Aktivierbarkeit und seiner Geschwindigkeit bestimmt« (Werner 2009, 15).

Die Kapazität der phonologischen Kurzzeitspeicherung ist für den Wortschatzerwerb von Bedeutung und das phonologische Arbeitsgedächtnis insgesamt für das Erlernen der Wortform (Weinert 2004, 23f.). Der enge und wechselseitige Zusammenhang zwischen phonologischen Gedächtnisleistungen und Spracherwerb gestattet Prognosen aufzustellen: So lassen Leistungen vierjähriger Kinder im Bereich des phonologischen Kurzzeitspeichers Vorhersagen zur Wortschatzentwicklung im Alter von fünf Jahren zu; der Wortschatz mit fünf Jahren erlaubt Vorhersagen zur Arbeitsgedächtnisleistung mit sechs Jahren (ebd.). Müssen bei Kindern mit Hörschädigung Schwächen in der Leistungsfähigkeit des phonologischen Arbeitsgedächtnisses angenommen werden (Harden 2011, 5f.), kann demnach auch der Bereich des Lexikons betroffen sein. Die Kinder benötigen mehr Wiederholungen beim Erlernen und Abspeichern neuer Wörter. Mit zunehmendem sprachlichem Wissen verbessern sich wiederum die Arbeitsgedächtnisleitungen (Weinert 2004, 24).

Einen Hinweis auf die wichtige Rolle des Arbeitsgedächtnisses im Sprachlernprozess von Kindern mit CI liefern Diller und Graser (2009). Eine spezielle Bedeutung schreiben sie der Verarbeitungsqualität zu, »also der Fähigkeit des Kindes, Sprachinput mit hoher Präzision im ›Phonologischen Speicher‹ zu kodieren und zu repräsentieren« (Diller/Graser 2009, 88).

Pragmalinguistische Kompetenz

Der pragmatisch-kommunikative Sprachbereich betrifft die Ebene des Sprachhandelns. Sie schließt ein, Sprache in ihrer sozialen Funktion verwenden, verbale und gestische Elemente einsetzen sowie emotionale und situative Komponenten berücksichtigen zu können. Sprache kann einerseits gezielt zum Erreichen individueller Ziele (Sprachabsichten) und andererseits zur Wahrnehmung der Absichten des Kommunikationspartners benutzt werden. Wie die anderen Sprachbereiche unterliegt auch der pragmatisch-kommunikative Bereich einem Entwicklungsprozess, für den die Wirkung der Interaktionen mit kompetenten Sprachnutzern und der kulturellen Umgebung hoch bedeutsam sind. Er mündet z. B. in Diskurskompetenz, Kohäsion und Kohärenz sowie die Identifikation von Textsorten und Texttypen, Ironie und Parodie.

Für gehörlose und schwerhörige Kinder und Jugendliche referieren Thagard et al. (2011) umfangreich recherchierte und eigene Untersuchungsergebnisse: Demnach zeigen schwerhörige und gebärdensprachorientierte gehörlose Kinder Verzögerungen und Schwierigkeiten in der pragmatisch-kommunikativen Entwicklung. Entscheidend scheint der Einsatzzeitpunkt des Gebärdenspracherwerbs für gebärdensprachorientierte Kinder zu sein, denn muttersprachlich frühgebärdende gehörlose und schwerhörige Kinder zeigen eine angemessenere Entwicklung als spätgebärdende Gleichaltrige. Von Verzögerungen oder Schwierigkeiten sind insbesondere die Fähigkeiten betroffen, direkte und indirekte, erkennbar falsche Aussagen und ironische Kommunikation verstehen zu können, sowie Bereiche der sozialen Kommunikation, Partizipation und affektiven Interaktion.

Thagard et al. (2011, 527) verweisen darauf, dass weniger gut ausgeprägte pragmatische Sprachfähigkeiten eine Barriere für den Inklusionserfolg sein können, der wiederum entscheidend den Lernerfolg beeinflusst. So korrelieren beispielsweise Sympathie und Beliebtheit gut hörender Schüler mit ihren pragmatischen Sprachfähigkeiten. Beliebt und akzeptiert zu sein, korreliert wiederum mit dem akademischen Schulerfolg.

Auch die erfolgreiche Inklusion gehörloser und schwerhöriger Schüler ist abhängig von der sozial-emotionalen Qualität ihrer Umgebung, die wiederum eine wichtige Grundlage ihres akademischen Schulerfolgs ist. Jedoch führen Thagard et al. (2011, 531f.) hierzu aus, dass einerseits gehörlose und schwerhörige Schüler in inklusiven Settings häufig das Gefühl der Isolation empfinden. In Anbetracht der aufgezeigten Zusammenhänge könnte dieses Gefühl mit einem niederen Schulerfolg einhergehen. Andererseits bestehen in inklusiven Settings bessere Lernchancen für Schüler mit Hörschädigung. Sie profitieren vom kompetenten Sprachvorbild ihrer gut hörenden Peers. Insbesondere inkludierte gehörlose und schwerhörige Schüler höheren Schultyps und höherer Klassenstufe zeigen auch höhere akademische Fähigkeiten und höhere soziale Reife (ebd., 532).

Der Kommunikationsmodus, Laut- oder Gebärdensprache, hat keinen statistisch signifikanten Einfluss auf die pragmatischen Sprachfähigkeiten, aber die pragmatischen Skills korrelieren mit den akademischen Fähigkeiten im jeweiligen Kommunikationsmodus (ebd.). Demnach ist nicht der Sprachmodus entscheidend, vielmehr steht das Gelingen der sozialen Sprechakte im jeweiligen Modus im Vordergrund.

Die pragmatisch-kommunikativen Kompetenzen werden in engem Zusammenhang mit den Kompetenzen gesehen, sich in die Gedanken anderer hineinversetzen zu können, also eine Theory of Mind (ToM) des Gegenübers zu haben (▶ Kap. 2.7). Nach Schick et al. (2007, 376) sind lautsprachorientierte gehörlose Kinder gut hörender Eltern hierin benachteiligt gegenüber gebärdenden gehörlosen Kindern gehörloser Eltern, die gut hörenden Kindern vergleichbare Entwicklungsverläufe zeigen. In den sprachlichen Fähigkeiten wird ein entscheidender Faktor für die Fähigkeit des Kindes gesehen, das Gemeinte des Kommunikationspartners ergründen zu können.

Die Entwicklung der ToM wiederum wird mit der grammatikalischen Entwicklung in Verbindung stehend betrachtet (Schick et al. 2007, 391f.). Es lassen sich zwar keine generellen Grammatikskills identifizieren, aber gewisse grammatische Kompetenzen könnten die Fähigkeit beeinflussen, über mentale Zustandskonzepte zu sprechen und diese zu repräsentieren. Darüber hinaus gilt ein reichhaltiges Vokabular, unabhängig vom Sprachmodus, als Haupteinflussfaktor. Möglicherweise dienen die Wortsemantik und insbesondere grammatische Ergänzungen als voneinander unabhängige Steigbügel für die Entwicklung einer ausgereiften ToM. Teilhabe am Lebensalltag und Verhaltensbeobachtung sind notwendig, reichen allein aber nicht aus, um ein gedankliches Hineinversetzen in andere Personen umfassend erlernen zu können (Schick et al. 2007).

2.3 Gebärdenspracherwerb

Thomas Kaul

Hochgradig hörgeschädigte Kinder und Jugendliche kommen im Laufe ihrer sprachlichen und kommunikativen Sozialisation mit einer Vielzahl an unterschiedlichen Kommunikationsmitteln in Berührung und verwenden diese auch je nach Kontext und Notwendigkeit sehr variabel.

Der Zugang und damit der Erwerb der gesprochenen Sprache stellt für hochgradig hörgeschädigte Kinder in den meisten Fällen eine große Herausforderung dar und wirkt sich im Verlauf ihrer Sozialisation auf verschiedene Entwicklungs- und Lebensbereiche aus. Seit langem wird beobachtet, dass gehörlose Kinder gehörloser Eltern in sprachlichen und psychosozialen Entwicklungsbereichen Vorteile haben (z. B. Marschark 1997).

Dies wird meist damit in Verbindung gebracht, dass gehörlose Kinder gehörloser Eltern einen vollständigen und natürlichen Spracherwerb in der Gebärdensprache vollzogen haben. Diese Kinder verfügen damit über ein vollwertiges Sprachsystem, mit dem sie sich mit ihrer direkten Umwelt austauschen und die Welt erschließen können.

Forschungen im Bereich des Gebärdenspracherwerbs sind relativ gesehen noch sehr jung und eng mit der Entdeckung des linguistischen Status von Gebärdensprachen verbunden (Stokoe 1960). Systematische Untersuchungen werden seit den 70er und 80er Jahren des letzten Jahrhunderts durchgeführt (z. B. Emmorey 2002, 169ff.). In Deutschland hat sich vor allem Hänel (2005) mit Fragen des Gebärdenspracherwerbs beschäftigt. Die Besonderheit dieses Spracherwerbs liegt in unterschiedlichen Aspekten. Zum einen verläuft er in einer anderen Modalität. Eine visuell-gestische Sprache unterscheidet sich nicht nur in ihrer Präsentation von einer gesprochenen, d. h. akustisch-auditiven Sprache, sondern bietet durch die andere Modalität auch andere Möglichkeiten des sprachlichen Ausdrucks, die so in gesprochenen Sprachen nicht vorkommen. Zum anderen unterscheiden sich die Erwerbskontexte für die meisten gehörlosen Kinder.

Newport (1988, 159) grenzt drei Gruppen gehörloser Kinder voneinander ab, da sich deren Voraussetzungen für den Erwerb einer Gebärdensprache deutlich unterscheiden. Unter native learners fasst sie diejenigen gehörlosen Kinder, die gehörlose Eltern haben und seit dem Tag ihrer Geburt mit der Gebärdensprache als Kommunikationsmittel in Kontakt kommen. Diese Kinder durchlaufen in der Regel einen normalen Spracherwerb und haben im Alter von fünf oder sechs Jahren das Sprachsystem der Gebärdensprache vollständig erworben. Die anderen beiden Gruppen gehörloser Kinder haben andere Voraussetzungen. Sie haben in der Regel gut hörende Eltern, die selbst nicht gebärdensprachkompetent sind, und meistens sind in der Familie auch keine anderen gehörlosen Menschen, die ein sprachliches Vorbild darstellen könnten. Early learners sind im Alter von vier bis sechs Jahren (also dann, wenn der Spracherwerb normalerweise in seinen wesentlichen Grundzügen schon durchlaufen ist) das erste Mal mit gebärdensprachlich kommunizierenden Peers in Kontakt gekommen. Dies geschieht meist im Kindergarten oder anderen vorschulischen Einrichtungen, die beispielsweise auch gehörlose Kinder gehörloser Eltern besuchen und die somit für die anderen Kinder ein sprachliches Vorbild darstellen. Late learners hingegen haben erst im Alter von zwölf Jahren oder später ihren ersten Kontakt mit der Gebärdensprache gehabt. Das kann in der Schule der Fall sein oder in anderen sozialen Kontexten wie beispielsweise in Sportvereinen oder Jugendgruppen gehörloser junger Menschen. Es ist sicherlich direkt nachvollziehbar, dass der Sprachentwicklungsstand der beiden letzten Gruppen und damit auch deren Gebärdensprachkompetenz sich dramatisch voneinander unterscheiden.

Im Folgenden soll im Wesentlichen der Gebärdenspracherwerb von gehörlosen Kindern gehörloser Eltern nachgezeichnet werden, die als native learners oder auch als native signers bezeichnet werden. In den vergangenen 20 Jahren hat sich die Forschungslage zum Gebärdenspracherwerb im Umfang und auch in ihrer Differenziertheit deutlich erweitert. Die folgenden Ausführungen können deshalb nur ausgewählte Aspekte aufgreifen, die beispielhaft für den Erwerb dieser Sprache stehen und auf einige Besonderheiten verweisen.

Es kann als eines der auffallendsten Phänomene der menschlichen Entwicklung angesehen werden, dass Kinder, egal in welchen geografischen und kulturellen Kontexten sie aufwachsen, quasi mühelos eine oder mehrere Sprachen ihrer Umgebung erwerben. Sie durchlaufen verschiedene Meilensteine im Rahmen ihres Spracherwerbs, die sich zwar aus der Perspektive der jeweiligen Einzelsprache unterscheiden, aber dennoch übergreifend in Kernbereichen und in ihrem Verlauf Gemeinsamkeiten aufweisen. Hierzu gehören neben dem Erwerb eines umfassenden Wortschatzes auch der Erwerb der Grammatik der jeweiligen Sprache und der damit verbundene angemessene Sprachgebrauch.

In der Entwicklung der Lautsprache wird in der Regel das Lallen oder Babbeln, gemeint sind hiermit die ersten lautlichen Äußerungen von Kindern, als erster Schritt im Erwerb der gesprochenen Sprache angesehen (Dittmann 2006, 19ff.). Dieser Prozess verläuft von frühen lautlichen Äußerungen in den ersten Lebensmonaten, über die Phase des kanonischen Babbelns (7. bis 10. Lebensmonat) hin zu spezifischen Konsonant-Vokal-Kombinationen (12. bis 14. Monat), die einen engen Bezug zur Muttersprache aufweisen. Hochgradig hörgeschädigte Kinder durchlaufen diese Phasen beim Erwerb der Lautsprache je nach Hörverlust und technischer Versorgung qualitativ anders und verzögert. Mitunter bleiben einzelne Phasen sogar aus (Oller/Eilers 1988, 445f.).

Petitto und Marentette (1991) konnten aufzeigen, dass gehörlose Kinder, die eine Gebärdensprache erwerben, vergleichbare Phasen in der manuellen Modalität durchlaufen. Der zeitliche Ablauf sei mit denen des lautlichen Babbelns vergleichbar. Auch in der manuellen Modalität durchlaufen die Kinder eine dem kanonischen Babbeln vergleichbare Phase, die insbesondere durch zyklische, wiederholende Bewegungen gekennzeichnet sei. Zwar verwenden auch gut hörende Kinder, die die Lautsprache erwerben, manuelle Gesten, diese unterscheiden sich aber in ihrer Frequenz und räumlichen Ausgestaltung von Kindern, die eine Gebärdensprache erwerben (Petitto et al. 2001).

Es wurde angenommen, dass gehörlose Kinder erste Wörter in der Gebärdensprache früher erwerben (mit ca. achteinhalb Monaten) als gut hörende Kinder in der Lautsprache (Anderson/Reilly 2002, 88; Bonvillian et al. 1983, 1439). Diese Auffassung ist allerdings nicht unumstritten, da auch gut hörende Kinder in diesem Alter kommunikative Gesten verwenden. Diese werden (z. B. von den Eltern) allerdings nicht als lexikalische Einheiten interpretiert, da sie in einer anderen Modalität ausgeführt werden (Anderson 2006, 146; Emmorey 2002, 172f.). Wenn man diese Auffassung berücksichtigt, ist der Erwerb der ersten lexikalischen Gebärden, d. h. die Verwendung von Gebärden mit einem direkten symbolischen Bezug, mit dem Erwerb der ersten Worte bei gut hörenden Kindern im Alter von ca. elf bis zwölf Monaten vergleichbar. Auch die Verwendung von mehreren Gebärden (z. B. Zwei-Wort-Sätze) ähnelt zeitlich der Verwendung von Wortkombinationen gut hörender Kinder. Im Alter von ca. 17 Monaten beginnen auch gehörlose Kinder, Gebärden miteinander zu kombinieren (Anderson 2006, 142). Dies ist auch die Phase, in der sich der Wortschatz in der Lautsprache von gut hörenden Kindern erweitert. Vergleichbares gilt auch für den Wortschatzerwerb in der Gebärdensprache. Es muss an dieser Stelle allerdings deutlich betont werden, dass es sich um gehörlose Kinder gehörloser Eltern handelt. Für gehörlose Kinder gut hörender Eltern gilt diese Aussage nicht.

Für die linguistische Erforschung und damit auch für die Anerkennung als Sprachstatus ist die Arbeit von Stokoe (1960) wegweisend. Er hat als einer der ersten Wissenschaftler die linguistischen Strukturebenen der Gebärdensprache analysiert und beschrieben. Eine wesentliche Strukturebene von Sprachen stellt das phonologische System dar. Hierbei handelt es sich um ein Set von bedeutungsunterscheidenden Einheiten, den Phonemen, aus denen wiederum bedeutungstragende Elemente einer Sprache, beispielsweise Wörter, gebildet werden können. In der Lautsprache bildet das Phoneminventar, d. h. der Lautbestand einer Sprache, diese Strukturebene ab. In der Gebärdensprache besteht auf Grund der visuell-räumlichen Modalität eine andere Form der bedeutungsunterschiedenen Einheiten. So stellen z. B. Handformen, Ausführungsstellen von Gebärden, die Orientierung einer Hand und deren Bewegung im Raum grundlegende Elemente des phonologischen Systems dar. Gebärdensprachen aus verschiedenen Ländern unterscheiden sich genauso wie Lautsprachen auch in ihren phonologischen Systemen. So existieren beispielsweise in der Amerikanischen Gebärdensprache (ASL) Handformen, die in der Deutschen Gebärdensprache (DGS) nicht verwendet werden bzw. nicht zugelassen sind, und umgekehrt. Interessant ist zu beobachten, wie gehörlose Kinder dieses komplexe System erlernen und ob es beim Erwerb vergleichbare Entwicklungsschritte gibt, wie sie bei gut hörenden Kindern beim Erwerb einer Lautsprache beschrieben werden.

Gehörlose Kinder erwerben zuerst diejenigen Handformen, die für das Kind motorisch leicht zu bilden und gut wahrzunehmen sind (Boyes-Braem 1990, 118f.; Conlin et al. 2000; Marentette/Mayberry 2000). Auch werden ähnlich wie im Lautspracherwerb erst die unmarkierten Formen erworben (Emmorey 2002, 176). Boyes-Bream (1990, 110f.) hat eine Systematik für den Erwerb von Handformen entwickelt.

Eine andere Fragestellung betrifft die Bedeutung der Ikonizität im Gebärdenspracherwerb. Viele Gebärden haben einen bildhaften Bezug zum Gemeinten, so dass dieser Zusammenhang sich vielleicht auch auf den Erwerb der Gebärdensprache vorteilhaft auswirken kann. Es treten dann unter Umständen auch Fehler in der Erzeugung von Gebärden auf, indem die Kinder Ikonizität als Bildungsmittel verwenden, auch wenn dieses grammatisch nicht korrekt ist. In verschiedenen Studien konnte allerdings nachgewiesen werden, dass Ikonizität diesen Fehlern nicht zugrunde liegt, sondern eher motorische Faktoren eine Rolle spielen (Chen Pichler 2010; Meier 2006; Meier et al. 2008).

Der Aufbau syntaktischer Strukturen unterscheidet sich in Gebärdensprachen durch die Nutzung des Raumes deutlich von der Serialität gesprochener Sprachen. In Gebärdensprachen kommen sowohl Wort- bzw. Gebärdenstellung in einem Satzgefüge als auch die Nutzung des Raumes zum Tragen.

Als Beispiel für den Erwerb syntaktischer Strukturen soll der Erwerb von so genannten Verbkongruenzen kurz vorgestellt werden, da er auch in der Deutschen Gebärdensprache untersucht worden ist (Hänel 2005) und ein bedeutendes syntaktisches Element der Nutzung des Raumes darstellt. Unter Verbkongruenz wird die Übereinstimmung verstanden bzw. wie das grammatische Verhältnis von Subjekt, Verb und Objekt ausgedrückt wird. In der deutschen Sprache orientiert sich z. B. das Verb in der Konjugation (Person und Numerus) an dem Subjekt des Satzes. Insofern handelt es sich um eine Subjektkongruenz. In Gebärdensprachen stellt sich dieser Zusammenhang komplexer dar, da sich die Kongruenz je nach Verb auf das Subjekt und das Objekt beziehen kann. Hierzu gehören beispielsweise so genannte Richtungsverben. Ein Beispielsatz soll dieses verdeutlichen: Peter gibt Maria das Buch. Um diesen Satz gebärdensprachlich auszudrücken, muss »Peter« als Subjekt im Gebärdenraum verortet werden. Das

Gleiche geschieht mit dem Objekt des Satzes »Maria«. Das Verb »geben« wird nun beginnend bei dem im Gebärdenraum angeordneten Subjekt zum Objekt hin ausgeführt. Die Verbkongruenz besteht nun in der gemeinsamen Ausrichtung am Subjekt und Objekt des Satzes. Hänel (2005, 250f.) konnte aufzeigen, dass diese grammatische Struktur im Alter von ca. zweieinhalb Jahren erworben wird und damit auch in einem vergleichbaren Zeitfenster liegt, wie dies für grammatische Strukturen im Erwerb der Lautsprache der Fall ist. Auch kommt es zu ähnlichen Fehlern wie beispielsweise Übergeneralisierungen.

Dieser kurze Einblick in Aspekte des natürlichen Gebärdenspracherwerbs von (gehörlosen) Kindern verdeutlicht, dass Gebärdensprachen in vergleichbaren Strukturen und Phasen erworben werden, wie dies für Lautsprachen gilt, und gehörlose Kinder gehörloser Eltern über eine vollständige und leistungsfähige Sprache verfügen.

Einleitend wurde darauf hingewiesen, dass es wichtig ist, den Zeitpunkt des Erwerbs der Gebärdensprache bei der Einordnung der Sprachkompetenz und als wichtige Voraussetzung für Lernprozesse zu berücksichtigen. Der Erwerb der Gebärdensprache, wie er zuvor für native signer umrissen worden ist, stellt allerdings nicht den Normalfall dar. Im Kapitel 1 wurde darauf verwiesen, dass 90 bis 95% der hochgradig hörgeschädigten Kinder gut hörende Eltern haben. Insofern haben diese Kinder, wenn sie die Gebärdensprache erwerben, auch kein sprachliches Vorbild in der Familie, von dem durch Interaktion die Gebärdensprache frühzeitig erworben werden kann. Auch sind die Frühfördereinrichtungen und die Förderzentren nur begrenzt in der Lage, ein umfassendes gebärdensprachliches Angebot bereitzustellen, das den Erwerbsprozess unterstützt. Der Zugang zur Gebärdensprache geschieht dann in der Regel deutlich verzögert, was sich auf alle sprachlichen Ebenen der Gebärdensprache auswirkt.

Newport (1988, 167f.) konnte aufzeigen, dass nicht die Dauer der Gebärdensprachverwendung (wie viele Jahre verwenden gehörlose Menschen Gebärdensprache als Sprache) für die Entwicklung des Sprachsystems entscheidend ist, sondern dass das Erwerbsalter die kritische Größe darstellt (auch Mayberry 1993, 1267). Der späte Erwerb hatte Auswirkungen auf die wesentlichen sprachlichen Strukturebenen Phonologie, Morphologie und Syntax der Gebärdensprache. Galvan (1999, 322f.) konnte beispielsweise aufzeigen, dass sich der verzögerte Gebärdenspracherwerb auf das Flexionssystem und auch auf die sprachliche Komplexität auswirkt, und vermutet, dass sich der Erwerbsprozess qualitativ und quantitativ von native learnern deutlich unterscheidet. Darüber hinaus tendieren late learners dazu, die Gebärden eher holistisch wahrzunehmen und nicht wie native learners analytisch die sprachlichen Einheiten (Phoneme, Morpheme) in der Produktion und Rezeption zu analysieren. Neben den strukturellen Einschränkungen des Sprachsystems ist auch der (gebärdensprachliche) Wortschatz in der Regel beeinträchtigt und variiert überaus stark (Anderson 2006, 146; Lederberg/Spencer 2001, 99).

Diese Voraussetzungen bei hochgradig hörgeschädigten Kindern, die Gebärdensprache verzögert oder spät erworben haben, sind zum einen für den Spracherwerb auch in anderen Sprachen und zum anderen für die Vermittlung von Wissen von großer Relevanz. Bei der Planung und Vermittlung von Unterrichtsinhalten muss berücksichtigt werden, dass die Kinder einen verzögerten Spracherwerb durchlaufen (haben) und Wortschatz sowie Weltwissen oftmals beeinträchtigt sind. Darüber hinaus löst auch der Einsatz von Gebärdensprachdolmetschern dieses Problem nicht, da das sprachliche Angebot von diesen Kindern aus den gleichen Gründen nicht in vollem Umfang verstanden wird.

2.4 Mehrsprachigkeit

Thomas Kaul/Kirsten Ludwig

Mehrsprachigkeit muss in den meisten Gesellschaften als Normalität angesehen werden. In vielen geografischen Regionen und politischen Systemen sind verschiedene Sprachgemeinschaften zu Hause, so dass Sprachenvielfalt nicht nur alltäglich, sondern das Beherrschen mehrerer Sprachen sogar notwendig ist. Hierzu gehören Länder wie die Schweiz, Kanada, aber auch Staaten wie Indien oder Nepal.

Darüber hinaus verändern sich durch Globalisierungsprozesse und Migration gesellschaftliche Strukturen. In vielen Ländern leben inzwischen Menschen aus unterschiedlichen Nationen und den damit verbundenen Sprachgemeinschaften. Dies kann beruflich bedingt sein, oder es besteht einfach der Wunsch auszuwandern. Die weitreichendsten Veränderungen entstehen aber wahrscheinlich durch Migration. Flucht vor Krieg, wirtschaftliche und politische Notlagen veranlassen Menschen, ihre Heimat zu verlassen und oftmals in Regionen, die wirtschaftlich und politisch stabil erscheinen, eine neue Heimat zu suchen.

In klassischen Einwanderungsländern wie z. B. der USA werden über 360 Sprachen verwendet (Ginsburgh/Weber 2011, 1). Schätzungen zufolge sind in Deutschland mehr als 200 Sprachen präsent (Tracy 2014, 15). In Ländern in Asien oder in Afrika kann die Sprachenvielfalt noch umfassender sein. So leben beispielsweise in Nigeria etwa 140 Millionen Menschen, die sich in ca. 250 ethnische Gruppen einteilen lassen und etwa 520 Sprachen verwenden (Ginsburgh/Weber 2011, 3).

Wer ist mehrsprachig? Grosjean (1993) hat für ein erstes Verständnis eine sehr einfache und plausible Definition. Danach »gelten alle Personen als mehrsprachig, die zwei oder mehr Sprachen (oder Dialekte) im Alltag benutzen« (ebd., 184). Das oft durch das Alltagsverständnis geprägte Bild, dass jemand nur dann mehrsprachig sei, wenn diese Person eine weitere Sprache in quasi muttersprachlicher Kompetenz beherrsche, treffe nach seiner Auffassung nicht zu, da mehrsprachige Menschen eben nicht über zwei oder mehrere monolinguale Kompetenzen verfügen. So ist oftmals eine Sprache die dominantere, so dass auch die Kompetenzen in den jeweiligen Sprachen divergieren können. Meist werden die Sprachen in verschiedenen Kontexten zu unterschiedlichen Zwecken verwendet. Das eröffnet eine überaus große Variationsbreite, wie Mehrsprachigkeit sich in einem Individuum ausprägen kann (Grosjean 2010, 18f.).

In der schulischen Bildung spielt Mehrsprachigkeit aus unterschiedlichen Perspektiven eine Rolle. Zum einen werden Fremdsprachen durch entsprechende Unterrichtsfächer vermittelt. Hier ist das Ziel Mehrsprachigkeit. In der Europäischen Union wird z.B. gefordert, dass Menschen, die in der EU leben, mindestens drei Sprachen der Mitgliedsländer beherrschen sollen (Kommission 1995, 72f.). Der Institution Schule wird deswegen als Bildungseinrichtung eine besondere Rolle zuteil, Kindern und Jugendlichen entsprechende sprachliche Kompetenzen zu vermitteln. Zum anderen besuchen aber viele Kinder und Jugendliche aus unterschiedlichen Ländern, Kulturen und Sprachgemeinschaften (oftmals mit Migrationshintergrund) unsere Schulen, so dass Mehrsprachigkeit in allen schulischen Unterrichtsfächern und in der Freizeit als ein allgegenwärtiges Phänomen angesehen werden muss.

Erwerbsformen

Der Erwerb mehrerer Sprachen kann auf unterschiedlichen Wegen erfolgen. Diese Zugänge lassen sich im Hinblick auf das Verhältnis von der Erstsprache zur Zweitsprache kategorisieren.

Erwerben Kinder vor dem 4. Lebensjahr (Grosjean 2010, 178) gleichzeitig zwei oder mehrere Sprachen, wird von einem simultanen Spracherwerb gesprochen. Das Regelsystem der Erst- und Zweitsprache wird gleichzeitig erworben. Dies ist beispielsweise dann der Fall, wenn Eltern unterschiedliche Sprachen sprechen und diese auch in der Kommunikation mit ihrem Kind verwenden. Es kann aber auch eine andere wichtige Bezugsperson eine andere Sprache im Umgang mit dem Kind verwenden. Kinder erlernen dann parallel durch Kommunikation diese Sprachen. Der Spracherwerb von Kindern, die simultan zwei oder mehrere Sprachen erwerben, verläuft ähnlich wie bei monolingualen Kindern. Sie erreichen vergleichbare Meilensteine in der Sprachentwicklung, wobei es aber auch eine große Variabilität im Verlauf des Spracherwerbs gibt.

Von einem sequenziellen Erwerb mehrerer Sprachen wird dann gesprochen, wenn die Erstsprache (L1) bereits in ihren Grundstrukturen erworben worden ist und der Zugang zu der zweiten Sprache zu einem späteren Zeitpunkt erfolgt. Die Erstsprache bildet dann das Fundament, auf dem der Erwerb der zweiten Sprache aufbaut.

Der Erwerb der zweiten Sprache kann ausschließlich durch Kommunikation ohne spezifische Unterweisung erfolgen. So können Kinder beim Spiel mit anderen eine weitere Sprache erwerben. Im Urlaub oder im Rahmen von beruflichen Tätigkeiten kann durch den direkten Kontakt mit Einwohnern oder Arbeitskollegen ein Zugang zu einer weiteren Sprache eröffnet werden. In diesem Fall verläuft der Spracherwerb ungesteuert.

Wird die weitere Sprache z. B. in der Schule oder in Sprachkursen institutionell vermittelt, verläuft der Erwerbsprozess gesteuert. Hier kommen in der Regel strukturierte Lehrmaterialien und eine sprachdidaktische Planung zum Tragen.

Hörgeschädigte Kinder und Mehrsprachigkeit

Die zuvor dargestellten Ausführungen sind auch für hörgeschädigte Kinder und Jugendliche von Bedeutung. Allerdings können diese nicht einfach auf deren Spracherwerbssituation übertragen werden, da die Ausgangslage auf Grund der Hörschädigung nicht vergleichbar ist. Es muss an dieser Stelle noch einmal darauf verwiesen werden, dass der Erwerb der gesprochenen Sprache als Erstsprache (L1) für hörgeschädigte Kinder in der Regel schon eine große Herausforderung darstellt (▶ Kap. 2.2). Für den Erwerb einer weiteren Lautsprachen (L2) gilt sicherlich Ähnliches.

Der simultane Erwerb von zwei gesprochenen Sprachen ist für hörgeschädigte Kinder, die auf Grund einer guten hörtechnischen Versorgung (z. B. CI) in der Lage sind, gesprochene Sprache über das Ohr zu erwerben, möglich. Auch hier können hörgeschädigte Kinder vergleichbare Meilensteine erreichen, wie dies gut hörende Kinder schaffen, wenn ähnliche

Voraussetzungen vorliegen wie beispielsweise Eltern mit unterschiedlichen Muttersprachen und ein kommunikativer Rahmen, der beide Sprachen berücksichtigt. Allerdings ist der Erwerb der Zweitsprache auch mit ähnlichen Hürden verbunden, wie dies beim Erwerb der Erstsprache der Fall ist (Waltzmann et al. 2003).

Wenn gehörlose Kinder gehörlose Eltern haben und diese zwei unterschiedliche Gebärdensprachen verwenden, haben diese Kinder ähnliche Erwerbsmöglichkeiten für zwei Gebärdensprachen wie gut hörende Kinder, die zwei Lautsprachen simultan erwerben.

Bimodaler-bilingualer Spracherwerb

Die Ausgangslage für hochgradig hörgeschädigte Kinder ist aber grundlegend anders, da die zuvor erwähnten Beispiele eher eine Ausnahme darstellen. Wenn von Mehrsprachigkeit oder Bilingualismus in Bezug auf hochgradig hörgeschädigte bzw. gehörlose Kinder gesprochen wird, dann ist in der Regel gemeint, dass diese Kinder eine gesprochene Sprache, z. B. also die deutsche Lautsprache und die deutsche Gebärdensprache, erwerben. Da es sich um Sprachen in zwei unterschiedlichen Modalitäten (gesprochen vs. räumlich-visuell) handelt, wird von einem bimodalen-bilingualen Spracherwerb gesprochen.

Die Mehrheit der gehörlosen Kinder hat gut hörende Eltern (90 bis 95%). Auf Grund der Hörschädigung ist der Erwerb der Lautsprache beeinträchtigt. Die Sprache, die sie vergleichbar zu gehörlosen Kindern gehörloser Eltern auf natürlichem Wege erwerben könnten, ist die Gebärdensprache. Da die Eltern aber gut hörend sind und diese die Gebärdensprache in der Regel nicht beherrschen, haben die Kinder in der Familie kein gebärdensprachliches Vorbild, das ihnen den Zugang eröffnet. Der Erwerb beider Sprachen kann dann in der Regel nur durch ein pädagogisches Rahmenkonzept ermöglicht werden, das durch die Frühförderung und den späteren Schulbesuch (in einer Förderschule) den Zugang zur deutschen Sprache und Gebärdensprache eröffnet bzw. eröffnen soll. Eine solche bilinguale Förderung berücksichtigt beide Sprachen. Der möglichst natürliche Erwerb der Lautsprache wird durch die Versorgung mit technischen Hilfen (z. B. CI) unterstützt. Der Erwerb der Gebärdensprache sollte durch muttersprachliche Vorbilder angebahnt werden. In der Regel sollten dies gehörlose Pädagogen sein. Auf Grund der wenigen Kontaktzeiten zu gebärdensprachlichen Vorbildern ist auch der Gebärdenspracherwerb gehörloser Kinder gut hörender Eltern in der Regel verzögert.

Gehörlose Kinder gehörloser Eltern erwerben die Gebärdensprache auf natürlichem Wege in der Kommunikation mit ihren Eltern. Die deutsche Lautsprache wird im Rahmen der Frühförderung angebahnt und in der Schule vermittelt. Der Erwerb der deutschen Lautsprache kann für diese Kinder mit dem Erwerb einer Fremdsprache verglichen werden. Er verläuft meist sequenziell.

Gehörlose Erwachsene haben lange Zeit in der Versorgung mit einem CI eine Bedrohung ihrer sprachlichen und kulturellen Identität gesehen. In den vergangenen Jahren scheint sich hier aber ein Wandel anzubahnen. Einige gehörlose Eltern ziehen die Versorgung ihrer gehörlosen Kinder mit einem CI in Betracht, so dass diese Kinder einen auditiven Zugang zur gesprochenen Sprache aufbauen können. Wenn aus dem CI ein entsprechender Nutzen gezogen werden kann, wird für gehörlose Kinder gehörloser Eltern eine frühe bimodale Zweisprachigkeit leichter möglich sein.

Eine besondere Situation nehmen auch gut hörende und die CI-versorgten Kinder gehörloser Eltern (CODAs – Children of Deaf Adults) ein (Leonhardt 2009). Sie durchlaufen meist einen bimodalen-bilingualen Spracherwerb. Die Gebärdensprache wird über die Kommunikation mit ihren gehörlosen Eltern erworben. Die gesprochene Sprache wird in der Regel über gut hörende Verwandte (oftmals die Großeltern oder auch Geschwister) den Kindern nahegebracht. Petitto et al. (2001) haben in einer Studie aufgezeigt, dass die Kinder sowohl in der gesprochenen Sprache als auch in der Gebärdensprache die Meilensteine eines Spracherwerbs altersgerecht durchlaufen und sie keine Spracherwerbsverzögerungen aufweisen. Das gilt insbesondere dann, wenn ein Zugang zu beiden Sprachen gleichermaßen möglich ist.

Mehrsprachigkeit bei Migration

Wie viele hörgeschädigte Kinder und Jugendliche mit Migrationshintergrund in Förderschulen oder allgemeinen Schulen unterrichtet werden, lässt sich nicht genau abschätzen. Das Merkmal »Migration« wird in den Schulstatistiken nicht eindeutig erfasst (Niehaus et al. 2012). Festgehalten wird das Merkmal »ausländischer Schüler«. Der Anteil an ausländischen Kindern und Jugendlichen ist bei allen Schülern mit sonderpädagogischem Förderbedarf bei ca. 14% und im Förderschwerpunkt Hören und Kommunikation bei ca. 15% (ebd., 23). Kinder mit deutscher Staatsbürgerschaft und Migrationshintergrund werden auf diese Weise nicht erfasst. Insofern kann angenommen werden, dass die Zahlen größer sind. Diller und Martsch

(2012, 12) weisen auf die große Varianz der Daten hin. In einigen Schulen bzw. Klassen liegt der Anteil bei bis zu 75%.

Die sprachliche Situation hörgeschädigter Kinder und Jugendlicher mit Migrationshintergrund ist äußerst komplex. Im Alltag kommen die Kinder mit unterschiedlichen Sprach- und Kommunikationssystemen in Kontakt. Neben der in der Familie gesprochenen Erstsprache kann ein Zugang zur deutschen Sprache auch durch die Familie erfolgen und wird durch die Frühförderung und die Schule angebahnt und aufgebaut. Darüber hinaus kommunizieren die Kinder unter Umständen auch in Gebärdensprache oder verwenden andere manuelle Kommunikationsmittel.

Diller und Martsch (2012, 51ff.) verweisen darauf, dass insbesondere Familien mit einem türkischsprachigen Hintergrund aus Verunsicherung vermeiden, mit ihren Kindern in der Erstsprache Türkisch zu kommunizieren, und sich bemühen, die deutsche Sprache zu verwenden. Dies ist dann problematisch, wenn die Eltern selbst auch keine hohen Kompetenzen in der deutschen Sprache haben. Die Kinder haben dann bei dem Erwerb der deutschen Sprache größere Barrieren zu überwinden, zum einen bedingt durch die Hörschädigung und zum anderen durch die Vermeidung der von den Eltern sicher beherrschten Erstsprache Türkisch.

2.5 Schriftspracherwerb

Kirsten Ludwig/Thomas Kaul

Kommt es bei der Entwicklung und Anwendung schriftsprachlicher Kompetenzen zu Schwierigkeiten bei Schülern mit Hörschädigung, ist der Zusammenhang mit der Hörschädigung zu bedenken. Als behinderungsspezifische Folge sind die Schwierigkeiten in der Regel audiogen oder durch Gehörlosigkeit bedingt und keine legasthenen Störungen. Sie sind Folge der mangelnden Qualität der phonologischen Verarbeitung des auditiven Inputs. Jedoch spielen die phonologische Informationsverarbeitung im Allgemeinen und die phonologische Bewusstheit im Besonderen (▶ Kap. 2.1) beim Erwerb des Lesens und Schreibens eine entscheidende Rolle.

Phonologische Bewusstheit

Die phonologische Bewusstheit gilt beim Erwerb des Lesens und Schreibens als Vorläuferfähigkeit (Berendes et al. 2010, 166), aber es gibt auch gegenseitige Beeinflussungen zwischen der phonologischen Bewusstheit und dem Schriftspracherwerb. So ist die phonologische Bewusstheit nicht nur Voraussetzung, sondern auch Folge eines erfolgreichen Schriftspracherwerbs (Costard et al. 2011, 61). Im Ergebnis einer aufwändig angelegten Untersuchung zur phonologischen Informationsverarbeitung von Erst- und Zweitklässlern mit Hörschädigung resümiert Stumpf (2007) eine weitgehend reguläre Entwicklung, »die vom Operieren mit Silben über das Reimen hin zu der Phonemebene bzw. dem Erhören von Anlauten verläuft. Mit dem Kontakt zur Schriftsprache entwickelt sich diese reziprok weiter« (ebd., 168). Es wurde aber auch eine Gruppe von Kindern identifiziert, die hinsichtlich der Entwicklung der phonologischen Bewusstheit bereits auf der Reimebene stagniert, was sehr wahrscheinlich Schwächen in der Anlauterkennung beim Schriftspracherwerb nach sich zieht und diesen erheblich erschwert. Stark verlangsamt entwickelt sich die phonologische Bewusstheit der betroffenen Kinder weiter. Schwächen sowie deutliche individuelle Unterschiede zeigen die Kinder auch im phonologischen Arbeits- (▶ Kap. 2.2) und Kurzzeitgedächtnis (Koo et al. 2008, 95), die aber besser aufgeholt werden können als die im Bereich der phonologischen Bewusstheit. Gute Fähigkeiten des phonologischen Arbeitsgedächtnisses führen sogar zu kompensatorischen Wirkungen. Zusammen nehmen sowohl die phonologische Bewusstheit als auch die Gedächtnisprozesse erheblichen Einfluss auf den Schriftspracherwerb der Kinder mit Hörschädigung (Stumpf 2007, 163).

Einstieg in den Schriftspracherwerb

Beim Einstieg in den Schriftspracherwerb können Probleme in der Phonem-Graphem-Zuordnung auftreten. Wenn Laute von Kindern mit Hörschädigung auditiv nicht deutlich gehört, nicht sauber artikuliert und klar unterschieden werden können, wird dies die eindeutige Zuordnung der Grapheme beeinträchtigen bzw. ist dies für gehörlose Kinder sogar unmöglich (Nielsen/Luetke-Stahlman 2002,15). Daher fällt es ihnen schwerer als ihren gut hörenden Mitschülern, sich anhand von Anlauttabellen selbstständig per alphabetischer Strategie (▶ Abb. 6) unbekannte Phonem-Graphem-Verbindungen zu erschließen. Insofern ist die Bewusstmachung orthografischer Regeln (orthografische Strategie) bereits zu Beginn des

2.5 Schriftspracherwerb

Schriftspracherwerbs für Kinder mit Hörschädigung hilfreich. Die Bedeutung der frühen Vermittlung orthografischen Regelwissens lässt sich zudem mit der Annahme des frühen Aufbaus eines orthografischen Lexikons (Costard et al. 2011, 71) vereinbaren. Das orthografische Lexikon ist der Schriftsprachspeicher, in dem die mentalen lexikalischen Einheiten der Schriftsprache abgelegt sind (ebd., 39). Im Weiteren kann das Wissen über Ableitungen vorteilhaft sein, um per morphologischer Strategie anhand von Wortbedeutungen auf korrekte Schreibungen schließen zu können. Hierfür sind umfangreiche auf morphologischem Wissen basierende Wortschatzkenntnisse erforderlich. Andererseits ist auch denkbar, dass sich gute Rechtschreibkenntnisse positiv auf den Wortschatzumfang auswirken. So sind Wortschatztrainings z. B. dann effektiver, wenn auch die Rechtschreibung einbezogen wird (Berendes et al. 2010, 168).

Die frühe Anwendung orthografischer und morphologischer Strategien ermöglicht es, den Vorteil der Schrift ausnutzen zu können. Dieser liegt darin, orthografische und morphologische Regeln der Lautsprache eindeutiger abzubilden als die gesprochene Sprache (Günther 2002, 76f.). Über Visualisierung (▶ Kap. 4.2.3) können Kindern mit Hörschädigung Zusammenhänge zwischen Wortverwandtschaften und Schreibweisen sowie Rechtschreibregeln und -strategien bewusst gemacht und vermittelt werden. Dies trägt frühzeitig zur Schulung des Nachdenkens über Sprache und damit der Förderung metalinguistischer Kompetenzen bei.

Logographemische Strategie: Beim Lesen wird von der graphischen Gestalt (Wortbild als Ganzes oder Einzel-/Buchstaben) auf die Bedeutung geschlossen. Beim Schreiben wird das graphemische Muster abgerufen. Es wird kein Lautbezug hergestellt.
Alphabetische Strategie: Basierend auf der eigenen Sprechanalyse können die artikulierten Laute mit Buchstaben bzw. Buchstabenkombinationen verschriftlicht werden.
Orthografische Strategie: Laut-Buchstaben-Zuordnung unter Beachtung orthografischer Prinzipien, die gemerkt werden müssen (z. B. Zahn, Vater, Hexe), und orthografischer Herleitungsregeln (z. B. Koffer, stehen, Hand).
Morphematische Strategie: Die Schreibung von Wörtern kann von ihrer morphematischen Struktur hergeleitet werden. Grundlage sind morphematisches Bedeutungswissen (z. B. Staubsauger und Räuber) und morphologisches Strukturwissen zur Zerlegung komplexer Wörter in einzelne Bestandteile (z. B. Fahrrad und Geburtstag).

Wortübergreifende Strategie: Zur Herleitung der Schreibung von Wörtern und Sätzen können größere sprachliche Einheiten beachtet werden, z. B. Wortart (Groß-/Kleinschreibung), Wortsemantik (Zusammen-/Getrenntschreibung), Satzgrammatik (Kommasetzung) und Verwendungsart eines Satzes (z. B. wörtliche Rede).

Abb. 6: Stufen der Schriftsprachentwicklung (nach: May 2012, 12, 26f.)

Günther (2001; 2002) setzt sich mit dem Schriftspracherwerb gehörloser und hochgradig schwerhöriger Kinder auseinander und konnte aufzeigen, dass Schriftsprache ohne Lautsprachbesitz möglich ist. Wesentlich dafür ist jedoch, über Sprache zu verfügen, in diesem Fall Gebärdensprache. Der Hauptschlüssel zur Schriftsprache liege nicht in der Phonem-Graphem-Korrespondenz, »sondern in der Stabilität der morphematischen Strukturen, die im Deutschen sehr ausgeprägt sind« (Schäfke 2005, 329). Dies verleihe der Schriftsprache eine gewisse Autonomie, die deren Erwerb unabhängig von Lautsprachkompetenz ermöglicht.

Nach Günther steigen gebärdensprachkompetente gehörlose Kinder über die logographemische Strategie in den Schriftspracherwerb ein. Es ist eine Strategie, in der sich die Lerner an auffälligen visuell-graphemischen Merkmalen orientieren und Wortzuordnungen anhand »globaler semantischer« (Günther 2002, 74) Formmerkmale vornehmen. Es findet eine Ganzwortidentifikation statt, ohne Graphem-Phonem-Zuordnung. Da diese Zuordnung entfällt, kann der Schriftspracherwerb weit vor dem Schuleintritt und unabhängig vom Stand der lautsprachlichen Entwicklung beginnen und z. B. auch für deren Entwicklung genutzt werden (ebd.). Zwar ist das logographemische Vorgehen geeignet, einen beträchtlichen Wortlesebestand aufzubauen, es stößt aber beim Schreiben an Grenzen. Schreiben verlangt, die Buchstabenreihenfolge einzuhalten, die beim Lesen »mit einer groben Orientierung an visuellen Merkmalen sozusagen überlesen werden kann« (ebd.). Beim Schreiben kommt es hingegen zu Buchstabenauslassungen, -vertauschungen oder -einfügungen. Das sind durch die Gehörlosigkeit bedingte Fehler, die nicht wie von gut hörenden Kindern durch das Abhören der Wörter in der alphabetischen Strategie erkannt und korrigiert werden können. Nach dem Stufenmodell der Schriftsprachentwicklung für gehörlose Kinder von Günther (2001, 74) folgt der logographemischen Phase die orthografisch-morphologisch-syntaktische Phase. Die dazwischen liegende alphabetische Phase, wie sie gut hörende Kinder durchlaufen, können hochgradig hörgeschädigte und gehörlose

Kinder nur begrenzt oder gar nicht bewältigen. Diese Phase kompensatorisch zu ersetzen oder den Kindern Unterstützung zuteil werden zu lassen (▶ Kap. 4.4.1), ist von grundlegender Bedeutung (Günther 2002, 76).

Schreiben

Für Rechtschreibleistungen von Kindern mit CI liegen beispielsweise von Diller und Graser (2012) Untersuchungsergebnisse von 30 Kindern zum Ende der 2., 3. und 4. Schulstufe vor: Demnach liegt in der Anwendung der alphabetischen Strategie die größte Herausforderung für die Kinder. Orthografische und morphologische Strategien werden deutlich erfolgreicher angewendet. Insgesamt kommt es im Lauf der Schuljahre und – damit in Verbindung – mit dem Anstieg der Anforderungen auch zum Anstieg der Fehlerhäufigkeit (Quantität). Wiederum häufen sich die Fehler vor allem bei der Anwendung der alphabetischen Strategie. Dabei lassen sich drei Fehlerarten voneinander unterscheiden, deren Ursache in der Art der Phonem-Graphem-Korrespondenz bzw. Graphem-Phonem-Korrespondenz liegt. Die Kinder verwenden bei validen Fehlern mögliche gültige Regeln der Phonem-Graphem-Korrespondenz, die aber in dem konkreten Fall falsch verwendet worden sind (z. B. bei dem Wort »See« die Schreibweise »Seh«). Bei invaliden Fehlern werden Laute in Grapheme überführt, für die es in der deutschen Sprache keine gültigen Regeln gibt (z. B. bei dem Wort »Schrank« die Schreibweise »Schranck«). Nur teilweise korrekte Umsetzungen von Korrespondenzregeln (z. B. bei dem Wort »Stein« die Schreibweise »Schtein«) und segmentale Unreifefehler (z. B. bei dem Wort »Besen« die Schreibweise »Bsen«) werden als partiell valide Fehler eingestuft. In der Studie von Diller und Graser sinken hinsichtlich Fehlerart (Qualität) die absoluten Fehlerzahlen pro Fehlerart bei allen Schülern mit Hörschädigung im Verlauf der Grundschulzeit. Die anfänglich hohe Häufigkeit von invaliden und validen Fehlern geht zunächst stark zurück, steigt dann aber wieder an. Tendenziell tauchen invalide und partiell valide Fehler am häufigsten auf. Andere Fehler sind von Beginn des Schreiblernprozesses an kaum vertreten. Alles in allem sprechen die Ergebnisse bezüglich der Qualität der Fehler dafür, Kindern mit Hörschädigung die Rechtschreibung frühzeitig regelgeleitet und übersegmental zu verdeutlichen, folglich frühzeitig auf metalinguistischer Ebene zu arbeiten.

Neben den Rechtschreibleistungen erfordert der Schreibprozess umfassende Fähigkeiten im Bereich der morpho-syntaktischen Gestaltung von Sätzen und dem Aufbau von Texten. Hierzu gehören die Fertigkeiten,

Texte zu planen, Inhalte in einer sachlogischen Reihenfolge zu formulieren und durch die Verwendung von sprachlichen Mitteln Kohärenzen eines Textes aufzubauen und zu gestalten. Im deutschsprachigen Raum konnte Schäffke (2005) aufzeigen, dass dies für hochgradig hörgeschädigte Schüler eine große Herausforderung darstellen kann.

Lesen

Leseverständnis basiert auf der grundlegenden Fertigkeit des Worterkennens. Es entwickelt sich auf der Wortebene vom Rekodieren (Lesetechnik) zum Dekodieren (Leseverstehen). Hinsichtlich des Rekodierprozesses bei gehörlosen Lesern ist bisher wenig bekannt, aber es scheinen ihre erworbenen artikulatorischen Fähigkeiten, das Fingeralphabet, gebärdensprachliche Einheiten oder die lautsprachliche Absehgestalt von Wörtern aktiviert zu werden (Hennies 2014, 234).

Auf der Satzebene gelingt es erfahrenen Lesern, Wortbedeutungen anhand des Kontextes zu erschließen. Hierbei muss die Syntax entschlüsselt werden können. Schließlich ist auf der Textebene erforderlich, die inhaltlichen Zusammenhänge mehrerer Sätze erkennen zu können und »ein Situationsmodell des Textinhalts aufzubauen – ein Vorgang, bei dem metakognitive Fähigkeiten und Vorwissensaspekte an Bedeutung gewinnen« (Lenhard/Artelt 2009, 6). Voraussetzung ist eine ausreichend gefestigte Leselernsprache. »Etwa 4.000 Wörter werden aktiv und 20.000 passiv benötigt, um Strukturen der (Schrift-)Sprache zu erkennen« (Stumpf 2007, 161f.). Bei Schülern mit Hörschädigung können sich, so wie auch bei Schülern mit anderer Erstsprache als Deutsch, Probleme einstellen, die im Zusammenhang mit Einschränkungen im Wortschatzumfang und mit Schwierigkeiten im Verständnis von Wortbedeutungen, langen Satzkonstruktionen und komplexen Satzverbindungen sowie den Verknüpfungen der Sätze miteinander (Textverständnis) stehen.

Ein gut ausgebildeter Wortschatz ermöglicht flüssiges und sinnverstehendes Lesen, da eine effiziente Worterkennung darauf basiert, semantische und formale Worteigenschaften abrufen zu können (Berendes et al. 2010, 167). So hilft die Erarbeitung von Wortbedeutungen, das Leseverständnis zu verbessern. Aber wie beim Rechtschreiben sind auch hier Zusammenhänge in die andere Richtung wahrscheinlich: Die Lesefähigkeit beeinflusst den Wortschatzumfang (Berendes et al. 2010, 167). Leseverstehensprozesse unterliegen demnach dem Einfluss des vorhandenen Wortschatzes des Lesers, aber auch dem Einfluss seines sprachlichen Wissens (z. B. Wissen über Graphem-Phonem-Korrespondenzen und morphologische Markierungen) sowie seines Weltwissens. Zudem ist Leseverstehen auch von Arbeitsgedächtnisleistungen und kognitiven Fähigkeiten abhängig (Reber/Richter 2011, 5). Für Kinder und Jugendliche mit Hörschädigung sind insbesondere mögliche Einschränkungen im Weltwissen und den Leistungen des Arbeitsgedächtnisses zu bedenken, wenn es zu Problemen im Leseverstehen kommt. Aber auch Schwierigkeiten bei der Entwicklung exekutiver Funktionen (▶ Kap. 2.6 und 2.7) kommen infrage; den mentalen Prozessen, die top-down die eigene Aufmerksamkeit und Leistungsüberwachung steuern (z. B. Aufmerksamkeitsfokussierung, Zielformulierung, Abwägen, Bewerten, Planen, Verhaltens-, Motivations- und Emotionsregulierung, Metakognition). Weniger gut ausgeprägte exekutive Funktionen können sich darin äußern, dass keine geeigneten Lesestrategien verfolgt und somit die Sinnentnahmeprozesse nicht überwacht werden können. Fehlendes Weltwissen, das als Vorwissen für das Verstehen zur Verfügung stehen muss, erschwert zusätzlich, das Gelesene in Beziehung setzen und folgerichtige Schlüsse ziehen zu können.

Hinsichtlich des Zusammenhangs zwischen exekutiven Funktionen und Lesen bei Kindern und Jugendlichen mit Hörschädigung resümieren Marschark und Knoors eine eingeschränkte

> »Fähigkeit, sich selbst im Prozess des Verstehens und Lösens von Aufgaben zu überwachen bzw. diesen Prozess flexibel und automatisch auf seine Effektivität hin zu kontrollieren. Als Folge davon erkennen sie oft nicht, an welchen Stellen das sprachliche und inhaltliche Verständnis bezüglich der zu lösenden Aufgabenstellung abreißt« (Marschark/Knoors 2012, 151).

Nach Marschark und Knoors (2012, 152) neigen Schüler mit Hörschädigung oft dazu, ihr Verständnis von geschriebener und auch gehörter Sprache besser einzuschätzen, als es tatsächlich der Fall ist. Ferner gelingt es ihnen nicht so erfolgreich, über geeignete Lesestrategien zu sprechen wie ihre gut hörenden Peers, was nur zum Teil auf einen eingeschränkten Wortschatz zurückgeführt werden kann. Welche Lesestrategien von schwerhörigen und gehörlosen Kindern und Erwachsenen eingesetzt werden, ist bisher wenig bekannt. Hilfreich sind vermutlich das Aktivieren von Hintergrundwissen, die Kenntnis narrativer Strukturen sowie die Orientierung an Schlüsselwörtern (Hennies 2014, 235). Für das Leseverhalten von Schülern berichten Marschark und Knoors (2012, 152) weiterhin, dass »sie sich eher weniger intensiv um integrative Vernetzung von Inhalten und Inferenzschlüsse [zu] bemühen«.

Zur Lesekompetenz von Schülern mit Hörschädigung gibt es nur sehr wenige deutschsprachige Studien. Stumpf (2007, 36) fasst vorliegende Ergebnisse folgendermaßen zusammen: Mittelgradig schwerhörige Kinder erreichen vergleichbare Leistungen wie sprachwahrnehmungsschwache Kinder. Der Leseerwerbsprozess mittel- bis hochgradig schwerhöriger Kinder unterscheidet sich nicht vom dem gut hörender Gleichaltriger in der Art und Weise, wohl aber in der Geschwindigkeit. Kinder mit Hörschädigung lernen das Lesen unter erschwerten Bedingungen, und es kann zu Verzögerungen im Erwerbsprozess kommen. Schwierigkeiten zeigen sich insbesondere im sinnerfassenden Lesen, wohinter Schwächen in der Nutzung von top-down-Prozessen vermutet werden. Für Kinder mit CI wurde das Ausmaß an Spracherfahrung vor dem Schuleintritt als wesentliche Variable für ihre Leistungen in der Schriftsprache ermittelt. Ferner wurden mindestens für die Variablen soziales Umfeld, besuchter Schultyp und Qualität der Förderung eines Kindes signifikante Zusammenhänge mit dessen Lesefähigkeit aufgedeckt.

Hennies (2009) untersuchte die Lesekompetenz von Schülern der vierten bis neunten Klassenstufe an einem Förderzentrum Hören und Kommunikation. Von mehr als der Hälfte der hochgradig hörgeschädigten Schüler unter ihnen liegen die Ergebnisse »unterhalb des basalen Niveaus, das dem Mindeststandard entspricht« (ebd., 294). Besonders schwer fällt diesen Schülern der Umgang »mit funktionalen und alltagspraktischen Texten, die aus einer Kombination von Schrift und Tabellen bzw. Bildern bestehen« (ebd., 294). Als eine wesentliche Einflussvariable wird das Ausmaß der Hörschädigung identifiziert. Tendenziell sind die Leseleistungen abnehmend mit zunehmendem Hörverlust. Allerdings zeigen von den hochgradig schwerhörigen und gehörlosen Kindern diejenigen eine bessere Lesekompetenz, die bimodal-bilingual kommunizieren und bilingual unterrichtet werden. Diese Schüler können auf einen umfangreichen Gebärdenwortschatz zurückgreifen, mit dem sie ihr Textverständnis inhaltlich besser absichern können. Insgesamt entwickelt sich ihre Schriftsprachkompetenz im Laufe der Untersuchungszeit kontinuierlicher und erfolgreicher weiter als bei den nicht bilingual unterrichteten Schülern. Zu den Faktoren Hörstatus und Bilingualität kommt als weiterer die Muttersprache hinzu. Verfügen die Schüler nicht über Deutsch als Muttersprache, wirkt sich dies nachteilig auf deren Leseentwicklung aus.

Bessere Lesekompetenz bestätigen Goldin-Meadow und Mayberry (2001) auch für gehörlose Schüler gehörloser Eltern und schließen daraus, Gebärdensprachkompetenz sei keineswegs hinderlich für das Lesenlernen, sondern wirke förderlich. Kompetenzen im lautsprachbegleitenden Gebärden hingegen zeigen diesen Effekt nicht.

Zum Lesen von deutschsprachigen Kindern mit CI fanden Diller und Graser (2012) in ihrer Untersuchung heraus, dass ihnen dies auf Wortebene meist fehlerfrei und im durchschnittlichen Lesetempo gelingt. Die Schwierigkeiten beginnen mit steigenden Anforderungen auf der Satz- und Textebene. Neben dem Mangel an Syntax- und Diskurswissen vermuten die Autoren einen Zusammenhang zur Leistungsfähigkeit im Hörverstehen, »denn die große Mehrzahl [der Kinder] dieser Gruppe reagiert schon auf verbale Anweisungen inadäquat und hat gleiche oder größere Probleme, wenn die Aufgaben selbständig erlesen werden müssen« (Diller/Graser 2012, 59). Demnach zeigen diejenigen Schüler mit Hörschädigung eine bessere Lesekompetenz, die in der Lage sind, komplexe mündliche Anweisungen zu verstehen. Andernfalls fallen ihnen die Analyse der syntaktisch-semantischen Beziehungen der Satzelemente und die satzübergreifende Informationsintegration schwer. Letzteres zeigt sich beispielsweise darin, dass Handlungsabläufe zeitlich nicht nachvollzogen und in einem mentalen Situationsmodell rekonstruiert werden können. Diller und Graser (2012) schließen Gedächtnisprobleme als vordergründige Ursache aus, was für tatsächlich durch die Hörschädigung bedingte Schwierigkeiten spricht und einen Zusammenhang zum Hörverstehen wahrscheinlich macht.

Lesen und Hörverstehen

Hörverstehen ist nach dem *simple view of reading*-Ansatz von entscheidender Bedeutung für die erfolgreiche Entwicklung von Lesefertigkeiten (▶ Abb. 7).

Angenommen wird, dass alle beim Lesen beteiligten kognitiven Prozesse, die über die visuelle Worterkennung hinausgehen, beim Verstehen geschriebener Sprache mit den Prozessen beim Verstehen gesprochener Sprache identisch sind (Knoepke et al. 2013, 256). Leseverständnis beruht demnach auf den grundlegenden Fähigkeiten zur visuellen Worterkennung (Rekodieren und Dekodieren) und zum Verstehen von Sprache; d. h. dass für das Leseverstehen Strukturen genutzt werden, die durch den mündlichen Sprachgebrauch bereits angelegt sind. Die Fähigkeit, Sprache zu verstehen, liegt wiederum dem Verstehen von Gehörtem zugrunde, dem Hörverstehen. Dieses Hörverstehen ist »die Fertigkeit, sprachliche Informationen auf der Wortebene zur Ableitung von Satz- und Textinterpretationen über das Ohr zu nutzen« (Marx/Jungmann 2000, 83). Für das Lesen gilt, dass die Worterkennung allein nicht automatisch zum Verstehen von Texten führt. Notwendig ist vielmehr, die Einzelwörter anhand von semantischen Integrationsprozessen zu einem kohärenten Satzsinn zusammenzuführen, »wobei die Analyse der syntaktischen Struktur eines Satzes eine wichtige Rolle spielt. Schließlich müssen die einzelnen Sätze in einem geschriebenen Text zu einer kohärenten mentalen Repräsentation verknüpft werden« (Knoepke et al. 2013, 257).

Die folgende Abbildung 7 veranschaulicht den Lese-Verstehens-Prozess entsprechend der Annahmen des *simple view of reading*-Ansatzes.

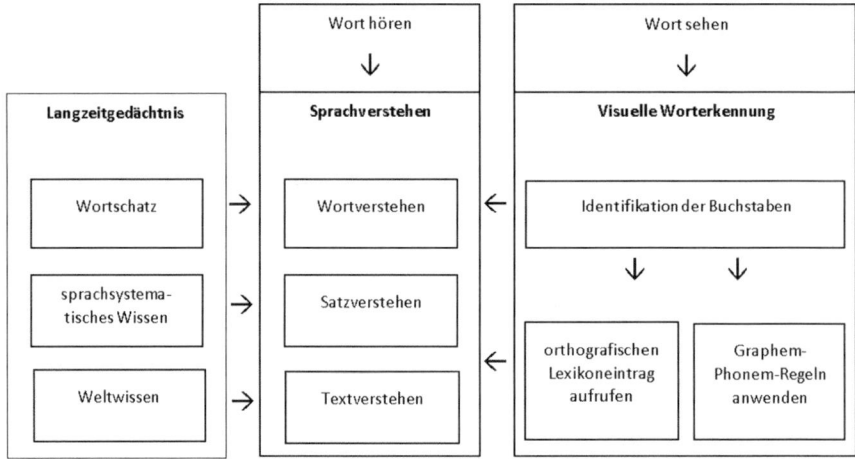

Abb. 7: Leseverstehen nach dem *simple view of reading*-Ansatz (nach: Reber/Richter 2011, 4)

Treten in der Grundschule Leseschwierigkeiten auf, können diese nach Knoepke et al. (2013, 256) durch Schwierigkeiten bei der Worterkennung oder beim Sprachverstehen (und damit dem Hörverstehen) oder durch Schwierigkeiten in beiden Bereichen hervorgerufen werden. Bei Schülern mit Hörschädigung sind insbesondere audiogen bedingte Schwierigkeiten im Sprachverstehen zu vermuten. Dies zieht konsequenterweise nach sich, »das Hörverstehen bei der adäquaten Beurteilung des Leseverstehens zu berücksichtigen« (Marx/Jungmann 2000, 83). Marx und Jungmann (2000) entwickelten ein Modell des Lesenlernens (▶ Abb. 8) basierend auf dem *simple view of reading*-Ansatz und plädieren nach eigenen Studien mit Grundschulkindern dafür, Lese- und Hörverstehen holistisch aufzufassen und davon auszugehen, »daß das Hörverstehen die Obergrenze des Leseverstehens darstellt und eine wichtige Größe zur Erklärung des Leseverstehens ist« (ebd., 92).

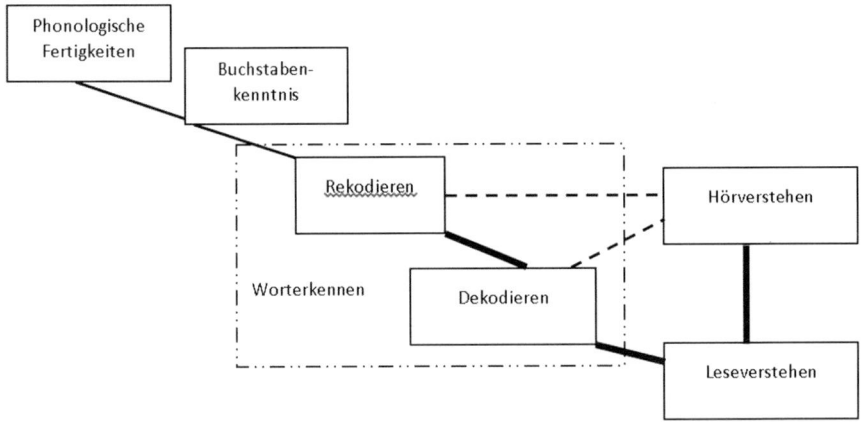

Abb. 8: Modell des Lesenlernens (angelehnt an Marx/Jungmann 2000, 82). Worterkennung (Rekodieren und Dekodieren) basiert auf phonologischen Fertigkeiten und Buchstabenkenntnis und beeinflusst direkt das Leseverstehen (durchgezogene Linie). Leseverstehen steht ebenfalls in direktem Zusammenhang mit dem Hörverstehen, das seinerseits indirekten Einfluss (unterbrochene Linie) auf die Worterkennung hat.

Knoepke et al. (2013, 274) resümieren, »dass das Leseverstehen bei Grundschulkindern sowohl von der Förderung der Fähigkeiten visueller Worterkennung als auch von Fähigkeiten des Hörverstehens profitieren dürfte«. Mit zunehmender Lesekompetenz und dem

> »Verstehen zunehmend komplexer Texte vergrößern sich der Wortschatz und das Erfassen von sprachstrukturellen Besonderheiten bei geübten Lesern und damit auch dessen Fertigkeit zum Hörverstehen. ... Es wird ein Wechsel vom ›Texte lesen lernen‹ zum ›Lernen aus Texten‹ vollzogen« (Marx/Jungmann 2000, 83).

2.6 Kognitive Entwicklung

Thomas Kaul

In den vorangegangenen Kapiteln ist die besondere sprachliche Situation von Kindern und Jugendlichen mit einer Hörschädigung herausgestellt worden. Man mag meinen, dass der Abbau der sprachlichen und kommunikativen Barrieren in der Kommunikation (im Klassenzimmer) hörgeschädigten Kindern und Jugendlichen die gleiche Ausgangslage verschafft, wie dies für ihre gut hörenden Klassenkameraden gilt. Auf der einen Seite stimmt das natürlich. Der Abbau kommunikativer Barrieren durch technische Hilfsmittel, wie z. B. Hörgeräte, Übertragungsanlagen oder auch Gebärdensprachdolmetscher, ist eine wesentliche Voraussetzung für den schulischen Erfolg hörgeschädigter Kinder in der allgemeinen Schule.

Auf der anderen Seite ist das aber nicht genug. Das Wissen um die enge Verwobenheit von Sprache, kognitiven und psycho-sozialen Prozessen sowie Lernen zeigt auf, dass ein möglichst früher und umfassender Spracherwerb für hörgeschädigte Kinder und Jugendliche sich auch auf deren Fähigkeiten und Fertigkeiten im kognitiven Bereich und im Lernen vorteilhaft auswirkt. Dabei ist eine gelingende (frühe) Eltern-Kind-Kommunikation ein wesentlicher Faktor für positive Fortschritte der Kinder auch in anderen Entwicklungsbereichen, wie beispielsweise der kognitiven Entwicklung.

Wenn sich in diesem Kapitel auf die Kognition bezogen wird, meinen wir diejenigen Prozesse, mit der Menschen Informationen aufnehmen und diese verarbeiten. Hierzu gehören die Verarbeitungsprozesse im Arbeitsgedächtnis genauso wie die Speicherung der Informationen im Langzeitgedächtnis. Eng verbunden hiermit sind Prozesse der Aufmerksamkeit, des schlussfolgernden Denkens und Problemlösens. Nach Goswami (2001, 25) bedeutet kognitive Entwicklung »die Entwicklung von Prozessen, die uns in die Lage versetzen, Erkenntnisse über Ursache-Wirkungs-Zusammenhänge zu erwerben«. Viele dieser Faktoren schlagen sich in dem Konstrukt der Intelligenz nieder.

Im Folgenden werden einige Aspekte in der kognitiven Entwicklung von hörgeschädigten Kindern und Jugendlichen näher betrachtet, die eine besondere Bedeutung auch für das gemeinsame Lernen in der allgemeinen Schule haben. Dabei soll verschiedenen Fragen nachgegangen werden:

- Wirkt sich eine Hörschädigung auf die Intelligenz(-entwicklung) aus?
- Haben hörgeschädigte Menschen eine besondere visuelle Wahrnehmung? Können sie besser sehen?
- Wie können die Gedächtnisleistungen von hörgeschädigten Kindern eingeordnet werden?
- Wie gehen hörgeschädigte Kinder mit Anforderungen bei der Lösung von Problemen um?

Intelligenz

Mackay Vernon, ein amerikanischer Psychologe, hat in einem vielzitierten Artikel aus dem Jahre 1968 (Vernon 2005 reprint) die bis zu dem damaligen Zeitpunkt durchgeführten Untersuchungen zur Intelligenz gehörloser und hochgradig schwerhöriger Kinder und Jugendlicher einer kritischen Metaanalyse unterzogen. Nach den Ergebnissen dieser Studien sind gehörlose Kinder und Jugendliche meist als geistig retardiert eingeordnet worden. Vernon konnte aufzeigen, dass die durchgeführten Untersuchungen und deren Ergebnisse auf Tests beruhten, bei denen sowohl der Test selbst als auch die Testanweisungen (laut)sprachlich basiert waren. Auf Grund der beeinträchtigen Sprachentwicklung hörgeschädigter Kinder mussten diese Untersuchungen notwendigerweise zu fehlerhaften Ergebnissen führen. Im Gegenzug hatten jedoch hochgradig hörgeschädigte Kinder und Jugendliche dann mit gut hörenden Kindern vergleichbare Ergebnisse in ihrer Intelligenzentwicklung, wenn die Tests an den besonderen sprachlich-kommunikativen Voraussetzungen hörgeschädigter Kinder und Jugendlicher ausgerichtet waren.

Die Analyse Vernons ist deswegen von großer Bedeutung, da sie auf ein zentrales Problem in der Erhebung und Interpretation von Daten über hörgeschädigte Kinder und Jugendliche verweist: Inwieweit beeinflussen die sprachlichen Voraussetzungen und Kompetenzen der Kinder und das Vermögen zu hören die Durchführung und Ergebnisse von Testverfahren und berücksichtigen deswegen nicht das »wirkliche« Potenzial der Kinder und Jugendlichen?

Betrachtet man die Auffassungen zu den kognitiven Möglichkeiten und hier im engeren Sinne zur Intelligenz hochgradig hörgeschädigter bzw. gehörloser Menschen, so lassen sich aus einer historischen Perspektive nach Moores (2001) verschiedene Phasen unterscheiden. In der Anfangsphase der Intelligenzforschung wurden gehörlose Menschen meist als den gut Hörenden unterlegen angesehen (the deaf as inferior). Sie galten oftmals als geistig retardiert oder behindert. In den 1960er Jahren – stark beeinflusst durch die Entwicklungspsychologie Piagets – wurden gehörlose Menschen als »am konkreten« verhaftend eingeordnet (the deaf as concrete). Ihnen blieben demnach abstrakte Denkvorgänge schwer zugänglich oder gar verschlossen. Vernon (2005) konnte aber aufzeigen, dass hochgradig hörgeschädigte Menschen eine vergleichbare Intelligenz und damit ähnliche kognitive Möglichkeiten haben wie gut hörende (the deaf as intellectually normal). Werden bei der Durchführung von Testverfahren faire, beispielsweise sprachfreie Tests verwendet und auch zusätzliche Behinderungen ausgeschlossen, erreichen hochgradig hörgeschädigte Kinder und Jugendliche mit gut hörenden Kindern vergleichbare Werte (Braden 1994, 103; Mayberry 2002, 86ff.).

Das Wissen um die besonderen Voraussetzungen hochgradig hörgeschädigter Kinder und Jugendlicher hat dazu geführt, dass bei der Erhebung von Daten zur Intelligenz vornehmlich sprachfreie Tests (z. B. der nonverbale Intelligenztest von Snijders-Oomen SON) verwendet werden, um die möglichen Einflüsse des Hörens und einer beeinträchtigten Sprachentwicklung gering zu halten oder diese auszuschließen. Aber auch deren Einsatz ist nicht unkritisch, da es hier zu Abweichungen kommt (Toussaint et al. 2012, 115). Im Rahmen der CHEERS-Studie aus Oberösterreich konnte aufgezeigt werden, dass die Intelligenzwerte der untersuchten hörgeschädigten Kinder zwar eine ähnliche Verteilung wie bei gut hörenden Kindern aufweisen, dass aber der Anteil von Kindern mit einer Intelligenzminderung erhöht ist (Holzinger o. J., 4). Dies kann auf den höheren Anteil an Mehrfachbehinderungen unter hörgeschädigten Kindern zurückgeführt werden.

In den vergangenen Jahrzehnten hat sich die Sichtweise auf die Intelligenzleistungen hochgradig hörgeschädigter Kinder und Jugendlicher noch einmal verändert. Das Wissen um kognitive Prozesse, aber auch die Untersuchungsmethoden, sind umfassender und differenzierter geworden, so dass Untersuchungsergebnisse darauf hinweisen, dass hochgradig hörgeschädigte Kinder zwar über ein den gut hörenden Kindern vergleichbares intellektuelles Potenzial verfügen, aber dass sie sich in einigen kognitiven Bereichen unterscheiden. Diese Unterschiede werden aber nicht als defizitär gewertet (different does not mean deficient) (Marschark/Wauters 2011), sondern sind den besonderen Sozialisationsbedingungen hörgeschädigter Kinder geschuldet. So weisen hochgradig hörgeschädigte Kinder und Jugendliche z.B. im Bereich der mentalen Vorstellungen Vorteile gegenüber gut hörenden Kindern und Jugendlichen auf. Im Bereich des Erinnerns sequenzieller Folgen haben hingegen gut hörende Kinder Vorteile. Wir werden später noch genauer auf diese Aspekte eingehen. Die Ausführungen sollen nur verdeutlichen, dass neben einem vergleichbaren intellektuellen Potenzial auch Unterschiede bestehen, die für Lernprozesse von Bedeutung sein können.

Auch wenn davon ausgegangen werden kann, dass hörgeschädigte Kinder und Jugendliche über ein vergleichbares Potenzial wie gut hörende verfügen, so ist die Heterogenität und die Diversität innerhalb der Gruppe hörgeschädigter Kinder und Jugendlicher überaus groß. Dies mag an den unterschiedlichen Sozialisationsverläufen und den damit verbundenen Zugängen zu Sprache und Kommunikation liegen, aber auch an der Tatsache, dass der Anteil an Kindern mit einer zusätzlichen Behinderung unter hörgeschädigten Kindern größer ist und sich dies auch auf die kognitiven Leistungen und das Lernvermögen auswirken kann (▶ Kap. 1.1).

Visuelle Wahrnehmung

Die Frage, ob durch den Ausfall oder die Beeinträchtigung eines Sinnes andere Sinne diese Minderleistung kompensieren, ist nicht neu. Sie beschäftigt die Psychologie schon seit langem und ist auch nicht einfach zu beantworten.

Man kann sicherlich davon ausgehen, dass gehörlose Menschen bei einem Sehtest nicht besser abschneiden als gut hörende Menschen. Es ist anscheinend sogar eher das Gegenteil der Fall. In einer Untersuchung in Großbritannien (Guy et al. 2003, 380f.) konnte festgestellt werden, dass unter hochgradig hörgeschädigten Kindern die Wahrscheinlichkeit einer Sehbeeinträchtigung zwei- bis dreimal höher war als unter den untersuchten gut hörenden Kindern. Dennoch gibt es Auffälligkeiten, die darauf hinweisen, dass gehörlose Menschen in bestimmten Bereichen der visuellen Wahrnehmung besondere Fähigkeiten aufweisen. So schneiden beispielsweise gehörlose Menschen, die Gebärdensprache verwenden, in einigen Bereichen der visuellen Wahrnehmung besser ab als gut hörende (und gehörlose) Menschen, die keine Gebärdensprache verwenden. In experimentellen Studien konnte festgestellt werden (z. B. Lore/Song 1991), dass die visuelle Aufmerksamkeit von hörenden und gehörlosen Probanden dann gleich war, wenn es sich um das Zentrum des Gesichtsfeldes handelt. Gehörlose Menschen nehmen allerdings Veränderungen in der Peripherie schneller wahr. Darüber hinaus konnte festgestellt werden, dass der Wechsel zwischen den zentralen und peripheren Bereichen des Gesichtsfeldes von gehörlosen Probanden schneller bewältigt wird (Rettenbach et al. 1999, 571). Dies deutet darauf hin, dass hochgradig hörgeschädigte Menschen das Gesichtsfeld fortlaufend nach Veränderungen in der Umwelt abtasten. Diese Fähigkeit könnte damit eine ähnliche Funktion haben wie die Alarmierungsfunktion des Hörens (Eitner 2008, 57f.).

Ähnliches scheint für räumlich-visuelle Kompetenzen zu gelten, wenn Bewegungsmuster wiedererkannt werden, mentale Bilder erzeugt werden und dann mit diesen operiert wird (z. B. bei mentalen Rotationen von Objekten). Auch hier haben gehörlose Menschen, die Gebärdensprache verwenden, gegenüber gut hörenden und gehörlosen Probanden, die über keine oder geringe Gebärdensprachkenntnisse verfügen, einen Vorteil (Emmorey et al. 1993, 158f.).

In verschiedenen Untersuchungen ist darüber hinaus deutlich geworden, dass gehörlose Menschen, die gebärdensprachlich kommunizieren, Gesichter besser erkennen können. Allerdings betrifft dies nicht die grundsätzliche Fähigkeit, Gesichter zu erinnern, sondern die Unterschiede zwischen Gesichtern besser wahrzunehmen (Bettger et al. 1997, 231f.; McCullough/Emmorey 1997, 220f.). Die Autoren interpretieren dieses ebenfalls vor dem Hintergrund der Gebärdensprachkompetenz, in der Mimik und Mundgestik linguistische Funktionen haben.

Können hörgeschädigte Schüler auch einen Vorteil in der visuellen und räumlichen Wahrnehmung haben, so ist dennoch der Umstand, auf diese Informationen angewiesen zu sein, auch eine Herausforderung für die Kinder und Jugendlichen, aber auch für die Unterrichtenden. In vorhergehenden Kapiteln (frühe Eltern-Kind-Interaktion) wurde schon auf die besondere Kommunikationssituation hingewiesen und deutlich gemacht, dass die Koordination von Blickkontakt (wer spricht und was wird gesagt) und Gesprächsgegenstand (worüber wird gesprochen) eine besondere Herausforderung für die Kommunikation und deren Beteiligte darstellt. Tafelbild, Objekte, über die im Unterricht gesprochen wird, und Präsentationen erfordern eine visuelle Aufmerksamkeit. Erläuterungen und Zeigen passieren gleichzeitig. Die kommunikative und koordinative Leistung besteht nun darin, dass das, was gesprochen wird, und auf das, worauf verwiesen wird, zeitlich so aufeinander abzustimmen ist, dass hörgeschädigte Menschen diesem auditiv und visuell angemessen folgen können.

Darüber hinaus gibt es Hinweise darauf, dass hörgeschädigte Kinder, auf Grund der höheren visuellen Aufmerksamkeit im Bereich zwischen dem zentralen und peripheren Gesichtsfeld, leichter ablenkbar sein können.

Exekutive Funktionen

Unter exekutiven Funktionen werden die kognitiven Fähigkeiten gefasst, die absichtsvolle und zielgerichtete Handlungen, Denk- oder Planungsprozesse, Verhalten und auch Emotionen durch metakognitive Fähigkeiten steuern und regulieren.

Hierzu gehören beispielsweise Fähigkeiten, Probleme Schritt für Schritt zu lösen und dabei fortlaufend seine eigenen Handlungsschritte hinsichtlich des Planungsprozesses zu reflektieren. Eng verbunden ist damit auch die Fähigkeit, seine Aufmerksamkeit auf die Problemstellung zu fokussieren und sich nicht durch externe Impulse ablenken zu lassen, sondern diese zu kontrollieren und den eigenen Handlungsplanungen unterzuordnen. Die Impulskontrolle oder Inhibition ermöglicht es Menschen, sich z. B. nicht durch plötzlich auftretende Reize ablenken zu lassen. Sie sind dann in der Lage, diese externen Einflüsse, die unter Umständen einen hohen positiven Reiz auf die Person ausüben können, auszublenden.

Ein besonderes Gewicht erhalten exekutive Funktionen dann, wenn Handlungsroutinen durch unvorhergesehene Ereignisse in ihrem Ablauf gestört werden und es zu neuen Anpassungen im Handeln kommen muss. Sie ermöglichen das erneute Gliedern in sinnvolle Handlungsschritte und deren Priorisierung, um neu gesetzte Ziele zu erreichen. Die exekutiven Funktionen stellen somit eine bedeutsame Voraussetzung für Bewältigung vieler alltäglicher Abläufe dar (Drechsler 2007).

Im schulischen Kontext kommen diese Fähigkeiten in verschiedenen Zusammenhängen zum Tragen. Kinder müssen Lösungsprozesse für Aufgabenstellungen sinnvoll gliedern, planen und fortlaufend überprüfen können. Sie müssen sich auf neue Anforderungen einstellen und diese entsprechend umsetzen können. Dabei müssen sie sich konzentrieren können und dürfen sich nicht ablenken lassen. Gruppenprozesse erfordern darüber hinaus eine hohe soziale Kompetenz. Hierzu gehören Fähigkeiten wie:

- die wechselseitige Abstimmung von Interessen
- das Zurückstellen eigener Wünsche oder
- die Intentionen von anderen Kindern zu deuten.

Eine zentrale Funktion hat auch das Arbeitsgedächtnis. Aufgabenstellungen müssen in ihren einzelnen Schritten erinnert werden. Zwischenschritte von Lösungsprozessen – z. B. in der Mathematik – müssen gespeichert und wieder abgerufen werden. Bei der Abänderung von Handlungs- oder Lösungsplänen müssen die einzelnen Schritte zum Ziel in Bezug gesetzt und neu angepasst werden.

Die Entwicklung exekutiver Funktionen ist eng mit der neurologischen Entwicklung des Gehirns, hier insbesondere mit der Entwicklung des präfrontalen Kortex, verbunden und reicht bis in das junge Erwachsenenalter hinein (De Luca et al. 2003, 248). Neben diesen neurobiologischen Voraussetzungen ist die Entwicklung der exekutiven Funktionen aber auch eng mit der sozialen und kommunikativen Entwicklung von Kindern verwoben. Insbesondere die frühe Eltern-Kind-Interaktion scheint auf der Ebene des wechselseitigen Austausches, der zeitlichen Abstimmung der Kommunikation, der gemeinsamen Aufmerksamkeitsausrichtung und des wechselseitigen Verständnisses von Absichten und Zielen (s. Theory of Mind) ein wichtiger entwicklungsfördernder Rahmen für die Entfaltung exekutiver Funktionen zu sein (Carlson 2009, 89). Darüber hinaus sind neben der sprachlichen Entwicklung auch das kindliche Spiel (z. B. Rollenspiele) und motorische Erfahrungen sowie die damit verbundenen Entwicklungsprozesse wichtige Bausteine beim Aufbau exekutiver Funktionen (Diamond 2014, 32ff.).

Diese umfassende Einbettung des Aufbaus exekutiver Funktionen in kindliche Entwicklungsprozesse legt die Vermutung nahe, dass eine frühe Hörschädigung sich auch auf die Entwicklung exekutiver Funktionen auswirken kann, da durch die Hörschädigung insbesondere die frühkindliche Kommunikations- und Sprachentwicklung beeinflusst wird (▶ Kap. 2.2).

Als Beispiel soll eine Studie aus dem deutschen Sprachraum von Hintermair et al. (2013) erwähnt werden. In dieser Untersuchung wurden die exekutiven Funktionen hörgeschädigter Schüler in Deutschland bei einer Stichprobe von über 200 Kindern und Jugendlichen erhoben. Die Ergebnisse der Studie zeigen, dass die Auffälligkeiten unter hörgeschädigten Schülern einer Förderschule ca. drei- bis fünfmal und bei hörgeschädigten Kindern, die die allgemeine Schule besuchen, ca. zwei- bis dreimal so hoch waren wie unter hörenden Kindern und Jugendlichen. Es besteht ein deutlicher Zusammenhang zwischen der Hörschädigung und den Auffälligkeiten im Verhalten, der kommunikativen Kompetenzen und exekutiven Funktionen der Kinder und Jugendlichen.

Es konnte in der Untersuchung nicht eindeutig geklärt werden, warum es einen Unterschied zwischen Kindern in der allgemeinen Schule und in der Förderschule gibt. Gründe könnten darin liegen, dass die Kinder der allgemeinen Schule in der Regel einen besseren Hörstatus haben, aus einem Elternhaus aus der Mittelschicht kommen und weniger zusätzliche Behinderungen aufweisen (Hintermair et al. 2014, 355).

Als ein wesentlicher Faktor für diese Ergebnisse werden die sprachlichen und kommunikativen Fähigkeiten der hörgeschädigten Kinder und Jugendlichen gewertet. Die Ergebnisse dieser Studie stehen im Einklang mit anderen Untersuchungen, die zu vergleichbaren Resultaten kamen (Hauser et al. 2008; Knoors/Marschark 2013).

Wissen und Wissensorganisation

Der Wissenserwerb ist ein äußerst komplexer Prozess, der in der frühen Entwicklung beginnt und unter anderem über die Auseinandersetzung mit der Umwelt durch soziale Interaktion, Spielen und Neugier angebahnt und ermöglicht wird. Solche Erwerbsprozesse können bewusst initiiert werden, indem Dinge erklärt werden, auf Zusammenhänge verwiesen wird oder Abläufe beschrieben werden. Viele Erwerbsprozesse verlaufen aber auch nicht bewusst gesteuert. So ist beispielsweise der Spracherwerb eher ein impliziter Prozess, der nicht durch die bewusste Aneignung von Regeln verläuft. Andere Lernprozesse verlaufen eher beiläufig (inzidentell). Die Erwerbsprozesse sind dabei oft in kommunikative Situationen eingebettet, deren Inhalte die Kinder beiläufig wahrnehmen. Das neu erworbene Wissen wird dann in bereits vorhandene Wissensstrukturen im Langzeitgedächtnis eingebettet. Dabei wird es kategorisiert und strukturiert. So kann das Wissen später leichter abgerufen und mit neuen Erfahrungen verknüpft werden.

Der Erwerb von Weltwissen, in der kognitiven Psychologie wird auch von Alltagswissen gesprochen, stellt für hörgeschädigte Kinder eine besondere Herausforderung dar. Dieses Wissen kann einerseits bewusst durch Vermittlung oder Erklärungen erworben werden. Viele Erfahrungen werden aber andererseits auch inzidentell gemacht, ohne dass bewusst instruiert wird (Kiesel/Koch 2012, 84).

Wenn Eltern Handlungsabläufe sprachlich begleiten und erklären, was sie gerade tun, so ist für hörgeschädigte Kinder nicht sicher, ob sie die sprachlichen Anteile verstehen und zu den Handlungen angemessen in Verbindung setzen können. Dies kann Auswirkungen auf den Erwerb von Sprache, aber eben auch auf den Erwerb von Wissen haben. Hörgeschädigten Kindern fällt es auch schwerer, etwas nebenbei »aufzuschnappen« und angemessen mit ihrem Vorwissen zu verknüpfen, wenn Handlungen und begleitende Sprache nicht sinnvoll aufeinander bezogen werden können.

Das erworbene Wissen bildet auch eine wichtige Voraussetzung für das Verstehen von Sprache, das Einordnen von Sachverhalten und das Lösen von Problemen, genauso wie die Einschätzung von Emotionen und sozialen Beziehungen. Dabei stellt der Grad der Vernetztheit in kognitiven Schemata und Kategorien eine wichtige Voraussetzung für deren Nutzung und späteren Abruf dar.

Sprachliche Kommunikation ist in den meisten Fällen unvollständig. Beim Verstehen wird fortlaufend durch Inferenzen das, was nicht formuliert wurde, ergänzt. Durch das Risiko, dass die Vorwissensstrukturen bei hochgradig hörgeschädigten Kinder nicht gleichermaßen umfangreich und differenziert aufgebaut sind, kann sprachliches Verstehen, aber auch der Erwerb neuen Wissens zusätzlich beeinträchtigt sein.

2.7 Psychosoziale Entwicklung

Jürgen Wessel/Claudia Gräfen

Als psychosoziale Entwicklung wird die Entwicklung des individuellen Empfindens, Denkens und Verhaltens in Wechselwirkung mit dem jeweiligen sozialen Umfeld bezeichnet. Dazu zählen insbesondere maßgebliche Bereiche der so genannten exekutiven Funktionen, die »ein zielorientiertes und situationsangepasstes Handeln ermöglichen« (Drechsler 2007, 233; auch Kap. 2.6) und auf vier Regulationsebenen wirksam sind: kognitive Regulation, Aktivitätsregulation, emotionale Regulation, soziale Regulation (Drechsler 2007, 236). Empirisch liegen einige Hinweise auf eine verzögerte bzw. beeinträchtigte Entwicklung der exekutiven Funktionen bei hörgeschädigten Kindern und Jugendlichen vor (z. B. Hintermair 2013; Hintermair/Korneffel 2013; Hintermair et al. 2011; Pisoni et al. 2010), unabhängig von Förderort oder technischen Hörhilfen.

Auf Grund der besonderen Sozialisationsbedingungen hörgeschädigter Kinder und Jugendlicher werden an dieser Stelle folgende Entwicklungsbereiche diskutiert:

* Identität bzw. Teilidentität als hörgeschädigter Mensch
* Theory of Mind bzw. Empathie
* Handlungs- und Emotionsregulation
* Gestaltung sozialer Beziehung.

Identität bzw. Teilidentität als hörgeschädigter Mensch

Als Identität wird in der Identitätspsychologie das Zusammenspiel von Selbstkonzept (kognitive Komponente), Selbstwertgefühl (emotionale Komponente) und Kontrollüberzeugung (motivationale Komponente) gefasst, und zwar jeweils auf das Individuum bezogen und in seiner generalisierten Form über die bisherige Lebensspanne entwickelt (Haußer 1995, 26). Die Entwicklung einer Identität wird durch verschiedene psychologische und soziologische Theorien erklärt, die in graduell unterschiedlichem Umfang die Bedeutung sozialer Erfahrungen und insbesondere die Definitionskraft der sozialen Umwelt (das »soziale Selbst«) einbeziehen. Identitätsarbeit gilt als lebenslange Entwicklungsaufgabe, als dauerhaftes Agieren und Reagieren in Bezug auf gesellschaftliche Herausforderungen. Insbesondere das sozialpsychologische Konstrukt der »Patchwork-Identität« (Keupp 2004, 5) hebt die Aufgabe des Subjekts hervor, Alltagserfahrungen zu Identitätsfragmenten bzw. so genannten »Teilidentitäten« (Keupp et al. 2008, 218) zu konstruieren, und beschreibt die Entwicklung der Identität des Menschen als permanente »Verknüpfungsarbeit, die dem Subjekt hilft, sich im Strom der eigenen Erfahrungen selbst zu begreifen« (ebd., 190). Als Teilidentitäten werden mehr oder minder stabile übersituative Konturen gefasst, die aus einer Fülle von Alltagserfahrungen prägnant werden, z. B. eine arbeitsbezogene bzw. berufliche Teilidentität, eine familienbezogene Teilidentität oder eine geschlechtsspezifische Teilidentität.

Menschen mit einer Behinderung müssen demnach ebenso ihre spezifischen Alltagserfahrungen als Menschen mit einer Behinderung verknüpfen. Menschen mit einer Hörschädigung müssen lebensweltliche Erfahrungen sowohl im Umgang mit anderen hörgeschädigten Menschen als auch in einer überwiegend gut hörenden Umwelt verarbeiten. Eine Lebensaufgabe für Menschen mit Hörschädigung besteht entsprechend in der narrativen Passungs- und Verknüpfungsarbeit im Kontext hörgeschädigtenspezifischer Erfahrungen (Hintermair 2005, 200).

Dabei sind die Erfahrungen schwerhöriger, lautsprachlich kommunizierender Menschen von denen gehörloser, gebärdensprachlich kommunizierender Menschen zu unterscheiden. Bei der zweitgenannten Gruppe erscheint es wiederum bedeutsam, ob die Eltern und weitere Familienangehörige des gehörlosen Kindes selbst gehörlos oder gut hörend sind. Eine Reihe von Faktoren (Grad der Hörschädigung, Hörstatus der Bezugspersonen, bevorzugte Kommunikationsart, Art der Hörhilfe, Schulform und soziale Erfahrungen) beeinflussen das jeweilige Bild des hörgeschädigten Menschen von sich selbst (Most et al. 2007, 69).

Glickman und Carey unterscheiden in einer Studie zur Zugehörigkeit zur Gehörlosenkultur vier Kategorien, die im weiteren Sinne als Kennzeichnung einer Identität als hörgeschädigter Mensch interpretiert werden können (1993, 276ff.). Menschen mit einer Hörschädigung lassen sich entsprechend einer dieser vier Kategorien zuordnen bzw. sind Grenzgänger zwischen zwei der nachfolgend genannten Kategorien:

- culturally hearing (kulturell hörend; die gut hörende Welt als Referenz für Normalität und Gesundheit; lautsprachliche Orientierung; Kompensation des Hörverlustes durch technische Hörhilfen, Absehen etc.)
- culturally marginal (kulturell randständig; eingeschränkte kommunikative Kompetenzen in Gebärden- und Lautsprache; nicht zufriedenstel-

lende Teilhabe an der Welt hörgeschädigter und gut hörender Menschen)
* immersion (eingetaucht; unkritische Identifikation mit der Gehörlosenkultur; Annahme der Überlegenheit der Gebärdensprache über die Lautsprache; Ressentiments gegenüber gut hörenden Menschen; Widerstand gegenüber den Werten der gut hörenden Umwelt)
* bicultural (bikulturell; Zugehörigkeit zur Gehörlosenkultur bei guten Kontakten zu Mitgliedern der gut hörenden Welt, die als unterstützend erlebt werden; gute Widerstandkräfte gegenüber paternalistischen Gesellschaftsstrukturen).

Eine alternative Möglichkeit, Art und Intensität des individuellen Umgangs mit der eigenen Hörschädigung einzuordnen, besteht in der Reflexion von Intensität und Umfang der kognitiven und emotionalen Akzeptanz der Hörschädigung, von Umfang und Intensität des Kontakts zu gut hörenden bzw. zu anderen hörgeschädigten Menschen sowie von der Peer-Group-Zugehörigkeit (Eberle 2007, 187ff.). Ein hohes Maß an Auseinandersetzung mit der Hörschädigung würde jeweils auf eine hoch ausgeprägte Identität als hörgeschädigter Mensch verweisen, ein niedriges Maß auf eine geringfügig ausgeprägte.

Über die Entwicklung des Selbstkonzepts und des Selbstwertgefühls bei hörgeschädigten Kindern und Jugendlichen liegen bereits einige Forschungsergebnisse vor (z. B. Van Gurp 2001; Van Gent et al. 2012; Eberle 2007; Hintermair/Minder 2013; Hintermair/Sandweg 2013; Keilmann et al. 2007). Zum aktuellen Zeitpunkt lassen sich noch keine verlässlichen Aussagen über die Zusammenhänge von Hörschädigung, Beschulungsform und Entwicklung von Selbstkonzept, Selbstwertgefühl und Kontrollüberzeugung bei hörgeschädigten Kindern und Jugendlichen treffen.

Trotz aller Bemühungen, die Entwicklung von Kindern und Jugendlichen mit Hörschädigung bestmöglich zu begleiten, besteht ein Risiko, dass es zu einschneidenden Erlebnissen kommt, die diese Entwicklung negativ beeinflussen können. Die sozialen Erfahrungen, die ein Mensch mit Hörschädigung in seinem Umfeld macht, bestimmen entscheidend, ob eine angeborene oder erworbene Sinnesbehinderung bereits an sich eine traumatische Erfahrung darstellt (Wirth 2003, 126f.).

Allgemein können zwei unterschiedliche Arten von Traumatisierungen unterschieden werden. Ein so genanntes Typ 2-Trauma (Mini-Trauma) ist durch immer wieder auftretende Stressoren gekennzeichnet, also Belastungen, die sich über einen langen Zeitraum erstrecken (Butollo 2003, 9f.). Der Übergang zwischen sehr starkem Stress und einer Traumatisierung ist nicht ganz klar zu kennzeichnen, ausschlaggebend sind letztlich angeborene Risikofaktoren und die persönliche Vulnerabilität eines Menschen (Wirth 2003, 120). So können unzureichende Kommunikationserfahrungen und dauerhaft unbefriedigend gebliebene Beziehungserfahrungen von Menschen mit Hörschädigung als »kumulative Mini-Traumata« erlebt und verarbeitet werden (Ingeln 2003, 57). Oftmals erleben Kinder, die gehörlos sind, »Double-bind-Erfahrungen«. Diese bestehen darin, teilweise gewollt und manchmal auch abgelehnt zu sein (der behinderte Teil). Dies kann sich in Schuldgefühlen, Überbehütung, latentem Ärger und Aggressionen auf Seiten der Eltern ausdrücken. So können dauerhafte Erschwernisse im Umfeld eines Menschen zu einem beschädigten Selbstwert führen (Wirth 2003, 131f.).

Ein Entwicklungsrisiko besteht insbesondere dann, wenn Kinder und Jugendliche nicht zufriedenstellende Interaktionen erleben und in einer nicht auf ihre Bedürfnisse abgestimmten Umgebung Erfahrungen machen, die dazu führen, Strategien einzusetzen, die denen von Opfern von Traumata ähneln (Hintermair 2003, 26f.). Derartige Strategien wären beispielsweise das Verstecken der eigenen Hörschädigung oder ein freundliches Nicken, obwohl nicht verstanden wurde. Aus diesem Grund kann die kommunikative Situation von Menschen mit Hörschädigung in einer nicht angepassten Umgebung Anteile einer kumulativen Traumatisierung enthalten (ebd., 28).

Für die Identitätsentwicklung von Menschen mit Hörschädigung ist es daher unabdingbar, dass diese verlässlich und sicher in sozialen Gefügen eingebettet und akzeptiert sind, in denen sie identitätsförderliche Erfahrungen machen können (Hintermair 2007, 100).

Wird über längere Zeit das Bedürfnis nach Selbstwerterhöhung und Schutz des Selbst nicht ausreichend erfüllt und werden viele Erfahrungen gemacht, die den eigenen Wünschen und Bedürfnissen nicht entsprechen, kann das zu psychischer Instabilität führen (ebd., 94ff.).

Eine gesunde psychosoziale Entwicklung kann durch Angebote und Interventionen der frühen Pädagogik unterstützt werden. So ist bei den meisten Kindern, die innerhalb des 1. Lebensjahres eine Unterstützung durch Frühförderung erhalten, allgemein ein positiver Entwicklungsverlauf zu beobachten (Hintermair 2007, 96). Insbesondere die Erfüllung der Grundbedürfnisse des Kindes nach Grawe (Bindung, Kontrolle, Lustgewinn und Selbstwerterhöhung) tragen zu einer gelungenen psychosozialen Entwicklung bei (ebd.; Tsirigotis 2006, 65f.). Im weiteren Verlauf brauchen Kinder und Jugendliche mit Hörschädigung vielfältige Wahlmöglichkeiten, Erfahrungsräume und Begegnungen, um eine stabile Identität entwickeln zu können, sich flexibel über alle Lebensabschnitte hinweg weiter zu entwickeln und negative Erlebnisse nicht traumatisch zu verarbeiten (Hintermair 2007, 100).

In der Fachdiskussion wird durchgängig für eine Auseinandersetzung mit der eigenen Hörschädigung über die gesamte Lebensspanne plädiert (z. B. Hintermair 2005, 2008; Becker 2010). Eine besondere Bedeutung für die Begleitung dieses Entwicklungsprozesses kommt dabei den Feldern der Frühförderung und der schulischen Förderung zu. Im Bereich der Hörgeschädigtenpädagogik liegen dazu eine Reihe von Vorschlägen zu Zielsetzungen, Richtlinien, Stoffplänen und didaktischen Umsetzungen vor (z. B. Schröder 2004; von Mende-Bauer 2006; Becker/Schneider 2009; Schmidt et al. 2009; Becker 2010). An den Förderzentren Hören und Kommunikation werden entsprechende Inhalte im Rahmen des Unterrichtsfachs bzw. Unterrichtsprinzips »Hörgeschädigtenkunde« erarbeitet. Die mobilen Dienste der Förderzentren bieten an vielen Standorten parallel zur unterrichtlichen Auseinandersetzung mit der eigenen Hörschädigung Kompaktveranstaltungen an, an denen einzelinklusiv beschulte Kinder und Jugendliche sich über die von ihnen erlebten Herausforderungen und Bewältigungsstrategien austauschen und dadurch mehr Sicherheit für ihre individuelle Schul- und Klassensituation erwerben können.

Theory of Mind bzw. Empathie

Die Entwicklung der »Theory of Mind« (ToM), eines Konzepts der sozialen Kognition, scheint zunächst für Kinder im Schulalter wenig relevant. Die Fähigkeit, Bewusstseinsinhalte anderer als subjektiv einzuschätzen, Täuschungen zu erkennen, Perspektiven zu übernehmen und referenziell zu kommunizieren (Bischof-Köhler 2011, 331ff.), wird in der Regel von Kindern im 4. Lebensjahr entwickelt. Als Triebfeder bzw. als Folge der Entwicklung der ToM werden in der Fachdiskussion eine hohe Kommunikationskompetenz sowie ein hohes Maß an sozialer Ausrichtung gekennzeichnet (Ferstl 2012, 122). Dementsprechend verwundert es nicht, dass in der Gruppe hörgeschädigter Kinder diejenigen eine normgerechte Entwicklung vollziehen, die von Geburt an sicher mit ihren Eltern und ihrer sozialen Umgebung kommunizieren können: gehörlose Kinder gehörloser Eltern. Bei den hörgeschädigten Kindern, die in Familien mit gut hörenden Eltern aufwachsen, lässt sich zwar eine normgerechte Abfolge von Entwicklungsschritten beobachten, allerdings auch eine Verzögerung um mehrere Jahre (z. B. Moeller/Schick 2006, 751; Wellman et al. 2011, 782). Somit ist für Kollegien von Grundschulen durchaus erwartbar, dass die

Entwicklung der ToM bei einigen hörgeschädigten Kindern noch nicht abgeschlossen ist, was unter anderem zu Irritationen in der Peergroup sowie zu externalisierenden und internalisierenden Verhaltensmustern führen kann (Ketelaar et al. 2012, 1042).

Mit der ToM verwandt ist die Empathiefähigkeit, die »Fähigkeit, eine eigene emotionale Reaktion herzustellen, die der Gefühlslage einer anderen Person ähnelt« (Lohaus/Vierhaus 2015, 237). Je nach theoretischem Hintergrund wird sie als Teilkompetenz der ToM, der Identitätsentwicklung oder der Entwicklung der Moral aufgefasst. Als Voraussetzung für Empathie gilt die Fähigkeit, Gefühle anderer wahrnehmen und benennen zu können. Sowohl die Wahrnehmung prosodischer Merkmale der Lautsprache als auch die Entwicklung eines differenzierten Wortschatzes ist für Kinder mit einer Hörschädigung erschwert. Einige Studien weisen entsprechend auf Verzögerungen im Bereich der Empathie bei hörgeschädigten Kindern hin (z. B. Most/Michaelis 2012). Diese wiederum können als Ursache und Erklärung für vermeintlich unangemessene Reaktionen und unangepasstes Verhalten gedeutet werden.

Handlungs- und Emotionsregulation

Die Fähigkeit, seine Emotionen und sein Verhalten zu regulieren, zählt nach Drechsler ebenso zu den exekutiven Funktionen. Sozial auffällige Verhaltensweisen wie Ruhelosigkeit oder Aktivitätsüberschüsse werden dem Bereich der Aktivitätsregulation zugeschrieben, ein eingeschränktes Störungsbewusstsein und eine verminderte Introspektionsfähigkeit dem Bereich der sozialen Regulation (Drechsler 2007, 237).

Der strukturalistische Ansatz innerhalb der Emotionsforschung geht von acht Basisemotionen aus: Angst, Wut, Freude, Trauer, Vertrauen, Ekel, Überraschung, Neugierde (Lohaus/Vierhaus 2015, 148). Diese Basisemotionen werden im Kindesalter erworben, um Motive zu verfolgen und Bedürfnisse zu befriedigen. Insbesondere der soziokulturelle Ansatz hebt die Bedeutung der Normen und Einstellungen der umgebenden Kultur beim Erwerb hervor. Das Erleben wie das Steuern von Emotionen geschieht hiernach auf der Basis kulturell geprägter und erlernter Interpretationsmuster (ebd., 150).

Die Fähigkeit, seine Emotionen zu regulieren, wird in mehreren Stufen erworben. In einer frühen Phase bis zum 3. Lebensjahr sind die Bezugspersonen, hier vor allem die Eltern, bemüht, die Motive ihrer Kinder unmittelbar zu befriedigen. Zwischen dem 3. und 6. Lebensjahr lernen Kinder, die emotionale Handlungsregulation selbstständig auszuführen, die

Befriedigung ihrer Motive mit ihrem sozialen Umfeld zu koordinieren und ihre Ziele als sprachliche Appelle zu formulieren (Holodynski 2006, 143f.). Der Erwerb findet überwiegend auf verschiedenen Lernpfaden statt: Direkte Anweisungen, Angebote zur Umdeutung, Modelllernen, Diskurs über Emotionen und das Spielen von Emotionen während gemeinsamer Rollenspiele laden Kinder dazu ein, zunehmend reflexive Strategien zur Emotionsregulation zu entwickeln (ebd., 142f.).

Für hörgeschädigte Kinder bestehen zwischen dem 3. und 6. Lebensjahr insofern Erschwerungen, die Befriedigung ihrer Motive mit ihren unmittelbaren Bezugspersonen und Gleichaltrigen zu koordinieren, als die genannten Lernpfade überwiegend auf dem Verstehen sprachlicher Äußerungen beruhen. Insbesondere beim Aushandeln, Formulieren von Angeboten und Rollenspiel hängt das Gelingen der Kommunikation von der ungestörten Wahrnehmung sprachlicher Signale und einer beidseitig gut ausgeprägten Kommunikationskompetenz ab. In Kommunikationssituationen mit hörgeschädigten Kindern und gut hörenden Eltern oder Gleichaltrigen ist dies jedoch nicht sicher gegeben. Das Risiko des Nicht- oder Missverstehens ist erhöht, die Wahrscheinlichkeit für Verhaltensreaktionen beim hörgeschädigten Kind, die als unangemessen gedeutet werden können, steigt. Dies wird beispielsweise von Studien bestätigt, die die Emotionsregulationskompetenz und die soziale Kompetenz von hörgeschädigten Kindern (z. B. Greenberg et al. 1991; Wiefferink et al. 2012), Verhaltensauffälligkeiten (z. B. Barker et al. 2009; Piskora et al. 2010; Stevenson et al. 2010) oder das Belastungserleben bei gut hörenden Eltern hörgeschädigter Kleinkinder (z. B. Topol et al. 2011) erheben. Weitere Studien verweisen auf eine steigende Auffälligkeit bei zunehmendem Alter der hörgeschädigten Kinder und Jugendlichen (z. B. Hintermair et al. 2011; Hintermair et al. 2013; Hintermair 2015) und auf die Zusammenhänge mit der Kompetenzentwicklung im Bereich der exekutiven Funktionen und der Kommunikation. Gerade im Bereich der zielorientierten Handlungsregulation ist insofern die Verfügbarkeit eines sicheren Kommunikationsmittels von Bedeutung, als insbesondere die Sprache (die innere Sprache und die fremde Sprechanweisung) als maßgeblicher Initiator für Handlungen gilt (Holodynski/Oerter 2008, 563ff.). Eine verzögerte oder im Umfang beeinträchtigte Sprachentwicklung hörgeschädigter Kinder (als Folge einer unsicheren frühen Eltern-Kind-Interaktion sowie erschwerter sozialer Kommunikation mit der Peergroup) kann somit als besonderes Risiko für den Erwerb einer altersangemessenen Handlungs- und Emotionsregulationskompetenz angesehen werden.

Gestaltung sozialer Beziehungen

Kinder machen zunächst Beziehungserfahrungen mit den primären Bezugspersonen und Geschwistern im familiären Umfeld. Diese ersten Beziehungen und Erfahrungen sind von besonderer Bedeutung für die Emotions-, Empathie- und Identitätsentwicklung eines jeden Kindes. Mit zunehmendem Alter stellt der Kontakt zu Gleichaltrigen ein weiteres soziales System dar, in dem Erfahrungen gesammelt werden, die innerhalb der Familie so nicht stattfinden können und Weiterentwicklung ermöglichen. Insbesondere für die Identitätsentwicklung im Jugendalter ist die Gleichaltrigengruppe eine wichtige soziale Bedingung und Ressource (Lohaus/Vierhaus 2015, 221f.).

Allgemein leisten Freundschaften einen großen Beitrag zur Entwicklung sozialer und kognitiver Fähigkeiten, die Kinder benötigen, um soziale Beziehungen gut zu gestalten (Siegler et al. 2011, 533). Durch den Kontakt zu Gleichaltrigen lernen Kinder und Jugendliche, verschiedene soziale Perspektiven einzunehmen. Sie eignen sich dabei Normen an, tauschen Ideen und Vorstellungen aus und lernen, ihren eigenen Standpunkt angemessen zu vertreten. Hierzu ist der Erwerb einer gut ausgeprägten Kommunikationskompetenz eine maßgebliche Voraussetzung (Antia/Kreimeyer 2003, 164f.). Gleichaltrigenbeziehungen bieten für die soziale Entwicklung über die gesamte Lebensspanne einen wichtigen Kontext, um sich auszuprobieren und weiterzuentwickeln. Soziale Beziehungen können positiv oder negativ assoziiert sein und somit die psychosoziale Entwicklung positiv oder negativ beeinflussen (Bukowski et al. 2011, 153f.; Lohaus/Vierhaus 2015, 224).

Beziehungen zu Gleichaltrigen sind in erster Linie durch eine Gleichberechtigung der Interaktionspartner und eine symmetrische Interaktion definiert und tragen zum positiven Selbstkonzept und Selbstwirksamkeitserleben der Kinder und Jugendlichen bei. Für das Gelingen sozialer Interaktionen sind verschiedene Prozesse der Informationsverarbeitung notwendig: Sozial geschickte Kinder können soziale Situationen gut einschätzen und interpretieren. Sie scheinen besonders in unbekannten Situationen die dort maßgeblichen Informationen gut zu verarbeiten und ihr Handeln nach dieser Beurteilung auszurichten (Oerter 2008, 257). Neben diesen Fähigkeiten können als Grundlage einer positiven Gestaltung von Beziehungen eine möglichst gut entwickelte ToM und Mechanismen zur Handlungs- und Emotionsregulation gesehen werden (Siegler et al. 2011, 393).

Sowohl die in den vorhergegangenen Abschnitten beschriebenen Hindernisse beim Erwerb dieser Kompetenzen als auch die durch die Sinnesbehinderung bedingten Barrieren bei der Informationsverarbeitung können sich somit erschwerend auf die Gestaltung und Aufrechterhaltung sozialer Beziehungen von Kindern und Jugendlichen mit Hörschädigung auswirken. So sind selten Art und Ausmaß der Hörschädigung Indikatoren für gelingende soziale Interaktion und Integration; vielmehr sind es die Fähigkeiten, mit anderen zu kommunizieren und angemessen zu interagieren.

Darüber hinaus kann auf Grund der besonderen Situation von Menschen mit Hörschädigung in verschiedenen Kommunikationskonstellationen eine gelingende Interaktion mit dem Gegenüber erschwert oder eingeschränkt sein. Soziale Regeln und das soziale Miteinander sind durch feine Nuancen gekennzeichnet, die Kinder und Jugendliche mit Hörschädigung oft nur erschwert wahrnehmen können. Durch schlechte akustische Bedingungen vor allem in Gruppen machen Kinder mit Hörschädigung zusätzlich weniger und weniger sichere Erfahrungen im sozialen Miteinander. Diese können insbesondere dann von Misserfolg geprägt sein, wenn das Kind mit Hörschädigung sich nicht aktiv einbringen kann (Wirth 2010, 29ff.).

Um positive Beziehungen zu knüpfen und zu erhalten, brauchen Kinder und Jugendliche mit Hörschädigung neben Basisfertigkeiten zusätzliche Kompetenzen. Sie müssen fähig sein, in Alltagssituationen im lautsprachlich orientierten Umfeld ihre kommunikativen Bedürfnisse zu erkennen und zu artikulieren. Die Basis hierfür ist eine fundierte Vertrautheit der Schüler mit ihrer eigenen Hörschädigung, damit sie ihr Umfeld über ihre Bedürfnisse und Schwierigkeiten in kommunikativen Situationen aufklären können. Angesichts der Hörschädigung ist der Aufbau eines gesunden Selbstbewusstseins von besonderer Bedeutung. Hierzu gehören auch die Akzeptanz von Grenzen und die Akzeptanz der Hörschädigung als Teil der Persönlichkeit. Demnach brauchen Kinder mit Hörschädigung für ihre Identitäts- und Freundschaftsentwicklung Erfahrungen von Verschiedenheit und Gemeinsamkeit, um zu erkennen, wo Stärken, aber eventuell auch behinderungsbedingte Grenzen liegen. Um dies zu ermöglichen, gilt es, vielfältige Kontaktmöglichkeiten mit Gleichaltrigen mit und ohne Hörschädigung zu schaffen.

Wechselseitige soziale Beziehungen über die gesamte Lebensspanne hinweg werden als wichtigste Ressource eines erfüllten Lebens gesehen. Sie erfüllen wichtige Funktionen im Leben von Menschen, sie sind eine Quelle emotionaler Unterstützung und Sicherheit in vielen Lebenssituationen. So fühlen sich Kinder mit einer überdauernden Freundschaft weniger oft alleine und können negative Situationen besser verarbeiten (Siegler et al. 2011, 505f.).

Konsequenzen für die Schulpraxis

Unabhängig von den spezifischen Bedürfnissen hörgeschädigter Schüler können zunächst einige allgemeine Hinweise zu entwicklungsförderlichen Bedingungen gegeben werden, von denen alle Kinder und Jugendlichen profitieren. Eine mehr und mehr inklusiv denkende und arbeitende Schule wird einen professionellen Umgang mit Heterogenität und unterschiedlichen Entwicklungsbedingungen und -bedürfnissen pflegen. Dazu zählen eine wertschätzende Haltung gegenüber allen Lernenden sowie eine auf Akzeptanz ausgerichtete Schulkultur, in der die individuelle Besonderheit jedes einzelnen Schülers als ein Stück Normalität aufgefasst wird. In einer solchen Kultur wird Entwicklung und Verhalten als Ergebnis eines bisherigen lebenslangen Entwicklungsprozesses aufgefasst; Unterrichtende und Fördernde zeigen sich interessiert an den jeweiligen individuellen Entwicklungshintergründen.

Insbesondere in der Grundschule und in Phasen der Gründung neuer sozialer Strukturen (Beginn der Sekundarstufe, Beginn von Kurssystemen, Neuordnung von Lerngruppen etc.) erscheint dabei die Rolle der Lehrer als Modell und soziale Referenzgröße für alle Schüler erheblich. Nach der sozialen Referenzierungstheorie sind es vor allem Lehrer, die den Schülern eine normative Orientierung im Hinblick auf das soziale Miteinander geben. Studien belegen die positive Wirkung einer wertschätzenden Haltung von Lehrern gegenüber Schülern auf deren soziale Integration (z. B. Huber 2011, 32).

In Bezug auf die psychosoziale Entwicklung von Kindern und Jugendlichen zählt es darüber hinaus zu den maßgeblichen Aufgaben von Schule, allen Lernenden regelmäßig Selbstwirksamkeitserfahrungen zu ermöglichen. Die Entwicklung eines positiven Selbstkonzeptes und Selbstwertgefühls wird vor allem durch das regelmäßige Bewältigen von Herausforderungen möglich. Schule muss demnach alle Lernenden regelmäßig mit Herausforderungen konfrontieren, die ihren jeweiligen individuellen Lernausgangslagen entsprechen.

Mit Blick auf die besonderen Entwicklungsbedingungen hörgeschädigter Kinder und Jugendlicher erscheint es als dringlichste Aufgabe von früher Förderung und Schule, eine hochwertige Förderung der Kommunikationskompetenz und zugleich kommunikative Barrierefreiheit im Schulalltag zu gewährleisten. Darüber hinaus ist es für schwerhörige und gehörlose Schüler bedeutsam, hinreichend Gelegenheit zur aktiven Auseinandersetzung mit ihrer Hörschädigung zur Entwicklung einer Identität als hörgeschädigter Mensch zu bekommen. Dazu zählt unter anderem der regelmäßige

Kontakt zu gut hörenden Menschen sowie zu anderen hörgeschädigten Kindern und Jugendlichen, um Peergroup-Zugehörigkeit zu ermöglichen und Kommunikationsstrategien zu entwickeln, wie auch der Kontakt zu hörgeschädigten Erwachsenen, die jungen Menschen mit Hörschädigung als Modelle dienen können. Nur über die regelmäßige Begegnung und Auseinandersetzung erscheint das Ziel der Akzeptanz der eigenen Hörschädigung erreichbar. Thematische Schwerpunktsetzungen in verschiedenen Unterrichtsfächern bzw. fächerübergreifend zu den Themenfeldern der Hörgeschädigtenkunde können diesen Prozess unterstützen.

3

Rahmenbedingungen

Es werden die Rahmenbedingungen beschrieben, die den Prozess der inklusiven Beschulung und Förderung hörgeschädigter Kinder und Jugendlicher unterstützen. Kapitel 3.1 kennzeichnet die gesetzlich vorgesehenen Maßnahmen zum Nachteilsausgleich, die dazu dienen, eine Behinderung oder Beeinträchtigung auszugleichen oder deren Folgen zu minimieren. In Kapitel 3.2 werden technische Hörhilfen sowie förderliche raumakustische Bedingungen vorgestellt, die die Wahrnehmungs- und Kommunikationssituation der hörgeschädigten Schüler, überwiegend aber auch ihrer gut hörenden Mitschüler, verbessern. Das abschließende Kapitel 3.3 hebt die personellen Ressourcen hervor, die eine erfolgreiche inklusive Beschulung hörgeschädigter Kinder und Jugendlicher an allgemeinen Schulen unterstützen. Hierzu zählen neben den Förderschullehrern, die den Inklusionsprozess mit ihrer fachlichen Expertise begleiten, ebenso die Eltern und Familien der Kinder und Jugendlichen mit Hörschädigung sowie weitere personelle Unterstützungsangebote.

3.1 Nachteilsausgleich

Thomas Kaul

Unter einem *Nachteilsausgleich* werden allgemein alle Maßnahmen verstanden, die dazu dienen, die Benachteiligungen, die durch eine Behinderung oder durch Beeinträchtigungen für die betroffene Person entstehen, auszugleichen oder zu minimieren (Trenk-Hinterberger 2003, 244).

Regelungen zum Nachteilsausgleich lassen sich im schulischen Kontext im Prinzip zwei Bereichen zuordnen. Zum einen gehören hierzu alle Maßnahmen für die Organisation und die Durchführung von Unterricht, die den betroffenen Schülern helfen, einen Zugang zu den Lerninhalten aufzubauen, diese zu verstehen und Wissen zu erwerben. Zum anderen werden in einem engeren Verständnis zum Nachteilsausgleich alle Maßnahmen gezählt, die im Rahmen der Erbringung, Erhebung und Bewertung einer Leistung eingesetzt werden, um die durch die Behinderung und Beeinträchtigungen entstehenden oder vorhandenen Nachteile auszugleichen. Der letzte Punkt unterliegt strengeren formalen Rahmenbedingungen, da Prüfungsleistungen vergleichbar sein müssen und die zu erbringenden Leistungen nicht herabgesetzt sein dürfen, weil diese z. B. über Zugänge innerhalb des Bildungswesens entscheiden und für schulische Abschlüsse relevant sind.

Zum ersten Bereich gehören Regelungen in der Organisation einer Schule, alle didaktisch-methodischen Maßnahmen zur Unterrichtsgestaltung sowie der Einsatz weiterer unterstützender Hilfen, z. B. die Verwendung von technischen Hilfsmitteln oder auch der Einsatz von Gebärdensprachdolmetschern im Unterricht. Auf diese Aspekte wird im vorliegenden Teilkapitel nicht näher eingegangen, da alle organisatorischen und pädagogischen Maßnahmen zur Durchführung des Unterrichts insbesondere in den Kapiteln 3 und 4 vertieft behandelt werden.

In diesem Kapitel sollen vielmehr die Hilfen und Maßnahmen im Vordergrund stehen, die Schüler bei der Leistungserbringung und der Leistungsüberprüfung bei zielgleichen Anforderungen unterstützen, ohne dass die Anforderungen im Umfang und in Schwierigkeit verringert werden. Die Vergleichbarkeit der Leistungen muss gesichert sein.

Gesetzliche Grundlagen

Die Gewährung eines Nachteilsausgleiches geht auf unterschiedliche gesetzliche Rahmenvorgaben zurück. Zentral für die Begründung eines Nachteilsausgleiches ist Artikel 3 Abs. (1) und (3) des Grundgesetzes:

- Abs. (1): Alle Menschen sind vor dem Gesetz gleich.
- Abs. (3): Niemand darf wegen seiner Behinderung benachteiligt werden. (Artikel 3 (1) und (3) GG).

Abs. (3) wurde am 15. November 1994 in das Grundgesetz aufgenommen. Beide Absätze bilden die Basis für alle weiteren rechtlichen Vorgaben.

Das im Jahre 2002 verabschiedete Behindertengleichstellungsgesetz (BGG) fordert,

> »die Benachteiligung von behinderten Menschen zu beseitigen und zu verhindern sowie die gleichberechtigte Teilhabe von behinderten Menschen am Leben in der Gesellschaft zu gewährleisten und ihnen eine selbstbestimmte Lebensführung zu ermöglichen« (§1 BGG).

Dieser Grundgedanke ist in die jeweiligen Landesgleichstellungsgesetze übertragen worden.

Durch die Ratifizierung der UN-Behindertenrechtskonvention (UN-BRK) im Jahre 2009 hat sich die Bundesrepublik Deutschland darüber hinaus verpflichtet, die gesellschaftliche Inklusion von Menschen mit Behinderung umzusetzen und dieses in den jeweiligen zuständigen und ausführenden gesetzlichen Bestimmungen festzulegen. In Artikel 24 der UN-BRK ist das Recht für Kinder und Jugendliche mit Behinderung auf den Besuch einer allgemeinen Schule verankert.

Der Gedanke eines Nachteilsausgleiches ist aber nicht neu. Bereits im Schwerbehindertengesetz von 1986 ist in Paragraph 48 auf die Gewährung eines Nachteilsausgleiches verwiesen worden. In der Neugestaltung der Sozialgesetzgebung wurde dieser Paragraph in etwas abgewandelter Form übernommen und unter dem veränderten Verständnis von Behinderung, wie es durch die ICF (WHO 2005) vermittelt wird, im Rahmen der neuen Sozialgesetzgebung im Sozialgesetzbuch IX Paragraph 209 verankert:

> »(1) Die Vorschriften über Hilfen für behinderte Menschen zum Ausgleich behinderungsbedingter Nachteile oder Mehraufwendungen (Nachteilsausgleich) werden so gestaltet, dass sie unabhängig von der Ursache der Behinderung der Art oder Schwere der Behinderung Rechnung tragen.
> (2) Nachteilsausgleiche, die auf Grund bisher geltender Rechtsvorschriften erfolgen, bleiben unberührt.«

Eine vergleichbare gesetzliche Grundlage für den schulischen Rahmen existiert in dieser Form nicht. Die Gewährung eines Nachteilsausgleiches bzw. das Benachteiligungsverbot lässt sich aus der allgemeinen Fürsorgepflicht (der Schule bzw. des Lehrers) ableiten (Wachtel/Zimmermann 2013, 449). Diese wiederum geht auf Artikel 34 des Grundgesetzes zurück:

> »Verletzt jemand in Ausübung eines ihm anvertrauten öffentlichen Amtes die ihm einem Dritten gegenüber obliegende Amtspflicht, so trifft die Verantwortlichkeit grundsätzlich den Staat oder die Körperschaft, in deren Dienst er steht. Bei Vorsatz oder grober Fahrlässigkeit bleibt der Rückgriff vorbehalten. Für den Anspruch auf Schadensersatz und für den Rückgriff darf der ordentliche Rechtsweg nicht ausgeschlossen werden« (34 GG).

Die allgemeine Fürsorgepflicht ist als Rahmenvorgabe auch in einigen Landesschulgesetzen verankert, beispielsweise im Schulordnungsgesetz des Saarlandes (§ 1 (2b) SchoG). Die Ausführungen zum Nachteilsausgleich in der Schule sind in der Regel in Verordnungen und Erlassen der Schulministerien der jeweiligen Bundesländer konkretisiert, die entsprechende Bestimmungen zur Umsetzung enthalten. Bundesweite einheitliche Regelungen existieren nicht. Dennoch ähneln sich die Ausführungen, so dass an dieser Stelle auf eine Synopse der Unterschiede verzichtet wird.

Wer kann Nachteilsausgleich erhalten?

Anders als in der Sozialgesetzgebung, wo die Gewährung eines Nachteilsausgleiches vornehmlich an den Status der Schwerbehinderung gebunden ist, ist in schulischen Kontexten das Verständnis weiter gefasst.

Hier können Kinder und Jugendliche, die

- chronisch erkrankt
- behindert
- von Behinderung bedroht sind oder
- Beeinträchtigungen im Lernen haben,

einen Nachteilsausgleich erhalten.

Voraussetzung, um einen Nachteilsausgleich zu erhalten, ist in der Regel eine medizinische Diagnose über eine Behinderung bzw. Erkrankung oder die Feststellung eines sonderpädagogischen Förderbedarfs. Dabei müssen insbesondere die Auswirkungen der Behinderung oder Beeinträchtigung auf die individuelle Entwicklung und die Möglichkeiten des Kindes auf das schulische Lernen und die konkreten Anforderungen, die in einer Prüfung zugrunde liegen, berücksichtigt werden. Ein Nachteilsausgleich gilt immer für eine bestimmte Person und ist eine auf die jeweilige Anforderung abgestimmte Maßnahme.

Wer entscheidet über den Nachteilsausgleich?

Die Schulministerien haben meist in Form landesrechtlicher Regelungen (z. B. Erlasse) den formalen Rahmen für die Gewährung eines Nachteilsausgleichs abgesteckt. Die Verantwortung für die Genehmigung und Umsetzung liegt auf Seiten der Schulen.

Eltern, Lehrkräfte oder auch Jugendliche, die das 18. Lebensjahr vollendet haben, können einen Nachteilsausgleich meistens bei der Schulleitung oder dem zuständigen Prüfungsausschuss beantragen. In der Regel wird im Rahmen der Klassenkonferenz, an der auch der verantwortliche Hörgeschädigtenpädagoge als Fachkraft teilnehmen sollte, die Form des Nachteilsausgleiches vor dem Hintergrund der individuellen Bedürfnisse und Kompetenzen des Kindes oder des Jugendlichen sowie die Anforderungen des jeweiligen Faches festgelegt. Die Gewährung bzw. Entscheidung über den Nachteilsausgleich ist in den verschiedenen Bundesländern unterschiedlich gelöst. So kann dies bereits auf der Ebene der Klassenkonferenz geschehen (z. B. Niedersachsen), die Schulleitung gewährt den Nachteilsausgleich oder es muss die Schulaufsicht in den Prozess der Gewährung eingebunden werden (z. B. in Berlin).

Die Inanspruchnahme eines Nachteilsausgleiches soll im Förderplan des Kindes bzw. des Jugendlichen festgehalten werden. Allerdings darf auf Zeugnissen nicht vermerkt werden, dass im Rahmen einer Prüfung ein Nachteilsausgleich gewährt worden ist. Liegen zeitlich begrenzte Beeinträchtigungen vor (z. B. bei einem Armbruch), wird der Nachteilsausgleich nur für die Zeit bis zur Genesung gewährt. Allerdings schlägt sich dieser Nachteilsausgleich nicht in einem Förderplan nieder.

Die Abläufe der Beantragung können sich im Detail von Bundesland zu Bundesland unterscheiden, so dass in jedem Fall die geltenden Bestimmungen in dem jeweiligen Bundesland erfragt werden müssen. Formal ist wichtig, dass ein Anspruch auf Gewährung eines Nachteilsausgleiches besteht und der genehmigenden Instanz »kein Beurteilungs- und Ermessensspielraum« zusteht (Vollmer/Frohnenberg 2014, 13). Der Nachteilsausgleich muss gewährt werden. Diese Haltung ist durch einen Beschluss des Bundesverfassungsgerichtes und durch mehrere Entscheidungen der Verwaltungsgerichte bekräftigt worden (ebd.).

3 Rahmenbedingungen

Formen des Nachteilsausgleichs

Ein Nachteilsausgleich dient dazu, die durch eine Behinderung, chronische Erkrankung oder Beeinträchtigung entstandenen Einschränkungen so auszugleichen, dass die betroffenen Schüler bei der Erbringung einer Prüfungsleistung die gleichen Chancen wie ihre nicht behinderten Mitschüler haben. Durch die Gewährung des Nachteilsausgleiches dürfen keine Vorteile entstehen, und die Anforderungen der zugrundeliegenden Aufgabenstellung einer Prüfung dürfen nicht herabgesetzt werden.

Prüfungen dienen dazu, festzustellen, ob ein Schüler über bestimmte Fähigkeiten und Fertigkeiten oder über Kenntnisse verfügt. Prüfungen können in einer mündlichen, schriftlichen oder auch praktischen Form durchgeführt werden und sind meist zeitlich und räumlich begrenzt. Die Prüfungsaufgaben bilden oft eine besondere Textsorte (Prüfungstexte) und können spezifischen fachsprachlichen Regelungen unterliegen. Die Wahrnehmung einer Prüfungsaufgabe und die damit verbundene Sprachkompetenz sind für hörgeschädigte Schüler ein kritischer Faktor, der das Ergebnis einer Prüfung beeinflussen kann. Der Nachteilsausgleich dient dazu, die Risikofaktoren zu minimieren und die mit einer Hörschädigung verbundenen Nachteile auszugleichen. Um die spezifischen Voraussetzungen und Bedürfnisse hörgeschädigter Kinder angemessen zu berücksichtigen, sollten die zuständigen Hörgeschädigtenpädagogen im Vorfeld und in dem gesamten Prozess einer Prüfung mit einbezogen werden.

Ein Nachteilsausgleich kann sich auf

- die Präsentation der Prüfungsaufgabe
- die Durchführung der Prüfung sowie
- deren Bewertung

beziehen.

Präsentation der Aufgabe

Schüler mit einer Hörschädigung können bei der Präsentation einer Prüfungsaufgabe in einer mündlichen oder schriftlichen Form Beeinträchtigungen erfahren. So können sie z. B. die Aufgabenstellung akustisch oder auf Grund von Problemen beim Entschlüsseln von Texten nicht korrekt verstehen. Hierdurch können Missverständnisse entstehen, die zu fehlerhaften Lösungen führen, obwohl die Lösung eigentlich bekannt ist.

Mündliche Aufgabenstellungen können dann z. B.

- in schriftlicher Form präsentiert
- zum besseren Verständnis durch zusätzliche grafische Informationen ergänzt oder
- individuell vorgetragen (Blickkontakt) werden.

Schriftsprachliche Prüfungsaufgaben stellen oftmals besondere sprachliche Anforderungen. Handelt es sich dabei um Fachtexte, so kann die verwendete Sprache formalisiert und durch komplexe grammatische Strukturen charakterisiert sein. Durch verständlichere Formulierungen der Prüfungsaufgaben können diese Nachteile kompensiert werden. Ein solches Verfahren wird als Textoptimierung bezeichnet (Wagner/Schlenker-Schulte 2015, 2). Das folgende Beispiel illustriert eine solche Textoptimierung einer Prüfungsfrage:

»**Original-Formulierung – ORG**
Welcher Vorteil ergibt sich aus der Zugehörigkeit zu einer Gewerkschaft für den Arbeitnehmer?

1. Höherer Urlaubsanspruch
2. Erhöhter Kündigungsschutz
3. Kostenlose Vertretung vor dem Arbeitsgericht
4. Wählbarkeit in den Betriebsrat
5. Höheres Arbeitslosengeld

Textoptimierte Formulierung – TOP
Ein Arbeitnehmer ist Mitglied einer Gewerkschaft.
Welchen Vorteil hat der Arbeitnehmer?

1. Der Arbeitnehmer bekommt mehr Urlaub.
2. Der Arbeitnehmer hat einen besseren Kündigungsschutz.
3. Bei einem Streit vor dem Arbeitsgericht bezahlt die Gewerkschaft den Anwalt für den Arbeitnehmer.
4. Der Arbeitnehmer kann in den Betriebsrat gewählt werden.
5. Der Arbeitnehmer bekommt ein höheres Arbeitslosengeld.

Quelle ORG-Aufgabe: PAL Stuttgart, Abschlussprüfung Wirtschafts- und Sozialkunde für Metallberufe, 3jährige Bauberufe, Bauzeichner/-in, Gießereiberufe, Druck- und Medienberufe, Sommerprüfung 2004, Aufgabensatz 2« (Wagner/Schlenker-Schulte 2006, 44).

Bei Prüfungen, bei denen die Aufgabenstellungen zentral vergeben werden, z. B. bei Vergleichsarbeiten (VERA), werden die sprachlichen Voraussetzungen hörgeschädigter Kinder und Jugendlicher inzwischen auch zunehmend berücksichtigt.

»Für hörgeschädigte Schüler/-innen wird entsprechendes Testmaterial für Schwerhörige und Gehörlose in Kooperation mit der Qualitäts- und Unterstützungsagentur, dem Landesinstitut für Schule des Landes Nordrhein-Westfalen (QUA-LiS NRW), erstellt. Die Testmaterialien werden dem Bedarf entsprechend adaptiert, ebenfalls gedruckt und zusammen mit den restlichen Testunterlagen an die Schulen versandt« (Holz et al. 2014, 7).

Für gebärdensprachlich kommunizierende Schüler kann ein Gebärdensprachdolmetscher die Aufgabenstellung in Gebärdensprache übersetzen.

Durchführung der Prüfung

Es gibt unterschiedliche Möglichkeiten, bei der Durchführung einer Prüfung bzw. bei der Leistungserbringung Schüler mit Hörschädigung angemessen zu unterstützen:

- Verbesserung der akustischen Rahmenbedingungen
  Durch eine geeignete Raumwahl können Störgeräusche und Nachhall für eine Prüfungssituation verringert werden (▶ Kap. 3.2.2).
- Zeitverlängerung
  Für das Lesen und Verstehen sowie für das Formulieren von Texten benötigen hörgeschädigte Schüler mehr Zeit. Dies ist bei Durchführung der Prüfung zu berücksichtigen. Es können zusätzliche Pausen gewährt oder eine Prüfung in mehrere Teilprüfungen aufgeteilt werden. Eine Verlängerung der Prüfungszeit kann sich auch auf organisatorische Aspekte wie die Raumwahl oder den Prüfungszeitpunkt auswirken.
- Einbezug von Gebärdensprach- und Schriftdolmetschern
  Im Rahmen von mündlichen Prüfungen sind bei gebärdensprachlich kommunizierenden Kindern und Jugendlichen Gebärdensprachdolmetscher hinzuziehen. Je nach Hör- und Kommunikationsstatus kann der Einbezug von Schriftdolmetschern im Rahmen einer mündlichen Prüfung sinnvoll sein, damit die mündlich formulierten Fragen simultan verschriftlicht werden können und darüber eine Verstehensabsicherung erfolgen kann.
- Veränderung der Prüfungsform
  Bei Vorliegen einer Beeinträchtigung der schriftsprachlichen Kompetenz kann die Prüfungsmodalität geändert werden. Schriftliche Prüfungen können in Form von mündlichen Prüfungen z. B. unter Einbezug von Gebärdensprachdolmetschern durchgeführt werden, oder Aufsätze können mündlich formuliert und entsprechend technisch aufgezeichnet werden.

◆ Nachfragen in Prüfungen
Auf Grund von akustischen Verstehensproblemen kann es auf Seiten der hörgeschädigten Schüler vermehrt zu Nachfragen kommen, die der Verstehenssicherung dienen. Nachfragen dürfen in Prüfungen deswegen nicht negativ bewertet werden.
◆ Zusätzliche Hilfsmittel
Hierzu gehören z. B. alle technischen Übertragungsanlagen, die zur Verstärkung von Sprache und zur Überbrückung der räumlichen Distanz dienen, die Verwendung von Lexika (z. B. Duden), der Einsatz von Computern oder unterstützendes Personal (z. B. Schulassistenz).

Bewertung der Prüfungsaufgaben

Die Benotung von Prüfungsleistungen kann unter bestimmten Bedingungen auch Teil eines Nachteilsausgleichs sein. Dies soll an zwei Beispielen verdeutlicht werden.

Beispiel 1: Hierzu zählen die Bewertungen sprachlicher Fehler, die auf die Hörschädigung zurückzuführen sind. So können z. B. grammatische Markierungen bei Flexionen, beispielsweise ein -s oder -t, auf Grund ihrer hohen Frequenzanteile nicht gehört werden. Bei Diktaten können sich solche Fehler in der Bewertung negativ auswirken. In solchen Fällen besteht die Möglichkeit, die Bewertung einer Leistung anders zu gewichten oder auch eine andere Prüfungsform zu wählen (s. Veränderung der Prüfungsform).

Beispiel 2: Im Fremdsprachenunterricht fließt der mündliche Sprachgebrauch im Unterricht normalerweise umfassend (bis 50%) in die Notengebung ein. Für hörgeschädigte Schüler stellt die Aussprache in einer Fremdsprache aber eine sehr große Herausforderung dar, so dass sie meist keine den gut hörenden Schülern vergleichbare Leistungen in diesem Bereich erbringen können. In einem solchen Fall muss dies bei der Notengebung für die Fremdsprache berücksichtigt werden. Es gilt insbesondere für gehörlose Kinder und Jugendliche, die gebärdensprachlich kommunizieren und in der Regel in der Fremdsprache keine oder nur geringe mündlichen Leistungen erbringen können.

»Eine Leistung, die mit Maßnahmen eines Nachteilsausgleichs erbracht worden ist, stellt eine gleichwertige, zielgleiche Leistung dar« (Sekretariat der Ständigen Konferenz der Kultusminister der Länder in der Bundesrepublik Deutschland (KMK) 2011, 10). Der Nachteilsausgleich darf nicht auf Zeugnissen vermerkt werden. Allerdings darf nicht von den allgemeinen Grundsätzen der Bewertung einer Leistung abgewichen werden, so dass ein Vorteil für den Schüler entsteht. Wird von diesem Grundsatz abgewichen, so muss der Grad der Abweichung bestimmt werden und dies bei der Bewertung der Leistung bzw. im Zeugnis vermerkt werden (Sekretariat der Ständigen Konferenz der Kultusminister der Länder in der Bundesrepublik Deutschland (ebd., 12).

3.2 Sächliche Ressourcen

Claudia Gräfen/Melanie Pospischil

3.2.1 Technische Hilfen

Für die Unterstützung der Schüler mit Hörschädigung an der allgemeinen Schule sollten sachliche Mittel bereitgestellt werden sollten, um ihnen den schulischen Alltag zu erleichtern und Teilhabe zu ermöglichen. Aus diesem Grund gilt es, besondere Anforderungen an Klassenräume und Schulen, in denen Schüler mit Hörschädigung unterrichtet werden, zu berücksichtigen.

Zusätzlich ist für lautsprachlich kommunizierende Schüler mit Hörschädigung die individuelle Versorgung mit technischen Hörhilfen und die Ausstattung der Klasse mit technischen Hilfsmitteln ein wichtiger Baustein zur Ermöglichung einer barrierefreien Teilhabe.

Bauliche Gegebenheiten haben einen großen Einfluss auf die Möglichkeiten zur auditiven und visuellen Erfassung der Lautsprache und Gebärdensprache.

Im Folgenden werden die von Kindern und Jugendlichen am häufigsten genutzten technischen Hörhilfen vorgestellt und ihre Funktionsweise erklärt.

Die Hörgeräteversorgung erfolgt in Deutschland in erster Linie durch die Zusammenarbeit von Hals-Nasen-Ohren-Ärzten und Hörgeräteakustikern. Der Ablauf einer Hörgeräteversorgung ist in den Heilmittel- und Hilfsmittelrichtlinien im Rahmen der kassenärztlichen Versorgung festgeschrieben. Jede Hörhilfe wird speziell für den Träger der Hörhilfe entsprechend seiner Hörschädigung eingestellt. Diese Anpassung sowie die regelmäßige Überprüfung erfolgt durch einen Hörgeräteakustiker oder Pädaudiologen. Die Hörgeräte müssen darüber hinaus regelmäßig gesäubert und die Batterien gewechselt werden – diese Aufgaben werden meist von den Eltern oder dem Schüler selbst erfüllt.

Technische Hörhilfen lassen sich in individuelle Hörhilfen (Hörgeräte, Cochlea Implantate) und Übertragungsanlagen (Klassenhöranlagen), die von Lehrern und Schülern im Unterricht eingesetzt werden, unterteilen.

Hörgeräte

Die grundlegende Funktion von Hörgeräten besteht darin, Geräusche der Umwelt für Menschen mit eingeschränkter Hörfähigkeit in angemessener Weise hörbar zu machen. Dazu ist es notwendig, dass Geräusche, die auf Grund des individuellen Hörverlustes nicht wahrnehmbar sind, verstärkt werden. Hörgeräte haben damit in erster Linie die Funktion eines Schallverstärkers (Kießling 2008, 68f.).

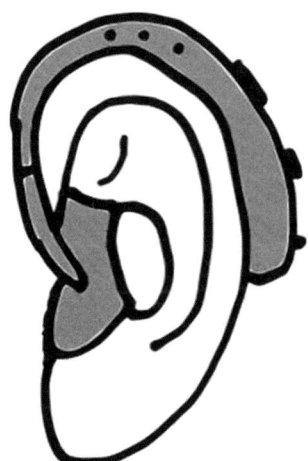

Abb. 9: Hörgerät

Hörgeräte nehmen den Umgebungsschall durch ein kleines Mikrofon auf, der Schall wird dann im Hörgerät (individuell an den Hörverlust des Betroffenen angepasst) verstärkt und durch einen Schlauch und das Ohrpassstück in den Gehörgang geleitet. Das Hörgerät kann den Hörverlust nicht voll ausgleichen, was bedeutet, dass der Betroffene auch mit Hörgeräten nicht so wie ein gut hörender Mensch hört. Die Mikrofone nehmen den auf das Ohr auftreffenden Schall auf, ein eingebauter Analog-Digital-Wandler wandelt das Eingangssignal in einen Code um (Bringmann 2013,

37). Durch den Einsatz von Mikrochips ermöglichen digitale Hörsysteme eine detaillierte Anpassung der akustischen Signalverstärkung. Der Mikrochip verarbeitet das Signal, so dass es in Abhängigkeit vom individuellen Hörverlust in den verschiedenen Frequenzbereichen optimal wahrgenommen werden kann. Dabei werden gezielt Laute angehoben, die nicht mehr im Hörbereich des Hörgeräteträgers liegen. Durch den Hörer bzw. Verstärker wird das verarbeitete Eingangssignal verstärkt und über die Schallzuführung durch das aufgesteckte Ohrpassstück in das Innere des Gehörgangs weitergeleitet (Leonhardt 2010, 109).

Cochlea Implantate (CI)

Abb. 10: Cochlea Implantat

Cochlea Implantate sind technische Geräte, die die Funktion der Haarzellen im Inneren der Hörschnecke (Cochlea) ersetzen. Der Ausfall der Funktion der Haarzellen im Innenohr zählt zu den häufigsten Ursachen für eine periphere Hörschädigung (Bringmann 2013, 38). Kinder, die so schlecht hören, dass sie auch mit Hörgeräten kein zufriedenstellendes Sprachverstehen entwickeln können, tragen häufig ein oder zwei Cochlea Implantate.

Das Cochlea Implantat nimmt durch ein Mikrofon den Umgebungsschall auf und der Sprechprozessor wandelt es in elektrische Signale um. Diese werden durch eine Spule am Kopf in die Elektrode gesendet. Über die Elektrode wird der Hörnerv stimuliert. Das Gehirn interpretiert diese Signale als Hörreize. Um diese zu verstehen, müssen Kinder mit dem Implantat hören lernen. Je früher die Implantation durchgeführt wurde, desto besser ist der zu erwartende Erfolg. Die Hörfähigkeit mit CI variiert von Kind zu Kind und ist nicht mit einem normalen Hören zu vergleichen. Cochlea Implantate stoßen ebenso wie moderne Hörgeräte im Unterrichtsalltag an Grenzen. Von vielen Schülern wird daher im Unterricht eine Funk-Übertragungsanlage (Klassenhöranlage) genutzt, die es ermöglicht, einige dieser Grenzen zu kompensieren und damit die Nutzbarkeit der individuellen Hörhilfen zu erweitern (Bringmann 2013, 39f.).

Übertragungsanlagen

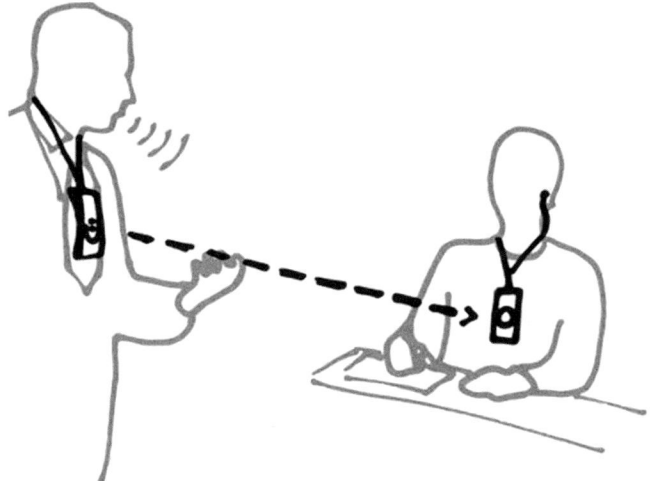

Abb. 11: Drahtlose Übertragungsanlage

Hören in akustisch schwierigen Umgebungen wie beispielsweise einem Klassenzimmer kann durch zusätzliche Technik zu den individuellen Hörhilfen deutlich verbessert werden (Bogner 2009, 73). Hörgeräte stoßen trotz moderner technischer Entwicklung immer wieder an ihre Grenzen und deshalb ist die Übertragungsanlage ein Hilfsmittel, das in einer lauten Umgebung von großem Nutzen sein kann und die Hörprobleme mindert. Übertragungsanlagen ermöglichen es einem Menschen mit Hörschädigung, einen Gesprächspartner in einiger Entfernung oder auch bei lautem Umgebungsgeräusch zu verstehen, da durch sie Sprache direkt vom Sprecher auf die individuellen Hörhilfen übertragen wird. Sie können sowohl in Verbindung mit Hörgeräten als auch mit Cochlea Implantaten genutzt werden. Der Sprecher (im Unterricht oft der Lehrer) trägt einen Sender mit Mikrofon und der Schüler einen Empfänger, der direkt an die Hörgeräte oder das Cochlea Implantat angesteckt wird. Das Signal wird vom Mikrofon aufgenommen, per Funk zum Empfangsgerät übertragen und dort verstärkt. So wird das Gesprochene direkt vom Sprecher zum Kind weitergeleitet und die Nebengeräusche werden unterdrückt (Bringmann 2013, 40).

Als Alternative oder Zusatz können die Signale der Sprechstimme auch über Lautsprecher als Freifeldbeschallung im Raum übertragen werden. Über den Lautsprecher erhalten alle Schüler im Raum ein gutes Sprachsignal, unabhängig von der Sitzposition und der Art der technischen Versorgung (Staatsinstitut für Schulqualität und Bildungsforschung 2015, 6).

Der Einsatz der Übertragungsanlage ist von der jeweiligen Sozialform und Phase des Unterrichts abhängig. Durch einen sachgerechten Umgang mit dem Sender kann der Lehrer die Hörqualität für die Schüler positiv beeinflussen. So ist beispielsweise darauf zu achten, dass der Abstand zum Mikrofon etwa 10 bis 20 cm beträgt. Zusätzlich sollte das Mikrofon nicht verdeckt und darauf geachtet werden, dass am Mikrofon nichts reibt (z. B. Kleidung, Haare und Schmuck). Die Nutzung einer Übertragungsanlage führt im Regelfall zu einem besseren Verständnis der Lehrersprache, aber Mitschülerbeiträge bleiben häufig unverständlich. Aus diesem Grund kann ein zusätzliches Handmikrofon, das in der Klasse herumgereicht wird, zum Einsatz kommen oder der Lehrer gibt die Anlage an die Mitschüler weiter (Truckenbrodt/Leonhardt 2016, 17ff.).

3.2.2 Räumliche Bedingungen

Die Planung von Räumen und Schulen ist zumeist auf die Ansprüche gut hörender Menschen ausgerichtet, so dass sich Probleme für die gemeinsame Beschulung mit Schülern mit Hörschädigung ergeben können. Schlechte akustische Bedingungen wirken sich je nach Art und Ausmaß des Hörverlustes gravierend auf die Situation der Schüler mit Hörschädigung aus. So gilt es, trotz optimaler Versorgung mit technischen Hilfsmitteln, auch die räumlichen Bedingungen möglichst gut auf den Schüler mit Hörschädigung anzupassen.

Bauliche Gegebenheiten und ihre Auswirkungen auf die auditive Lautsprachperzeption

Die Aussage eines Schülers mit Hörschädigung einer 10. Klasse an der allgemeinen Schule verdeutlicht die Auswirkungen von baulichen Gegebenheiten auf seine Teilhabe im Unterricht und darüber hinaus in den Pausen.

> »Im Klassenzimmer ist es ganz gut, wenn wenige – also wenn – je weniger drin sind, desto besser. Im Gang verstehe ich überhaupt gar nichts. Da hat man bei dem Beton hier keine Chance als Hörgeschädigter« (Schüleraussage zit. nach Gräfen 2015, 369f.).

Die Psychoakustik beschreibt vor allen Dingen drei Faktoren, die die Aufnahme von Sprache bedeutend beeinflussen bzw. erschweren können. Diese sind zum einen die Distanz und Raumgröße, zum anderen der Störschall und der Nachhall (Bogner 2009, 73).

Distanz und Raumgröße

In einem geschlossenen Raum nimmt die Lautstärke von Sprache mit der Distanz von Sprecher und Zuhörer kontinuierlich ab. Die Umgebungsgeräusche hingegen sind überall im Raum gleich stark. So wird je nach Abstand von Sprecher zu Zuhörer bei einem ungünstigen Sitzplatz das Umgebungsgeräusch lauter als die Sprache des Sprechers (Bogner 2009, 74). Das bedeutet, dass bei der Sitzplatzauswahl darauf geachtet werden sollte, die Distanz zwischen dem Schüler mit Hörschädigung und dem Lehrer möglichst gering zu halten, denn je weiter der Schüler vom Lehrer entfernt sitzt, desto leiser kommt die Sprache bei ihm an. Aus diesem Grund gilt es, einen möglichst guten Sitzplatz für den Schüler mit Hörschädigung zu finden. Die Sitzordnung sollte möglichst so gestaltet sein, dass der Schüler mit Hörschädigung einen geringen Abstand zum Lehrer und auch möglichst viele der Mitschüler im Blickfeld hat. Eventuell kann ein Drehstuhl das Zuwenden zum Sprecher erleichtern.

Störschall

Nicht nur die Entfernung zum Sprecher erschwert die Sprachverständlichkeit, sondern auch die Lautstärke des Störschalls. Im Unterricht werden eine Menge Störgeräusche produziert, die für den Schüler nicht von Bedeutung sind, aber ihn entscheidend ablenken können. Neben den Geräuschen, die von den Schülern durch Unaufmerksamkeit, Kramen in der Schultasche, Gespräche etc. aktiv produziert werden, kommen noch Geräusche durch technische Geräte im Klassenzimmer und Geräusche von außerhalb des Klassenzimmers hinzu. Alle Nebengeräusche (Störschall) werden vom Ohr genauso aufgenommen wie Sprache (Nutzschall) und erfordern eine große Konzentrationsleistung vom Schüler. Der Störschall sollte im Idealfall immer leiser sein als der Nutzschall. Dies bedeutet, dass der Lehrer darauf achten sollte, die Umgebung im Klassenraum geräuscharm zu halten. Während bei von Mitschülern verursachten Nebengeräuschen ein pädagogisches Einschreiten Erfolg verspricht, gibt es auch störende Geräusche wie Straßenlärm, schlechte bauakustische Bedingungen und laute Geräte, die nicht ausgeblendet werden können. Trotzdem sollte der Lehrer darauf achten, dass dieser bestehende Pegel nicht noch weiter ansteigt. Dies gilt insbesondere für Klassen mit hoher Schülerzahl und für kommunikationsintensive Unterrichtsformen wie beispielsweise Gruppenarbeiten (Bogner 2009, 74f.; Bringmann 2013, 42ff.).

Nachhall

Klassenzimmer sind oft große Räume mit harten Böden, großen Fensterfronten und Tafeln, starren Möbeln und wenig schalldämmenden Elementen. Wie gut Sprache verstanden wird, hängt entscheidend von der Beschaffenheit des Raumes und von der Position der einzelnen Personen im Raum ab (Bogner 2009, 99f.). Nachhall entsteht durch die wiederholte Reflexion von Schallwellen an Wänden, Fußboden und Decken des Raumes. Dieses Problem, dass ein Schallereignis noch längere Zeit im Raum nachklingt, tritt je nach Beschaffenheit des Raumes mehr oder weniger auf und kann die Sprachverständlichkeit erheblich verschlechtern (Bringmann 2013, 46).

Ein Schüler der 9. Klasse fasst noch einmal in einem Zitat über die akustischen Bedingungen in seiner Schule zusammen, was ihm Schwierigkeiten bereitet. In seinem Fall sind das vor allem große Räume und eine lange Nachhallzeit:

> »Also, das ist blöd. Wenn man runtergeht, in die naturwissenschaftlichen Fächer, weil die Räume da ziemlich groß sind und weil das ziemlich hallt. Aber, im Klassenzimmer, finde ich, funktioniert das fast einwandfrei« (Schülerzitat zit. nach Gräfen 2015, unveröffentlichter Anhang).

Zusätzliche Auswirkungen auf das Sprachverständnis haben viele unterschiedliche Komponenten, die in Abbildung 12 noch einmal zusammengefasst sind. Im Beispiel des eben zitierten Schülers der 9. Klasse schuf der Lehrer Abhilfe, indem er seinen Unterricht größtenteils in einem Klassenzimmer abhielt, in dem bessere akustische Bedingungen herrschten. Echte Verbesserungen können durch raumakustische Sanierungen erreicht werden, die aber oftmals aus Kostengründen nicht realisierbar sind. Die finanzielle Situation bei akustischer Sanierung ist nicht geklärt und wird oft auf Spendenbasis durchgeführt.

3.2 Sächliche Ressourcen

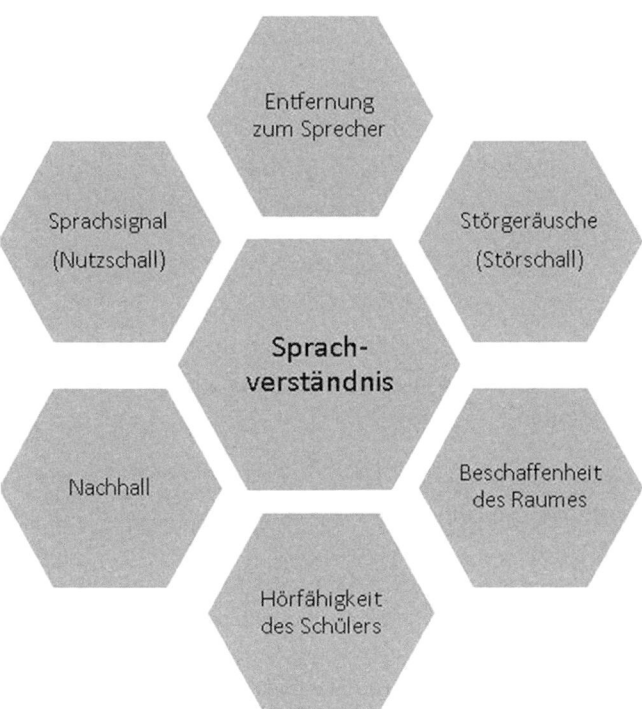

Abb. 12: Einflussfaktoren auf das Sprachverständnis

So hält die KMK zwar vor, dass sächliche und räumliche Unterstützung gewährleistet werden muss, damit Schüler mit Hörschädigung die nötigen Bedingungen in der allgemeinen Schule haben. Jedoch ist in einigen Schulgesetzen der Passus des Haushaltsvorbehaltes enthalten, was bedeutet, dass solche Maßnahmen nur umgesetzt werden, wenn die Ressourcen dafür vorhanden sind (Sekretariat der Ständigen Konferenz der Kultusminister der Länder in der Bundesrepublik Deutschland (KMK) 2014, 239).

Im Folgenden sollen einige praktische Beispiele gegeben werden, mit denen die akustischen Bedingungen verbessert werden können (Bogner 2009, 105; Staatsinstitut für Schulqualität und Bildungsforschung 2015, 5f.):

- Der Klassenraum sollte sich idealerweise in einem ruhigen, eher abgelegenen Bereich des Schulgebäudes befinden und möglichst über Außenfenster verfügen, die nicht zu besonderen Lärmquellen ausgerichtet sind.

- Das Anbringen von Filzgleitern an Stühlen, Tischen etc. kann den Bewegungslärm verringern.
- Um die Raumakustik zu verbessern, können Teppiche ausgelegt, Vorhänge aufgehängt und Raumteiler (Paravents) angebracht werden.
- Technische Geräte wie Beamer, Laptops und Lüftungsanlagen sollten auf Störlärm überprüft und wenn möglich die von ihnen ausgehende Lärmproduktion minimiert werden.
- Zusätzliche Gegenstände im Klassenzimmer, die Geräusche entwickeln, wie tickende Uhren, Aquarien etc., sollten hinterfragt werden.

Bauliche Gegebenheiten und ihre Auswirkungen auf die visuelle Lautsprachperzeption

Die Mehrzahl der Schüler mit Hörschädigung ist trotz optimaler technischer Versorgung mit modernen hochleistungsfähigen Hörgeräten oder nach Versorgung mit einem Cochlea Implantat zusätzlich darauf angewiesen, den Gesprächspartner anzusehen. So sind Schüler mit Hörschädigung nicht nur auf optimale akustische, sondern zusätzlich auch auf optimale visuelle Rahmenbedingungen angewiesen, um Sprache besser wahrnehmen zu können und aktiv am Unterricht teilzunehmen (Bringmann 2013, 48f.). Die Nutzung des Mundbildes bzw. der beim Sprechen sichtbaren Bewegungen der Sprechorgane zur Wahrnehmung von Lautsprache wird als visuelle Lautsprachperzeption oder auch Absehen bezeichnet. Es ist jedoch auf Grund der Mehrdeutigkeit des Absehbildes nicht möglich, alle Laute visuell wahrzunehmen und abzugrenzen. Damit das Absehen dennoch bestmöglich gelingt, sollte das Gesicht des Sprechers gut beleuchtet und der Abstand zwischen Lehrer und Schüler nicht zu groß sein. Die bereits genannte gute Ausleuchtung des Gesichts des Sprechers kann nur durch bauliche Maßnahmen sichergestellt werden. Die Lichtquellen sollten gleichmäßig und in ausreichender Anzahl verteilt sein, um die Entstehung von Schatten zu vermeiden. Zu grelles Licht, das zu einer Verflachung der Gesichtskonturen führt, wird in der Regel nicht durch künstliche Beleuchtung verursacht, sondern durch zu starke Sonneneinstrahlung in den Klassenraum. Dabei entstehen auch Schatten, die das Absehen erheblich erschweren können (Leonhardt 2010, 189ff.). Aus diesem Grund ist es wichtig, dass ein Klassenraum, in dem ein Schüler mit Hörschädigung unterrichtet wird, auch abgedunkelt werden kann. In einigen Fällen und abhängig von der Jahreszeit kann es sogar günstig sein, einen Raum mit künstlichem Licht auszuleuchten. Der Schüler mit Hörschädigung sollte mit einer Kopfdrehung in der Lage sein, sowohl den Lehrer als auch die Mitschüler gut sehen zu können. So erweist sich ein Sitzplatz in der ersten Reihe nah am Fenster als am besten geeignet, um neben optimalen Bedingungen zur auditiven Sprachwahrnehmung auch optimale Bedingungen für das Absehen zu schaffen.

Beim Einsatz von Gebärdensprachdolmetschern im Unterricht gilt ebenso, dass deren Gesicht und Oberkörper gut ausgeleuchtet sind und der Abstand zum Schüler mit Hörschädigung nicht zu groß sein sollte.

3.3 Personelle Ressourcen

3.3.1 Fachliche Begleitung

Caudia Gräfen/Melanie Pospischil

Für eine erfolgreiche inklusive Beschulung von hörgeschädigten Schülern muss eine sonderpädagogische Begleitung sowohl des betreffenden Schülers als auch der Lehrkräfte an der allgemeinen Schule gewährleistet sein.

Als maßgeblich können hier die Vorgaben der Kultusministerkonferenz (KMK) gesehen werden. Zwar relativiert die KMK in ihrer Darstellung des Bildungswesens der BRD die Möglichkeiten zu gemeinsamem Unterricht mit folgender Aussage, wonach

> »Kinder und Jugendliche mit sonderpädagogischem Förderbedarf (...) allgemeine Schulen besuchen [können], wenn dort die notwendige sonderpädagogische und auch sächliche Unterstützung sowie die räumlichen Voraussetzungen gewährleistet sind« (Sekretariat der Ständigen Konferenz der Kultusminister der Länder in der Bundesrepublik Deutschland (KMK) 2014, 239).

Dennoch wird dem gemeinsamen Unterricht als grundsätzliche Aufgabe aller Schulen ein hoher Stellenwert eingeräumt, so dass sich die Schulen auf die unterschiedlichen Voraussetzungen der Schüler sowohl auf individueller als auch auf organisatorischer und systemischer Ebene einzustellen haben. Auch das Aufgabengebiet eines Sonderschulpädagogen wird durch die KMK in Bezug auf die neuen Anforderungen, die sich durch die UN-Behindertenrechtskonvention ergeben, definiert:

> »Förderschullehrer werden an Förderschulen sowie an allgemeinen Schulen für sonderpädagogische Förderung eingesetzt, z.B. für ambulante Unterstützung und Beratung und für gemeinsamen Unterricht mit einer anderen Lehrkraft in Integrationsklassen bzw. Kooperationsklassen« (Sekretariat der Ständigen Konferenz der Kultusminister der Länder in der Bundesrepublik Deutschland (KMK) 2014, 239f.).

3 Rahmenbedingungen

Neben der Bereitstellung von äußeren Rahmenbedingungen werden sonderpädagogisch qualifizierte Lehrkräfte für den gemeinsamen Unterricht als notwendig angesehen. Für den Förderschwerpunkt Hören eröffnen sich im Rahmen der Inklusion weitere Aufgabenfelder über den herkömmlichen Unterricht an Schulen für Hörgeschädigte hinaus.

Diese Aufgaben werden von einem Hörgeschädigtenpädagogen übernommen, der mit den besonderen Bedürfnissen von hörgeschädigten Schülern vertraut ist. Nur so kann die benötigte Professionalität vorgehalten, eine erfolgreiche Beschulung angestrebt werden. Die besondere Fachspezifik im Förderschwerpunkt Hören, die sich seit mehr als 250 Jahren entwickelt hat, kann zudem nicht auf ein allgemeines sonderpädagogisches Grundwissen reduziert werden.

Für Hörgeschädigtenpädagogen in inklusiven Settings ergeben sich zahlreiche Aspekte, die über die unterrichtliche Arbeit als Lehrer vor der Klasse hinausgehen. Die historisch gewachsene Expertise im Bereich der Hörgeschädigtenpädagogik – wie auch in den anderen sonderpädagogischen Fachrichtungen – zu fassen, erscheint auf Grund des aktuellen Transformationsprozesses im Zuge der Inklusion (Heinrich et al. 2013, 69f.) nicht einfacher geworden zu sein. Wie in Artikel 24 Abs. 1 der BRK festgelegt, ist Deutschland grundsätzlich dazu verpflichtet, ein inklusives Bildungssystem auf allen Ebenen zu schaffen. Dazu beschreiten die Bundesländer in Deutschland verschiedene Wege auf Basis des seitens der Kultusministerkonferenz 2011 editierten Beschlusses zur inklusiven Bildung von Kindern und Jugendlichen mit Behinderung. Hier wird vor allem auf die Vorbereitung *aller* Lehrkräfte durch Aus-, Fort- und Weiterbildung auf einen inklusiven Unterricht verwiesen. Neben fachlichen Qualifikationen werden besonders »entsprechende Einstellungen, Haltungen und Fähigkeiten vorausgesetzt«, welche sich »vor allem auf die Akzeptanz von Vielfalt und die Wahrnehmung von Verschiedenheit als Bereicherung und Herausforderung« (Sekretariat der Ständigen Konferenz der Kultusminister der Länder in der Bundesrepublik Deutschland (KMK) 2011, 19) konzentrieren. Weiterer wichtiger Grundsatz für den inklusiven Unterricht ist die gemeinsame Verantwortung aller Lehrkräfte aus unterschiedlichen Lehrämtern und Ausbildungsrichtungen.

Positive Einstellungen, Werte und Überzeugungen gegenüber Inklusion sind nachweislich für den gemeinsamen Unterricht bedeutsam (Booth 2008, 59f.; Sekretariat der Ständigen Konferenz der Kultusminister der Länder in der Bundesrepublik Deutschland (KMK) 2011, 2), ebenso die Auseinandersetzung mit der Begrifflichkeit Inklusion und deren Konsequenzen für die Praxis. »Lehrkräfte, die die Unterrichtung von Schüler/

inn/en mit besonderem Förderbedarf als Teil ihrer professionellen Rolle ansehen, [können] qualitativ höherwertigen und effektiveren Unterricht in inklusiven Lerngruppen realisieren« (Heinrich et al. 2013, 86). Es obliegt nicht zuletzt dem Sonderpädagogen, seine eigene positive Haltung und Motivation gegenüber inklusiven Settings an die Lehrkräfte der allgemeinen Schulen weiterzugeben.

Die Rolle des Sonderpädagogen erfuhr bereits in der bisherigen Entwicklung inklusiver Beschulungsmodelle eine Verschiebung hin zu einer beratenden Funktion gegenüber den Lehrkräften der allgemeinen Schulen. Konkret haben sich hier Mischformen etabliert aus Beratung und Kooperation: die kooperative und die kollegiale Beratung (Heinrich et al. 2013, 91).

Lehrkräfte mit unterschiedlichen Ausbildungsrichtungen sind somit zusammen für die unterrichtlichen Bildungs-, Beratungs- und Unterstützungsangebote verantwortlich. Gemeinsam sollen Diagnostik ebenso wie

> »die Planung und Realisierung des unterrichtlichen Lernangebots, angemessene Bildungs-, Beratungs- und Unterstützungsangebote, Leistungsmessung und -bewertung und die Vergabe von Abschlüssen, bis hin zur Kooperation mit weiteren Partnern im Umfeld der Schule und in der Region« (Sekretariat der Ständigen Konferenz der Kultusminister der Länder in der Bundesrepublik Deutschland (KMK) 2011, 19)

umgesetzt werden. Hierbei fällt dem Hörgeschädigtenpädagogen die Aufgabe zu, sein Fachwissen auf Basis einer kollegialen Beratung weiterzugeben. Dies erfolgt im Rahmen so genannter »Mobiler Dienste«. Die Organisation und Frequenz der fachlichen und kollegialen Beratung wird in den Bundesländern wiederum unterschiedlich umgesetzt. Hier stehen vor allem didaktisch-methodische Aspekte (▶ Kap. 4) sowie die hörgeschädigtenspezifische Kommunikation, die dem Schüler u. a. optimale visuelle und akustische Perzeptionsbedingungen gewährleisten sollen (▶ Kap. 3.2), im Mittelpunkt.

Meist ist ein Hörgeschädigtenpädagoge für mehrere allgemeine Schulen und die Betreuung der hörgeschädigten Schüler zuständig. Vordergründig ist zunächst eine umfassende, langfristige Beratung aller an der Inklusion Beteiligten (hörgeschädigte Schüler, Eltern, Mitschüler, Klassen- und Fachlehrer der allgemeinen Schule, Schulleitung).

Primär muss der am besten geeignete Förderort für den hörgeschädigten Schüler ermittelt und regelmäßig überprüft werden, um eine erfolgreiche Schulbiografie zu gewährleisten. Besonderes Augenmerk gilt hier den individuellen Bedürfnissen des hörgeschädigten Schülers in verschiedenen Lebensphasen, was die Durchführung sonderpädagogischer Diagnostik zur Klärung der Lernvoraussetzungen und des Entwicklungsstandes einschließt.

Risikobereiche wie Schnittstellen im Übergang von der Primar- in die Sekundarstufe, innerfamiliäre Veränderungen, schulische Probleme etc. erfordern hohes Empathievermögen und Sensibilität für die jeweilige Situation des Schülers. In enger Verbindung dazu steht die Beratung der Eltern, die es über verschiedene Schullaufbahnoptionen aufzuklären gilt. Zudem fungiert der Hörgeschädigtenpädagoge als Multiplikator innerhalb des Lehrerkollegiums der allgemeinen Schule für hörgeschädigtenspezifische Aspekte. Durch schulinterne Fortbildungen sollen alle an der Inklusion Beteiligten für die besondere Situation des hörgeschädigten Schülers informiert und sensibilisiert werden. Je nach Stundenplangestaltung, zeitlichen Kapazitäten und Notwendigkeit besteht die Möglichkeit der Einzelförderung parallel zum regulären Unterricht durch den Sonderpädagogen. Die Organisation dieser Einheiten lässt verschiedene Umsetzungsmodi offen (Sekretariat der Ständigen Konferenz der Kultusminister der Länder in der Bundesrepublik Deutschland (KMK) 1996, 20).

Ein viel diskutiertes und in Abhängigkeit von personellen Ressourcen zu sehendes Modell für den inklusiven Unterricht ist das Team-Teaching. Um die Chance zu erhöhen, allen Bedarfen von Schülern im inklusiven Unterricht gerecht zu werden, gestalten die Lehrkraft der allgemeinen Schule und der Hörgeschädigtenpädagoge den Unterricht zumindest teilweise gemeinsam. Ein dauerhaftes und damit effektiveres Zwei-Lehrer-Modell über alle Unterrichtsstunden wird mangels Ressourcen in keinem Bundesland vorgehalten (Pospischil 2013, 323f.). Dennoch liegen die Vorteile eines Lehrertandems auf der Hand. Die Verantwortung für den Unterricht sowie die Vorbereitung wird »halbiert«, vorausgesetzt, es findet eine gelingende Absprache zwischen den Lehrkräften statt. Zudem können beide ihre Expertisen einbringen, so dass im Team von der Kooperation profitiert wird. Für die Umsetzung in der Praxis bieten sich wiederum verschiedene Modi an. Bleibt der Lehrer der allgemeinen Schule hauptverantwortlich für den Unterricht, übernimmt der Hörgeschädigtenpädagoge die subsidiäre Funktion der Unterstützung in einzelnen Unterrichtsabschnitten oder auch die Einzel- oder Kleingruppenbetreuung von Schülern mit und/oder ohne sonderpädagogischen Förderbedarf. Sind beide gleichberechtigt für den Unterricht verantwortlich, ändert sich das Standing des Hörgeschädigtenpädagogen in der Klasse. Team-Teaching eröffnet somit Phasen der Differenzierung, Schülerbeobachtung und Arbeitsteilung, Voraussetzung dafür ist wie oben beschrieben die Klärung der Rolle des Hörgeschädigtenpädagogen sowie eine klare Aufgabenverteilung.

Neben den genannten Aufgabenfeldern ist eine intensive Netzwerkarbeit seitens des Mobilen Dienstes notwendig, so dass verschiedene Anlaufstellen für Eltern, Lehrer und Schüler im Sinne der Interdisziplinarität bei Bedarf angeboten werden können. Hier gilt es, die Fachspezifika aus Medizin, allgemeiner Pädagogik, Sonderpädagogik, Psychologie etc. gleichberechtigt an einen Tisch zu holen, um jede Schulbiografie individuell erfolgreich zu gestalten.

3.3.2 Zusammenarbeit mit den Eltern

Kirsten Ludwig/Jürgen Wessel

Der Anteil inklusiv beschulter Kinder und Jugendlicher mit Hörschädigung steigt seit Jahren kontinuierlich an. Deutliche Unterschiede herrschen zurzeit noch in den schulrechtlichen Bestimmungen der Bundesländer, z. B. in Bezug auf den Erhalt von Förderzentren oder das Wahlrecht der Eltern. Dieses reicht von einem uneingeschränkten Wahlrecht bis zu starken Einschränkungen bei der Wahl der Schulform für das eigene Kind. Die aktuelle Weiterentwicklung des inklusiven Schulsystems ist einerseits die Folge der UN-Konvention über die Rechte von Menschen mit Behinderungen. Andererseits waren es seit den 70er und 80er Jahren des vergangenen Jahrhunderts vor allem Eltern, die sich gegen eine Beschulung ihrer hörgeschädigten Kinder in Förderzentren entschieden – Hintergrund war hier in vielen Fällen die Unterbringung in überregionalen Internaten – und alternative Beschulungsmöglichkeiten einforderten. Dieser Trend wurde vorwiegend von Eltern lautsprachlich kommunizierender Kinder geprägt. In jüngerer Zeit entscheiden sich zunehmend auch Eltern gebärdensprachlich kommunizierender Kinder für eine inklusive Beschulung. Viele dieser Kinder haben die Gebärdensprache als Erstsprache auf natürlichem Weg von ihren gehörlosen Eltern erworben. Aus heutiger Sicht können einzelne Elternpaare sowie Elternverbände als eine Triebfeder inklusiver Förderung bezeichnet werden.

Im vorliegenden Abschnitt wird die Situation von Eltern hörgeschädigter Kinder im Kontext inklusiver Beschulung beleuchtet. Im Mittelpunkt der Betrachtung stehen vor allem die spezifischen Leistungen, die Eltern im Gefüge institutionalisierter Förderung vollbringen, aber auch die Belastungen, die dadurch entstehen können. In einem weiteren Abschnitt wird die Ausgangssituation von Eltern hörgeschädigter Kinder und Jugendlicher gekennzeichnet, die auf Grund von Migrationshintergrund und Kulturzugehörigkeit vor besondere Herausforderungen gestellt werden.

Anforderungen an Eltern

Nach der endgültigen Diagnosestellung im Rahmen des Neugeborenenhörscreenings sind die Eltern in der Situation, besonders herausfordernde Lebensumstände bewältigen und Kompensationsleistungen erbringen zu müssen. Über die Zeit des Aufwachsens ihres Kindes gelangen sie immer wieder an bestimmte Eckpunkte und in die Situation, Entscheidungen im Sinne des Kindes treffen zu müssen und zu wollen. Nach der Diagnose beispielsweise stehen unmittelbar die Entscheidung der technischen Versorgung und damit die Wahl der medizinischen, therapeutischen und pädagogischen Fachleute an. Dies geht in der Regel mit zahlreichen Terminen und Fahrten einher, die gemanagt werden müssen. Sollte die technische Versorgung mit einem CI angezeigt sein, sind heutzutage bereits im ersten Lebensjahr die Operation und die zwingend damit verbundene Nachsorge möglich. Dieser Entscheidung müssen sich die Eltern für ihren Säugling zu einem sehr frühen Zeitpunkt stellen und entscheiden damit für dessen gesamten künftigen Lebensweg.

In der Regel greift nach der Diagnose die pädagogisch-audiologische Frühförderung, die den Eltern beratend und familienspezifisch unterstützend zur Seite steht. Sie strebt eine partnerschaftliche Kooperation an: Professionelle und Eltern stehen in einem »Ergänzungsverhältnis« (Weiss 1989, 90), in dem sich die Eltern als Experten ihrer jeweils sehr spezifischen Familiensituation einbringen. Konsequenterweise zieht dies nach sich, dass sie die Entscheidungsträger für sich selbst und die Förderung des Kindes betreffende Belange (z. B. laut- oder gebärdensprachlich orientierte Förderung) sind und bleiben. Bei den Eltern kann daraus schnell ein ausgeprägtes, aber auch belastendes Verantwortungs- und Pflichtgefühl für die Förderung ihres Kindes entstehen. Vor allem in den Anfängen des Familienlebens mit einem Kind mit Hörschädigung fühlen sich viele Eltern überfordert und nicht zu Entscheidungen in der Lage. Vielmehr wünschen sie sich eindeutige Empfehlungen oder auch Festlegungen von den Professionellen (Siebeck 2012, 234). Im Lauf der Jahre entwickeln die Eltern in der Regel eine professionelle Selbst- und Fachkompetenz sowie eine enorme Sensibilität für das Wohlbefinden ihres Kindes und werden zu Spezialisten für dessen besondere Bedarfe (so wie es z. B. die Frühförderung anstrebt). Dass sich daraus eine beträchtliche Erwartungshaltung an die Umwelt im Sinn und zum Wohl des Kindes einstellen kann, liegt sehr nahe. Jene wird die anstehenden und weitreichenden Entscheidungen über den vorschulischen und schulischen Förderort vermutlich sehr nachhaltig beeinflussen.

Grundsätzlich können die Eltern für ihr Kind Angebote von Förderzentren Hören und Kommunikation in Anspruch nehmen. Ihrem Kind stehen aber auch verschiedene inklusive Angebote an allgemeinen Schulen, auf Wunsch mit Begleitung durch einen mobilen Dienst (▶ Kap. 1.3), zur Verfügung. Für die elterliche Entscheidung zur Inklusion ihres Kindes sind beispielsweise ihre guten Inklusionserfahrungen während der Kindergartenzeit sehr ausschlaggebend (Ludwig 2009, 152). Für Eltern, die sich für einen Bildungsweg an inklusiv ausgerichtete Schulen entscheiden, ist explizit diese hohe inklusive Schulkultur bedeutsam (Wessel 2015, 455). Vermutlich geht die Entscheidung für das eine oder andere vorschulische und schulische Setting mit der einen oder anderen mehr oder weniger bewussten spezifischen Erwartung der Eltern (z. B. sich als Experte einbringen zu können) einher. Diese zu kommunizieren, kann klärend für die Kooperation während der Schulzeit sein.

Trotz gelingender Teilhabe und beständiger Kooperation ist es sehr wahrscheinlich, dass die Eltern immer wieder vor der belastenden Herausforderung stehen, ihr persönliches Engagement für ihr Kind abwägen zu müssen. Einerseits sind sie die Experten für ihr Kind und können z. B. Lehrern und Schulleitungen gegenüber hilfreiche Tipps und Empfehlungen aussprechen. Nicht selten sind sie bestens über rechtliche Bestimmungen informiert und setzen sich für deren Umsetzung zum Wohle des Kindes ein. Dabei darf davon ausgegangen werden, dass es ihnen nicht um das Erwirken von Vorteilen, sondern um das Verhindern von Nachteilen, folglich um Chancengleichheit und -gerechtigkeit für ihr Kind geht. Genau das kann vom Gegenüber schnell verkannt werden und die Eltern andererseits veranlassen, sich zurückzuziehen oder sich von vornherein zurückzuhalten. Sie könnten – aus Erfahrung heraus – zum Nachteil für ihr Kind befürchten, dass es als Problem- oder Extrafall von den Lehrkräften wahrgenommen wird. Sehr viele Eltern erleben diese Herausforderung als permanentes Dilemma. Dass daraus große Belastungen nicht nur für die Eltern, sondern die gesamte Familie entstehen können, ist naheliegend.

Inklusionsleistung der Eltern

In Befragungen von Eltern zu ihren Erfahrungen mit der schulischen Inklusion ihres hörgeschädigten Kindes (Ludwig 2009; Wessel 2014a, 2015) äußert das Gros, (sehr) zufrieden zu sein. Fast alle Eltern würden sich erneut für die schulische Inklusion entscheiden. Unter diesen zufriedenen Eltern sind jedoch auch solche, die entweder die schulische Inklusion als (große) Belastung, u. a. für ihr Familienleben, empfinden oder schon an einen Schulwechsel an das Förderzentrum Hören und Kommunikation dachten (Ludwig 2009, 174f.). Hierin zeigt sich der Prozesscharakter von Inklusion. Es gibt keinen einmalig erreichten und bleibenden Zustand. So wie sich die schulischen Anforderungen und Bedingungen ändern, können sich die Bedarfe der hörgeschädigten Kinder und Jugendlichen ändern. Zu empfehlen ist ein zeitstabiler Kontakt zu den Eltern. Sie sind sensibel für mögliche leistungsmotivationale oder sozial-emotionale Belastungszustände ihres Kindes. Den vielseitig geforderten Lehrern kann dies im Schulalltag rasch entgehen, zumal Schüler mit Hörschädigung meist zu denen mit unauffälligem Verhalten in der Klasse zählen. Im Hinblick auf eine gelingende Kooperation kann es seitens der Schule sehr hilfreich sein, aktiv auf die Eltern zuzugehen und Informationen zur häuslichen Situation einzuholen. Idealerweise wird der mobile Dienst in die Kooperation eingebunden, um von seiner Expertise profitieren und die Eltern, aber auch Lehrer und Schüler entlasten zu können.

Es ist davon auszugehen, dass die meisten Eltern mit der schulischen Inklusion ihres hörgeschädigten Kindes einen erheblichen Mehraufwand erbringen und in Kauf nehmen müssen, sowohl bezogen auf allgemeine schulische als auch auf spezifisch unterrichtliche Angelegenheiten. Allgemein schulisch sind die äußeren Rahmenbedingungen betroffen, um die sich die Eltern kümmern müssen. Sie berichten sogar für Schulen mit hoher Inklusionskultur vom »hohen Aufwand bei Behördengängen zur Beantragung von Eingliederungshilfe, von technischen Hilfsmitteln und Mitteln zur Beförderung ihrer Kinder vom Wohnort zum Schulort« (Wessel 2014a, 23).

Während die allgemeinen schulischen Angelegenheiten mitunter einmalig oder längerfristig zu bewältigen sind, sind die Eltern hinsichtlich der spezifisch unterrichtlichen Belange eher permanent eingebunden. Sie sind mindestens in die Erledigung der Hausaufgaben, Nacharbeit von Unterrichtsinhalten und im zusätzlichen Lernen mit ihrem Kind involviert. Es kommt vor, dass Eltern das Gefühl haben, die Arbeit der Lehrer erledigen und ihr Kind bei den Hausaufgaben und beim Lernen ›überwachen‹ zu müssen. Das alles kostet sie und ihre Familie viel Zeit und geht zulasten der Beziehung zum Kind (Ludwig 2009, 161). »Das permanente Reden über Schule und die tägliche Hausaufgabensituation« stellt für die Eltern »neben Schuldzuweisungen innerhalb der Familie und den Gesprächen mit den Lehrern« den am meisten belastenden Faktor hinsichtlich Schule dar (Lindner 2009, 192). Als zentral empfiehlt Lindner, für einen besonders engen Kontakt aller Beteiligten sowie qualitativ und quantitativ für ausreichendes Sprachverstehen der Schüler im Unterricht zu sorgen.

Hilfe bei den Hausaufgaben, beim Nacharbeiten und Lernen trifft auch für Eltern zu, deren Kind eine Schule mit Inklusionsprofil besucht. Die inklusiv ausgerichteten didaktisch-methodischen Maßnahmen verlangen von den hörgeschädigten Schülern dennoch, ein »erhöhtes Maß an Konzentrations- und Nacharbeit [zu] leisten, um Leistungen zu erbringen, die mit denen ihrer Mitschüler vergleichbar sind« (Wessel 2015, 455). Die Eltern dieser Kinder beschreiben

> »für sich und weitere Familienangehörige erhöhte Belastungen bei der nachmittäglichen Betreuung der hörgeschädigten Schüler. Innerfamiliäre Abläufe werden demnach durch den erhöhten Aufwand bei der Nacharbeitung der Unterrichtsinhalte und bei der Hausaufgabenerledigung beeinträchtigt« (Wessel 2014a, 23).

Die Inklusion von Schülern mit Hörschädigung wird in vielen Fällen unterstützt durch ein hohes Engagement der Familien, woraus besondere und erhöhte Belastungen für die Familien entstehen können. Die Eltern leisten einen großen Mehraufwand und gleichen nachmittags aus, was vormittags ihrem Kind unzugänglich blieb. Ihre Kompensationsleistung und ihr Engagement tragen erheblich zum Gelingen schulischer Inklusion bei, sollten aber nicht als selbstverständlich angenommen werden. Zum einen kann dies von den Eltern nicht uneingeschränkt erwartet werden, zum anderen widerspricht es dem Inklusionsgedanken.

Migrationshintergrund und Kulturzugehörigkeit – Lautsprachlich kommunizierende Eltern

Für gut hörende Eltern mit Migrationshintergrund oder spezifischer kultureller Zugehörigkeit können auch andere Sachverhalte in Betracht kommen, deren Reflexion zum gegenseitigen Verständnis beiträgt. Für die Mehrheit der in Deutschland lebenden betroffenen Eltern ist anzunehmen, dass sie hierzulande einem sehr komplexen Sozial-, Rechts- und Hilfesystem gegenüberstehen, zu dem ihnen aus ihrem Herkunftsland keine vergleichbaren Erfahrungen vorliegen. Sie stoßen auf sprachliche Barrieren, die es erschweren oder sogar verhindern, sich wunschgemäß zu informieren und daraufhin zu entscheiden. In der Folge können sich Handlungseinschränkungen bis hin zu Handlungsunfähigkeiten und auch das Gefühl der Fremdbestimmung einstellen (Halfmann 2014, 98).

Menschen mit Migrationshintergrund sind in Deutschland keine soziokulturell homogene Gruppe, sondern es zeigt sich eine vielfältige und differenzierte Milieulandschaft (Sinus Sociovision 2008). Dies trifft natürlich sowohl auf die Eltern als auch deren Kinder zu. Insgesamt wird für in Deutschland lebende Migranten eine Reihe von Sinus-Migranten-Milieus unterschieden. Die Milieus fassen Menschen nach der Ähnlichkeit insbesondere ihrer Wertvorstellungen, Lebensstile und ästhetischen Vorlieben zusammen, weniger nach ethnischer Herkunft und sozialer Lage (Windisch 2014, 129).

> »Menschen des gleichen Milieus mit unterschiedlichem Migrationshintergrund verbindet mehr miteinander als mit dem Rest ihrer Landsleute aus anderen Milieus. **Man kann also nicht von der Herkunftskultur auf das Milieu schließen.** Und man kann auch nicht vom Milieu auf die Herkunftskultur schließen« (Sinus Sociovision 2008, 2; H.i.O.).

Gegenwärtig sind Schüler mit Behinderung und Migrationsstatus unabhängig ihrer Milieuzugehörigkeit deutschlandweit in sonderpädagogischen Förderzentren noch überrepräsentiert (Powell/Wagner 2014, 177). Dies wird sich in Abhängigkeit von der föderalistischen Bildungspolitik künftig unterschiedlich (z. B. von der Schließung bzw. Bewahrung von Förderzentren) sehr verändern.

Über alle Milieus hinweg wird Bildung als Basis für ein gelungenes Leben wertgeschätzt. »Die Unterschiede zwischen den verschiedenen Milieus sind hier marginal« (Barz et al. 2015, 66). Für viele Eltern, deren Kind eine allgemeine Schule besucht, ist »symptomatisch«, Wert auf Schulen mit geringem Migrationsanteil zu legen. Dies geht mit der Erwartung eines höheren Leistungsniveaus in den Schulen und damit für ihre Kinder einher (Barz et al. 2013, 3). Unterschiede zeigen sich in der Sicht, wer für die Schulbildung die Verantwortung trägt: Eltern zum Beispiel des »entwurzelten« Milieus sehen die Verantwortung vor allem bei sich selbst und/oder dem Kind, »religiös-verwurzelte« Eltern bei der Schule, Eltern des »hedonistisch-subkulturellen« Milieus vor allem bei Schule und Kind (Barz et al. 2015, 66). Hinsichtlich Chancengleichheit für Schüler mit Migrationshintergrund erweisen sich die Lehrkräfte der allgemeinen Schulen als die bedeutendste Variable, die weit vor allen anderen möglichen Faktoren (z. B. Schulkultur) liegt (Barz et al. 2013, 3). Hierbei wirken sich parallel zu den professionellen Handlungskonzepten die Einstellungen und Überzeugungen jeder einzelnen Lehrkraft hoch bedeutsam aus (Merz-Atalik 2014, 160).

Windisch (2014, 122) resümiert für Migrantenfamilien mit behinderten Angehörigen in Deutschland eine generell geringe Inanspruchnahme verfügbarer Stützsysteme. Dies kann möglicherweise Ausdruck darin finden, dass Familien mit Migrationshintergrund mit hörgeschädigten Kindern an allgemeinen Schulen nicht die Leistungen der mobilen Dienste abrufen. Dabei sind ursächlich sowohl Informationsdefizite als auch – anschließend dargestellt – kulturdifferente Interpretations- und Bewältigungsmuster denkbar. Für die Familien ist eine funktionierende kommunikative Netzwerkarbeit für die Informationsweitergabe unter den Professionellen eine große Stütze. Mit Einverständnis der Eltern könnten Lehrkräfte zwecks Beratung und Informierung beispielsweise Kontakt zum mobilen Dienst, Arzt und Hörgeräteakustiker des hörgeschädigten Schülers oder generell zu Migrationsdiensten und Migrantenorganisationen aufnehmen. Damit kann den häufig geringen Kenntnissen über die Lebenssituation der Familien entgegengewirkt und den daraus folgenden spezifischen Bedarfen und Bedürfnissen respektvoll begegnet werden.

Für türkeistämmige Eltern hörgeschädigter Kinder zeichnet sich in einer – allerdings nicht repräsentativen – Befragung (Ludwig 2015, 88) ab, dass sie professionelle Unterstützung für ihr Kind ab dem Zeitpunkt stärker in Anspruch nehmen, ab dem die Kinder institutionalisiert entweder im sonderpädagogischen oder allgemeinen Kindergarten gefördert werden können. Doch nicht alle Eltern nutzen diese Förderangebote, und die Kinder verbleiben vermutlich ohne sonderpädagogische Begleitung in der Familie. Die Tatsache deckt sich mit dem deutschlandweiten, aber abnehmenden Trend, dass Kinder mit Migrationshintergrund seltener einen Kindergarten besuchen als Gleichaltrige ohne Migrationshintergrund (BMFSFJ 2010, 84). Dies kann eine bewusste und gewünschte Entscheidung der Eltern sein, aber auch Folge von Sprachbarrieren, Unkenntnis des deutschen Bildungssystems oder kulturell geprägten Vorbehalten (ebd., 87).

Aus der Zusammenarbeit mit Eltern hörgeschädigter Kinder mit Migrationshintergrund in der Frühförderung leitet Tsirigotis (2012, 271ff.) Empfehlungen zur Beratung ab, deren Übertragung im Sinne der Etablierung einer kultur- und migrationssensiblen Frage- und Erzählkultur (Halfmann 2014, 121) auf die Kooperation während der Schulzeit sinnvoll erscheint. Demnach geht es um das Klären der gegenseitigen Erwartungen. Darin kann die Verständigung zum Behinderungsbegriff, dem zugehörigen Menschenbild und zu den daraus resultierenden Leitprinzipien (ebd., 121) inbegriffen sein. Sich Einblicke in die Familienstrukturen zu verschaffen, ohne die persönlichen Grenzen zu überschreiten, dient der spezifisch biografieorientierten Wahrnehmung und Beratung.

Mit Blick auf familiäre Kulturzugehörigkeiten können kulturelle Faktoren die Sichtweise von Behinderung prägen. Daraus resultieren je kulturspezifische Wahrnehmungen und Erklärungen des Phänomens Behinderung sowie ganz eigene Formen, damit umzugehen. Halfmann (2014, 52) gibt hierzu einen Überblick: Die Erklärungsansätze werden nach natürlich (naturwissenschaftlich-medizinisch) und übernatürlich (religiös-spirituell bzw. z. B. Fluch, Aberglaube) unterschieden. Letztere münden zumeist darin, von den Familien auch übernatürliche oder ›magische‹ Heilmittel bzw. Heiler zu wählen. Unterstützungsmaßnahmen zum Umgang mit der Behinderung werden vorrangig innerhalb des Kreises der Familie in Anspruch genommen, was individualistischen Kulturen eigen ist. Hilfe oder Heilung kann auch ausbleiben, wenn zum Beispiel die Hörschädigung des Kindes als übernatürlich veranlasst und irdisch zu bewältigende Prüfung erachtet wird. Dann »kann dies zu einer positiven Akzeptanz der Behinderung führen, möglicherweise jedoch auch dazu, dass jegliche Form der Behandlung oder Therapie abgelehnt wird« (Halfmann 2014, 52). In kollektivistischen Kulturen wird eher die Entscheidung zur Inanspruchnahme staatlicher Angebote (z. B. Krankenhaus, Internat, Waisenhaus) getroffen, was beispielsweise für Familien aus den ehemaligen kommunistischen osteuropäischen Staaten zutrifft.

Kulturelle Verständigungsschwierigkeiten stellen neben Informations- und Sprachdefiziten die hauptsächliche Barriere für die Eltern zur Inanspruchnahme sonderpädagogischer Leistungen dar, was wiederum den Verzicht auf spezifische vorschulische Angebote der Hörgeschädigtenpädagogik oder auf den mobilen Dienst während der Schulzeit nach sich ziehen könnte. »Hinzuzufügen ist, dass sich Kulturen und damit das Verständnis von und der Umgang mit Behinderung im ständigen zeitlichen Wandel befinden« (Halfmann 2014, 53).

Kulturzugehörigkeit und Migrationshintergrund – Gehörlose Eltern

Unter den Eltern schwerhöriger und gehörloser Kinder und Jugendlicher stellen gehörlose Eltern, also Eltern, die gebärdensprachlich kommunizieren und Lautsprache auch mit Hörhilfen nicht über das Ohr wahrnehmen können, nur eine kleine Gruppe dar. Die Förderung ihres gehörlosen Kindes an einer allgemeinen Schule ist vor allem für jene gehörlosen Eltern eine wünschenswerte Alternative, denen die Fördermöglichkeiten eines Förderzentrums nicht ausreichend erscheinen. Dabei nehmen sie u. a. in Kauf, dass ihr gebärdensprachlich kommunizierendes Kind in der Schule kaum Kommunikationspartner mit Gebärdensprachkompetenz findet und auf die Vermittlung von Inhalten mit Hilfe von Gebärdensprachdolmetschern angewiesen ist (▶ Kap. 3.3.3 und 4.5).

Wegen der spezifischen Sozialisationsbedingungen erwachsen für Menschen mit hochgradiger Hörschädigung auch in ihrer Rolle als Eltern besondere Anforderungen.

Viele erwachsene Menschen mit Gehörlosigkeit haben über einen intensiven Kontakt mit anderen gehörlosen Menschen eine Identität als gehörloser Mensch entwickelt (Kaul/Niehaus 2013, 29). Zu ca. 90% sind gehörlose Eltern in einer kulturell und linguistisch diversen Familienkonstellation aufgewachsen, oft als einzige gehörlose Familienmitglieder (Singleton/Tittle 2000, 223). Sie haben ihre Identität als gehörloser Mensch überwiegend im Kontext vorschulischer und schulischer Bildung und Förderung, hier vor allem im Kontakt zu anderen gehörlosen Kindern und Jugendlichen an Förderzentren erworben. Sie beschreiben sich als Teil einer Gemeinschaft gehörloser Menschen – »Deaf communities« (Woll/Ladd 2011, 159) –, die sich vor allem über eine gemeinsame Sprache, die Deutsche Gebärdensprache, aber auch über weitere kulturelle Aspekte definiert. Gleichzeitig sind gehörlose Menschen als sprachliche und kulturelle Minderheit auch Teil der umgebenden, mehrheitlich gut hörenden und lautsprachlich kommunizierenden Gesellschaft, so dass von einer bikulturellen und bilingualen Lebenssituation gesprochen werden kann. Die sozialen Bezüge zur Gehörlosenkultur sind dabei in der Regel größer und dichter als zur Kultur gut hörender Menschen. Gehörlose Menschen wählen zu ca. 90% einen gehörlosen oder hochgradig hörgeschädigten Partner (Kaul/Niehaus 2013, 29). Die deutsche Gebärdensprache ist in der Regel die Erstsprache und das sicherste Kommunikationsmittel.

Die eigene schulische Laufbahn, in der Regel in einem Förderzentrum, ist für viele gehörlose Eltern mit unangenehmen Erinnerungen verknüpft. Die offizielle Anerkennung der Deutschen Gebärdensprache erfolgte erst im Jahre 2002 durch das Behindertengleichstellungsgesetz. Bis dahin gab es für gehörlose Menschen in Deutschland nur sehr eingeschränkte Möglichkeiten, gebärdensprachliche Angebote in Anspruch zu nehmen. Konzepte zur Förderung gehörloser Kinder mittels der Deutschen Gebärdensprache sind erst in jüngerer Zeit entwickelt worden, so dass die Unterrichtung und Förderung in der Vergangenheit überwiegend auf der Grundlage der Laut- und Schriftsprache bei weitestgehendem Ausschluss der Gebärdensprache erfolgte.

Aus dieser historischen Entwicklung heraus erscheint es als nachvollziehbar, dass gehörlose Eltern eine ambivalente Haltung zu einer ausschließlich lautsprachlichen Förderung haben und sich für ihre gehörlosen Kinder eine schulische Förderung unter strukturellem Einbezug der Deutschen Gebärdensprache wünschen (Kaul/Niehaus 2013, 83). Wie in Kapitel 2.3 bereits verdeutlicht wurde, stellt für Kinder gehörloser Eltern die Gebärdensprache in den meisten Fällen die Erstsprache dar. Auch unter diesem Aspekt erscheint die Forderung gehörloser Eltern nach gebärdensprachlichen Bildungsangeboten, z. B. in Form von muttersprachlichem Unterricht, sinnvoll.

In der Wahrnehmung ihrer Elternrolle sehen sich gehörlose Eltern oft vor enorme Hürden gestellt. In vielen schulischen Alltagssituationen, in denen Informationen lautsprachlich vermittelt werden (sowohl offizielle wie Elterngespräche, Elternabende oder Gremien der Elternvertretung als auch informelle wie Elternstammtische oder Schulfeste), sind sie ohne Kommunikationshilfen ausgeschlossen. Eine spontane telefonische Kontaktaufnahme ist ohne Telefondolmetschdienste nicht möglich. Selbst schriftsprachliche Informationen können nicht ohne Weiteres sicher entschlüsselt werden, da die Erstsprache gehörloser Menschen die Gebärdensprache und nicht die Lautsprache ist (▶ Kap. 1.1, 1.2 und 2.3). Eine nur sporadische Teilnahme an Elternveranstaltungen sollte somit nicht automatisch als Desinteresse, sondern kann auch als Folge langjähriger Erfahrung des Ausgeschlossenseins gedeutet werden.

Ganz besondere Herausforderungen in der Wahrnehmung ihrer Elternrolle müssen gehörlose Eltern mit Migrationshintergrund bewältigen. Theorien zur Intersektionalität gehen davon aus, dass mehrere soziale Kategorien wie Gender, Migration oder Behinderung sich wechselseitig beeinflussen und gegebenenfalls sogar gegenseitig verstärken (Walgenbach 2012, 82). Gehörlose Menschen mit Migrationshintergrund müssen sich in eine fremde lautsprachlich geprägte Kultur einfühlen und dazu eine doppelte Sprachbarriere überwinden: Weder die Gebärdensprache noch die Laut- und Schriftsprache des Heimatlandes reichen aus. Um in Deutschland schulische Strukturen zu verstehen und sicher kommunizieren zu können, müssen gehörlose Migranten die Deutsche Gebärdensprache und zu einem gewissen Mindestmaß die deutsche Laut- und Schriftsprache erlernen.

Zur Kommunikationssicherung werden mittlerweile in Situationen mit gehörlosen Menschen mit Migrationshintergrund neben Gebärdensprachdolmetschern so genannte »taube Dolmetscher« eingesetzt. Die gesprochene deutsche Sprache wird dabei von Gebärdensprachdolmetschern in die Deutsche Gebärdensprache übersetzt; ein tauber Dolmetscher übersetzt simultan in die jeweilige andere Gebärdensprache.

Zur Sicherstellung gelingender Kommunikation mit gehörlosen Eltern sollten zunächst die Hinweise zur Kommunikation mit schwerhörigen und gehörlosen Schülern allgemein berücksichtigt werden, wie sie in Kapitel 3.2 erläutert werden (z. B. Optimierung der raumakustischen Bedingungen, Blickkontakt etc.). Darüber hinaus ist in der Zusammenarbeit mit gehörlosen Eltern ein gewisses Maß an Kultursensibilität hilfreich. Dies drückt sich beispielsweise in folgenden Maßnahmen aus:

- Fragen Sie gehörlose Eltern frühzeitig nach deren bevorzugter Kommunikation (lautsprachlich, schriftsprachlich, gebärdensprachlich).
- Verständigen Sie sich frühzeitig mit den Eltern über den Einsatz von Gebärdensprachdolmetschern bei Treffen von Gremien der Elternvertretung, bei Elternsprechtagen und ähnlichen schulischen Anlässen. Dazu müssen die Eltern rechtzeitig einen Antrag auf Kostenübernahme bei der zuständigen Schulbehörde stellen. Bedenken Sie, dass die Kostenübernahme bundesweit nicht einheitlich geregelt ist.
- Erwägen Sie für die o.g. schulischen Veranstaltungen für gehörlose Eltern mit Migrationshintergrund den Einsatz tauber Dolmetscher, die zwischen unterschiedlichen Gebärdensprachen dolmetschen.
- Bedenken Sie, dass gehörlose Eltern die Informationen bei einem Einsatz von Gebärdensprachdolmetschern zeitlich verzögert erhalten. Lassen Sie im Gespräch oder bei Vorträgen daher immer genügend Zeit zur Verarbeitung der Informationen und für Rückfragen.
- Wenn Sie ein Gespräch mit gehörlosen Eltern unter Zuhilfenahme von Gebärdensprachdolmetschern führen, halten Sie Blickkontakt zu den Eltern (und nicht zu den Gebärdensprachdolmetschern).
- Nutzen Sie bei telefonischer Kontaktaufnahme so genannte Telefon-Relay-Dienste, bei denen ein Gebärdensprachdolmetscher für eine störungsfreie Kommunikation zwischen gehörlosem und gut hörendem Gesprächspartner sorgt.
- Setzen Sie in der unmittelbaren Kommunikation angemessen Körpersprache, Mimik und Gestik zur Unterstützung gesprochener Sprache ein.
- Wegen des bereits erwähnten erschwerten Erwerbs der Laut- und Schriftsprache fällt es gehörlosen Eltern zum Teil recht schwer, komplexe Texte zu erfassen bzw. zu verfassen. Halten Sie deshalb Informationsbroschüren, Websites, Newsletter usw. in leicht verstehbarer Sprache bereit.

Viele dieser Hinweise sind im Übrigen auch für die Zusammenarbeit mit schwerhörigen Eltern und Eltern mit Migrationshintergrund hilfreich.

3.3.3 Weitere personelle Unterstützungsangebote

Thomas Kaul

Neben der Begleitung durch Förderpädagogen, die vor Ort Unterrichtende, Eltern und Kinder unterstützen, bestehen noch weitere Möglichkeiten, im Unterricht und dessen Umfeld personelle Ressourcen zu nutzen. Diese erstrecken sich von Gebärdensprach- und Schriftdolmetschern über Schulbegleiter bis hin zu Fachpersonal unterschiedlicher Einrichtungen und Institutionen.

Gebärdensprachdolmetscher und Schriftdolmetscher

Gehörlose, gebärdensprachlich kommunizierende Kinder und Jugendliche sind im inklusiven Unterricht auf die Übersetzung des Gesprochenen in die Deutsche Gebärdensprache angewiesen (s. hierzu insbesondere Kap. 4.5.1). Dies wird in Deutschland in der Regel durch Gebärdensprachdolmetscher gewährleistet.

Der Einsatz von Gebärdensprachdolmetschern muss individuell beantragt werden. Er stellt eine personenbezogene Leistung dar, d. h. sie wird für das einzelne Kind gewährt. Der Antrag auf Kostenübernahme wird in der Regel auf der Basis des SGB XII (z. B. § 53; § 54; § 60) sowie Paragraph 12 der Eingliederungshilfeverordnung bei dem zuständigen Sozialamt gestellt. Die Bewilligung erfolgt immer individuell auf der Grundlage einer vorhergehenden Prüfung, was zur Folge haben kann, dass die Bewilligungspraxis in den einzelnen Bundesländern variieren kann. Dies kann den Umfang der Unterrichtsstunden betreffen oder auch eine in bestimmten Fällen notwendige Doppelbesetzung der Gebärdensprachdolmetscher. Darüber hinaus ist es in der Vergangenheit auch zu Ablehnungen der Kostenübernahme gekommen, so dass Eltern in diesen Fällen den Klageweg beschreiten mussten (z. B. SG Frankfurt, Urteil vom 13.10.2010 – S 30 SO 229/10 ER; BSG, Urteil vom 04.06.2013 – B 11 AL 8/12 R).

Die gesetzlichen Voraussetzungen, die für Gebärdensprachdolmetscher gelten, gelten in vergleichbarer Weise auch für den Einsatz von Schriftdolmetschern (▶ Kap. 3.1). Allerdings stellt der Einsatz von Schriftdolmetschern im Unterricht zurzeit eher eine Ausnahme dar. Meist werden Schriftdolmetscher im Rahmen von mündlichen Prüfungen eingesetzt. Auch in diesen Fällen bedarf es der individuellen Beantragung im Rahmen der Eingliederungshilfe.

Schulbegleiter

Der Begriff Schulbegleiter wird nicht einheitlich verwendet, u. a. werden Bezeichnungen wie Schulassistent, Integrationshelfer, Individualbetreuer oder auch Schulhelfer gebraucht (Dworschak 2010a, 131). Die Aufgaben eines Schulbegleiters liegen im Wesentlichen in drei Bereichen:

»Zum Ersten unterstützen sie Schüler mit schwerer Behinderung bzw. progredienten Krankheiten im Kontext (medizinischer) Pflege während der Schulzeit. Zum Zweiten unterstützen sie Schüler im Kontext einer integrativen Beschulung und zum Dritten sollen sie Schülern den Besuch eines Förderzentrums ermöglichen bzw. sie hierbei unterstützen« (Dworschak 2010b, 1).

Gesetzlich geregelt ist deren Einsatz und Finanzierung im SGB XII Paragraph 54 und SGB VIII Paragraph 35a. Hierbei handelt es sich ebenfalls um eine personenbezogene Einzelfallhilfe, die individuell beantragt werden muss. Der Einsatz von Schulbegleitern ermöglicht eine zusätzliche Unterstützung von Schülern mit Behinderung. Allerdings wird deren Einsatz auch kritisch diskutiert (z. B. Heinrich/Lübeck 2013), da es sich in der Regel um pädagogisch nicht ausgebildetes Personal handelt.

Förderzentrum Hören und Kommunikation

Neben den personenbezogenen Leistungen halten eine Reihe von Institutionen ebenfalls Unterstützungsangebote vor, die für hörgeschädigte Schüler in der Inklusion von Bedeutung sind. Der Hörgeschädigtenpädagoge, der den direkten Kontakt zu den hörgeschädigten Kindern, den Eltern und der Schule unterhält, ist in der Regel in einem Förderzentrum Hören und Kommunikation angestellt. Das Förderzentrum stellt eine zentrale Schaltstelle zu einem Netzwerk in der Förderung und Rehabilitation hörgeschädigter Schüler dar. Die Vernetzung ist in der Regel regional und überregional organisiert. Sie betrifft neben der Frühförderung und den möglichen schulischen Bildungswegen insbesondere auch die inklusive Beschulung und den Übergang von der Schule in den Beruf.

Die Fachkompetenz und die institutionelle Vernetzung reichen aber weit darüber hinaus. In der Regel bestehen seitens der Förderzentren enge Kontakte zu den in den jeweiligen Feldern tätigen Akteuren. Hierzu gehören Einrichtungen wie z. B. Kliniken mit Abteilungen für Audiologie, Akustiker, Integrationsämter und Integrationsfachdienste sowie Psychosoziale Beratungsstellen. Das Förderzentrum stellt somit eine wichtige Anlaufstelle für alle Fragen dar, die die Inklusion eines Kindes mit Hörschädigung betrifft.

Audiologische Zentren, HNO-Medizin, CI-Zentren, Akustiker

Vor allem lautsprachlich kommunizierende hörgeschädigte Kinder sind auf technische Hörhilfen und die damit verbundene audiologische Betreuung angewiesen. Deswegen sind für die technische Anpassung der Hörhilfen enge Kontakte zu audiologischen Zentren oder auch Akustikern notwendig. Darüber hinaus können diese auch bei der Ausstattung der Schule mit Übertragungsanlagen unterstützen. Hörschädigungen sind aber auch immer aus einer medizinischen Perspektive zu behandeln, so dass eine HNO-medizinische Betreuung notwendig sein kann, die durch Kliniken oder durch niedergelassene HNO-Ärzte erfolgt.

Kinder und Jugendliche, die mit einem Cochlea Implantat versorgt sind, stehen in einem engen Kontakt zu den CI-Zentren, die Aufgaben in der Rehabilitation übernehmen, aber auch die Einstellung der Prozessoren und deren Überprüfung vornehmen.

Übergang Schule-Beruf

Ein ebenfalls besonderes Aufgabenfeld stellt der Übergang von der Schule in den Beruf dar. In der Regel haben hörgeschädigte Schüler einen Schwerbehindertenausweis, der ihnen rechtlich vielfältige Beratungs- und Unterstützungsmöglichkeiten eröffnet.

Dem Integrationsamt kommt hierbei eine zentrale Aufgabe zu. Die Aufgaben des Integrationsamtes sind durch die Sozialgesetzgebung (SGB) geregelt. Die Integrationsämter haben die Aufgabe, die Ausgleichsabgabe zu erheben und diese wiederum zur Eingliederung von Menschen mit Behinderung in das Arbeitsleben aufzuwenden. Die Ausgleichsabgabe muss von Betrieben und Unternehmen gezahlt werden, wenn diese nicht die gesetzlich vorgeschriebene Anzahl von Arbeitnehmern mit einer Schwerbehinderung einstellen. Neben Überwachung des Kündigungsschutzes kommt dem Integrationsamt die Durchführung von begleitenden Hilfen im Arbeitsleben zu. Durch diese sollen Menschen mit einer Schwerbehinderung in den ersten Arbeitsmarkt integriert und vor einer Kündigung geschützt werden (BIH – Bundesarbeitsgemeinschaft der Integrationsämter und Hauptfürsorgestellen 2015, 9f.).

Die Integrationsämter unterhalten verschiedene Fachdienste zur technischen Beratung bei der Ausstattung von Arbeitsplätzen und Eingliederung von Menschen mit Behinderung. Dem Integrationsfachdienst (IFD) kommt dabei ein besonderer Stellenwert zu, da dieser in enger Abstimmung mit anderen Rehabilitationsträgern und der Bundesagentur für Arbeit (BA) schwerbehinderte Arbeitnehmer und deren Arbeitgeber über finanzielle, personelle und sächliche Unterstützung berät sowie Unterstützungsmaßnahmen auch selbst anbietet. Darüber hinaus übernehmen in enger Abstimmung mit der BA Integrationsfachdienste Aufgabenbereiche in der Vermittlung von Arbeits- und Ausbildungsplätzen. IFDs können darüber hinaus Maßnahmen während der Berufswahlphase in Schulen durchführen und somit hörgeschädigte Jugendliche bei der Berufswahl unterstützen.

Psychosoziale Beratung und Behandlung

In Deutschland besteht je nach Region ein mehr oder weniger dichtes Netz an Sozialberatungsstellen für Menschen mit Hörschädigung. Diese übernehmen ein breites Feld von Aufgaben, z. B. im Bereich der Beantragung von Sozialleistungen, Unterstützung bei Problemen mit Behörden oder anderen Institutionen, aber auch bei persönlichen Problemen. In Deutschland gibt es darüber hinaus eine Reihe von Spezialkliniken, die sich der psychosozialen und psychiatrischen Behandlung und Therapie von Menschen mit Hörschädigung widmen. Über die Sozialberatungsstellen für hörgeschädigte Menschen können diese spezifischen therapeutischen Angebote für Menschen mit einer Hörschädigung vermittelt werden.

4

Inklusiver Unterricht mit hörgeschädigten Schülern

Jeder Unterricht basiert auf Sprache und Kommunikation. Da sich eine Hörschädigung vor allem auf (laut-)sprachliche Fähigkeiten und kommunikative Kompetenzen auswirkt, ergeben sich im Kontext mit Unterricht grundlegende Fragen: Wie kann inklusiver Unterricht die Fähigkeiten und Bedürfnisse von Schülern mit einer Hörschädigung in einem heterogenen Klassenzimmersetting berücksichtigen? Welche Kernprobleme können sich daraus im Unterricht ergeben? Welche didaktischen Möglichkeiten können bei der Planung und der Durchführung von Unterricht genutzt werden, um Barrieren zu vermeiden bzw. zu überwinden?
Das Kapitel umreißt ausgehend von allgemeinen didaktisch-methodischen Grundlagen (▶ Kap. 4.1) Antworten auf diese Fragen. Es werden die Kernprobleme im Zusammenhang von Sprache und Unterricht (▶ Kap. 4.2) sowie wichtige Aspekte zur sozialen Inklusion innerhalb einer Klasse (▶ Kap. 4.3) dargestellt. Die Ausführungen sind für alle

Schüler mit Hörschädigung im Sinne einer gelingenden Inklusion von Bedeutung. Abschließend werden konkrete Ausführungen zu Unterricht und Fördermöglichkeiten für lautsprachlich (▶ Kap. 4.4) und gebärdensprachlich (▶ Kap. 4.5) kommunizierende Schüler vorgestellt.

Exkurs

Inklusiver Unterricht mit Schülern mit Hörschädigung setzt auf Grund der besonderen Kommunikationssituation spezifische Rahmenbedingungen voraus und erfordert auch eine hohe Konzentrationsleistung des Betroffenen. Die eingeschränkte akustische Wahrnehmung des Schülers hat ebenso Auswirkungen auf das soziale Umfeld in der Klasse.

Im Folgenden soll das Hauptaugenmerk auf die besondere Kommunikationssituation der Schüler mit Hörschädigung gerichtet werden. Die Hörfähigkeit ist trotz technischer Hilfsmittel bei lautsprachlich kommunizierenden Schülern nicht mit der eines gut hörenden Schülers vergleichbar. Gebärdensprachlich kommunizierende Schüler sind zur Verständigung auf Gebärdensprachdolmetscher angewiesen. Grundsätzlich ist die Verstehenssituation während des Unterrichts mit einer hohen Anstrengungsleistung verbunden, was folgende Schüleraussage eines lautsprachlich kommunizierenden Schülers eindrücklich belegt:

> »Anstrengend. Ich bin echt erledigt nach der Schule. Kommt natürlich auch immer auf den Lehrer darauf an. Manche verstehe ich super, andere kann man fast gar nicht verstehen. Die nehmen da dann auch keine Rücksicht« (Schülerzitat zit. nach Gräfen 2015, unveröffentlichter Anhang, 138).

Ein anderer Schüler mit Hörschädigung äußert sich zum Kraftaufwand und demzufolge über die Hörermüdung während des Unterrichts:

> »Ja, aufpasst hab i(ch) eigentlich scho(n) viel, aber die vierte, fünfte, sechste Stunde, da war i(ch) immer sehr schwach, da konnt(e) i(ch) nimmer viel, also da hab i(ch) immer aus'm Fenster (ge)guckt und da war i(ch) schon so dort g(eh) ockt. Naja und da war i(ch) halt scho(n) (...) bissle schlapp« (Lindner 2007, 108).

Aus der Verstehensproblematik ergeben sich Konsequenzen für den Unterricht und das soziale Klassengefüge. Ein Nichtverstehen führt zu Unsicherheiten, dauerhafter Anspannung und der Angst, von den Klassenkameraden als »Sonderling« wahrgenommen zu werden. Dies wird aus der folgenden Aussage einer Lehrkraft, die im gemeinsamen Unterricht tätig sind, deutlich:

> »Wie gesagt, bei der L. sehe ich bis jetzt noch das Problem, ... dass sie zu wenig dazu steht. Dass sie zu sehr versucht, möglichst unauffällig ›Ja, ja!‹ zu sagen und ›Passt schon‹ und ›Hab ich schon verstanden‹, obwohl's gar nicht so ist. Und damit hat man als Lehrer das Problem, ... dass man eigentlich immer vor dem Dilemma steht: ›Glaub ich's ihr jetzt, oder frag ich noch mal nach?‹ Was ihr dann noch unangenehmer ist« (Steiner 2008, 146).

Nicht alles verstehen zu können, hat nicht nur Auswirkungen auf das unmittelbare Unterrichtsgeschehen, sondern auch in besonderer Weise auf zwischenmenschliche Interaktionen:

> »... hinter ihr sagt dann ein Mädchen, ... macht irgendeine scherzhafte Bemerkung zu mir oder zu einem Mitschüler. Dann dreht sie sich (Anm. d. Verf.: Mädchen mit Hörschädigung) um, hat nicht mitgekriegt, will dann wissen: ›Was war denn?‹, aber inzwischen ist der Gag schon lang vorbei und wir machen schon wieder weiter. Und das ist dann auch wieder schwierig. Dann hat sie das nicht mitgekriegt und dann denkt sie sich dann auch wieder: ›Ich bin jetzt die einzige [sic], die das nicht mitgekriegt hat‹« (Steiner 2008, 147).

Die angeführten Zitate belegen, welche weitreichenden Folgen eine Hörschädigung im gemeinsamen Unterricht und darüber hinaus mit sich bringen kann. Um Situationen wie hier geschildert zu vermeiden oder zumindest in ihrem Ausmaß so weit als möglich einzuschränken, sollen im Folgenden didaktisch-methodische Möglichkeiten erläutert werden.

Das Ziel einer inklusiven Beschulung ist es, Schülern mit und ohne Hörschädigung die Teilhabe am Unterrichtsgeschehen und sozialen Lernprozessen gleichermaßen zu ermöglichen. Für den Unterricht in einem inklusiven Setting gelten grundsätzlich die gleichen didaktischen Ansprüche an die Lehr- und Lernformen, Methoden, Konzepte und Unterrichtsprinzipien, die auch allgemeiner Unterricht als Qualitätsmerkmale aufweisen sollte.

> »Die Didaktik und Methodik des gemeinsamen Unterrichts mit hörgeschädigten Schülern in allgemeinen Schulen folgt grundsätzlich der allgemeinen Didaktik, allerdings erfordert die Berücksichtigung der besonderen Lernvoraussetzungen spezifische Akzentuierungen – sozusagen als eine Art ›bereichsspezifische‹ Didaktik und Methodik« (Born 2009, 105).

Berücksichtigt man in diesem Kontext die Lernbedürfnisse von Schülern mit Hörschädigung, müssen im Hinblick auf gelingenden inklusiven Unterricht didaktische und methodische Aspekte individuell reflektiert werden.

Jeder Unterricht basiert auf Sprache und Kommunikation. Da sich eine Hörschädigung vor allem auf (laut-)sprachliche Fähigkeiten und kommunikative Kompetenzen auswirkt, ergibt sich für den Unterricht die grundlegende Frage, welche didaktischen Möglichkeiten bei der Planung und der Durchführung von Unterricht genutzt werden können, um eventuelle Barrieren zu vermeiden bzw. zu überwinden.

4.1 Didaktisch-methodische Grundlagen

Melanie Pospischil

Eine eigene hörgeschädigtenspezifische Didaktik ist für den inklusiven Unterricht nicht notwendig, wohl aber die Anpassung grundlegender didaktisch-methodischer Maßnahmen an die individuellen Bedürfnisse eines Schülers mit Hörschädigung, je nach Art und Ausmaß dieser sowie gemäß seiner Kommunikationskompetenz.

Spezifische didaktische Maßnahmen für inklusiven Unterricht mit hörgeschädigten Schülern sind besonders auf eine gelingende Kommunikation im Unterricht ausgerichtet. Die Bedeutung optischer und akustischer Rahmenbedingungen wurde bereits in Kapitel 3.2 umfassend dargelegt. Sie bilden die Basis jeglichen Unterrichts und sollten stets optimal ausgeschöpft werden.

Einen weiteren Schwerpunkt für gelingenden inklusiven Unterricht stellen die so genannten Unterrichtsprinzipien dar. Diese lassen sich – unabhängig von Schulart, Unterrichtsfach oder Jahrgangsstufe – für den Unterricht mit Schülern mit Hörschädigung übertragen (Leonhardt 1996, 111). Zu den am häufigsten genannten Unterrichtsprinzipien gehören: Strukturierung, Differenzierung, Motivation, Veranschaulichung, Schülergemäßheit und Ergebnissicherung (Kiel 2014; Leonhardt 1996; Schröder 2002; Wiater 2014). Neben unterrichtlichen Rahmenbedingungen und Maßnahmen, die auf den Leistungsaspekt von Schule abzielen, darf die soziale Inklusion aller Schüler einer Klasse nicht aus dem Blickfeld verschwinden. Die besonderen Bedürfnisse des Schülers mit Hörschädigung können ihn rasch in eine Sonderrolle drängen, die es vorsichtig zu thematisieren gilt. Mit dem permanenten Ziel der Generierung eines positiven Klassenklimas auf Basis eines wertschätzenden und akzeptierenden Miteinanders (▶ Kap. 2.7) sollten nach Möglichkeit alle Schüler ein Bewusstsein dafür entwickeln, dass jeder in unterschiedlichen Situationen auf die Unterstützung des anderen angewiesen ist.

Die folgende Abbildung gibt einen Überblick zu den spezifischen Maßnahmen im inklusiven Unterricht. Die ausgewählten Beispiele sind aus der Schulpädagogik bekannte Aspekte »guten Unterrichts« (Meyer 2011, 23ff.; Hattie 2013, 237ff.). Im inklusiven Unterrichtssetting mit Schülern mit Hörschädigung bekommen diese eine zusätzliche Gewichtung.

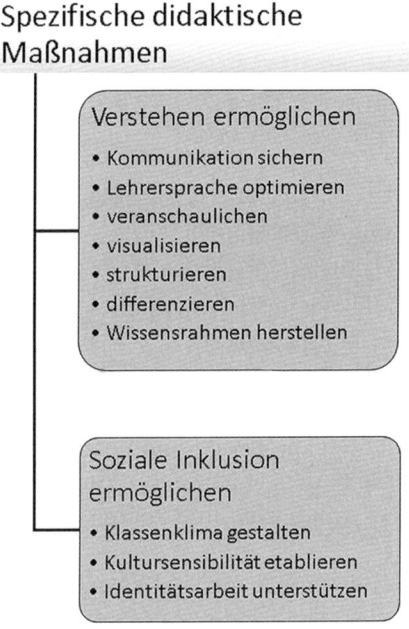

Abb. 13: Spezifische didaktische Maßnahmen

4.2 Verstehen ermöglichen

Melanie Pospischil

Grundlegende Prämisse erfolgreichen Unterrichtens ist eine gelingende Kommunikation, unabhängig von der Schülerschaft. Die Lehrkraft sollte dazu sowohl für die Kommunikation in der Klasse relevante Aspekte zusammenführen als auch solche, die die eigene Lehrersprache betreffen sowie schülerimmanente Bedingungen.

Zu den eingangs erwähnten Aspekten kommt die Versorgung mit technischen Hilfsmitteln wie einer drahtlosen Übertragungsanlage (▶ Kap. 3.2.1) hinzu. Dabei kann der Einsatz einer solchen Anlage, der zunächst als ein zusätzlicher Aufwand empfunden werden kann, langfristig einen Gewinn für die Gesprächsdisziplin innerhalb der Klasse darstellen. Das Herumreichen des Sendermikrofons wird mehr Zeit in Anspruch nehmen, hat aber den positiven Effekt, dass nur derjenige spricht, der das Mikrofon im Sinne eines Erzählsteins in Händen hält.

Bereits in der Unterrichtsplanung müssen Maßnahmen berücksichtigt werden, die es dem Schüler mit einer Hörschädigung gleichermaßen wie allen anderen ermöglichen, an Vorträgen, Einzel- wie auch an Gruppengesprächen oder Diskussionen teilzunehmen. Hierbei sollen sich Phasen des Aufnehmens (z. B. Aufmerksamkeit) mit Phasen der Regeneration abwechseln. Phasen mit hoher Wahrnehmungsleistung sollen in Balance gebracht werden zu regenerativen Phasen (z. B. Hörpausen, in denen die Kommunikation nicht im Vordergrund steht).

4.2.1 Kommunikation sichern

Ein Schüler mit Hörschädigung muss eine wesentlich höhere Anstrengungsleistung erbringen, um jegliche Form von kommunikativen Situationen im Unterricht meistern zu können. Zusätzlich zur Versorgung mit technischen Hörhilfen ist er auf die Gewährleistung bestimmter Rahmenbedingungen angewiesen, z. B. gute *Lichtverhältnisse*, möglichst *geringer Störlärm* (▶ Kap. 3.2.2). Auch die Unterstützung mittels zusätzlich *visualisierter Inhalte* (▶ Kap. 4.2.3) sorgt für eine Entlastung des betroffenen Schülers. Hierauf sollte bei der Unterrichtsplanung und deren praktischen Umsetzung besonderes Augenmerk gerichtet werden.

Darüber hinaus muss eine kommunikationssichernde *Gesprächskultur* gepflegt werden. Nicht nur die Lehrkraft, auch die Mitschüler und der hörgeschädigte Schüler selbst müssen sich auf die besondere kommunikative Situation einlassen und dafür sensibilisiert werden. Bedeutsam sind neben gegenseitiger Akzeptanz der Einsatz spezifischer Bedingungen, die für den hörgeschädigten Schüler im Besonderen sowie für alle Schüler im Allgemeinen förderlich sind: Dazu gehören eine angenehme Atmosphäre, die das Sprechen und (Zu-)Hören fördern, die das Verstehen erleichtern und zum Sprachaustausch anregen (z. B. Einführung und Beachtung von Klassen- und Gesprächsregeln).

Der Einsatz einer Übertragungsanlage (▶ Kap. 3.2.1) sichert die aktive Teilnahme an verschiedenen Sprech- und Gesprächssituationen. Auch wenn die Lebendigkeit des Gesprächs durch die Unterbrechung bei der Weitergabe des Mikrofons eingeschränkt sein kann, zeugt dies von hoher *Gesprächsdisziplin* und ermöglicht dem Schüler mit Hörschädigung eine weitgehend uneingeschränkte Teilnahme.

In Phasen der Metakommunikation können die Schüler über ihr soziales und kommunikatives Miteinander reflektieren mit dem Ziel, ihre kommunikativen Kompetenzen auszubauen. Dies dient erneut der Sensibilisierung für die besondere Kommunikationssituation sowie langfristig auch der (Weiter-)Entwicklung kommunikativer Kompetenzen. Im Mittelpunkt steht die Fähigkeit, verbale und nonverbale Mitteilungen je nach Kontext zu verstehen und zu produzieren.

Als Basis jeder gelingenden Kommunikation müssen verschiedene *Haltungen* etabliert werden. Hierzu zählen Offenheit, Toleranz, Respekt und echtes Interesse am Gesprächspartner und seinem Anliegen.

> »Durch das Vorhandensein dialogischer Haltungen und (...) Kompetenzen werden Hören, Sprache und Kommunikationsstrategien in Beziehungen wirksam, Einander-Zuhören und Miteinander-Sprechen (Miteinander-Gebärden) wird zu einem echten Bedürfnis« (Stecher 2011, 12).

Zur *(Ab-)Sicherung des* inhaltlichen *Verständnisses* empfiehlt sich z. B. regelmäßiges Nachfragen. Die Formulierung der Fragen sollte dabei offen gehalten sein, um den Schüler aufzufordern, selbstständig eine Antwort zu äußern. Fragen, wie »Hast du das verstanden?« verleiten dazu, dem Schüler – besonders dem mit Hörschädigung – ein vorschnelles »Ja« zu entlocken, obwohl er den Inhalt nicht erfasst hat. Derartige Fragen sind ebenso wie rhetorische und Kettenfragen zu vermeiden.

4.2.2 Lehrersprache optimieren

Die Lehrersprache nimmt im inklusiven Unterricht mit hörgeschädigten Schülern eine zentrale Stellung ein. Da die Lehrkraft bei der Vermittlung der Lerninhalte die Hauptverantwortung trägt, kommt der Lehrersprache eine Vorbildfunktion zu, »insbesondere bzgl. der Sprechweise und des sprachlichen Ausdrucks« (Leonhardt 1996, 31). Von Bedeutung für die Lehrersprache sind

- klare Artikulation
- keine Schachtelsätze

- Wiederholung wichtiger Inhalte
- Akzentuierung von Wörtern oder Satzteilen
- Reduzierung komplexer Äußerungen
- bewusster Einsatz von Sprechpausen
- angemessene Lautstärke

(ebd., 1996, 31f.). »Als grundlegende Forderung für den Sprechenden gilt, sich stets um eine weitgehende natürliche Sprechweise hinsichtlich Artikulation, Rhythmisierung und Tempo zu bemühen« (ebd., 33).

Neben der verbalen ist die nonverbale Kommunikation bedeutsam. Die Körpersprache ist ein wichtiges Mittel zur Regelung von Beziehungsstrukturen und zur inhaltlichen Strukturierung. Mimik, Gestik und vor allem Blickkontakt sind für Schüler mit einer Hörschädigung zudem ein bedeutsames Informationsmedium, da sie visuell getragen und unabhängig von der Hörfähigkeit sind. Um eine bestmögliche Verständlichkeit zu erreichen, lassen sich für die Praxis im gemeinsamen Unterricht folgende Regeln ableiten:

- Antlitzgerichtetheit einhalten, nicht zur Tafel sprechen; Standortwechsel einschränken
- Schüler immer mit Namen ansprechen und auf ihn deuten
- Gesten einsetzen
- regelmäßig Wiederholungen und Zusammenfassungen einfließen lassen
- am sprachlichen Niveau der Schüler anknüpfen

(nach Truckenbrodt/Leonhardt 2016, 49f.).

4.2.3 Veranschaulichen und visualisieren

Auf Grund einer eingeschränkten Hörwahrnehmung und zur Entlastung des auditiven Kanals empfehlen sich veranschaulichende und visualisierende Hilfen. Diese haben die Funktion »der Informationsübermittlung und Verständnissicherung einerseits, andererseits unterstütz(en) sie Aufmerksamkeit und Gedächtnisleistung« (Truckenbrodt/Leonhardt 2016, 52).

Als eines der ältesten und eines der wenigen, das in keiner Prinzipienliste fehlt, hat die Veranschaulichung oder auch Anschauung die wesentliche Aufgabe, nicht nur Inhalte durch ein mediales Angebot zu vermitteln, sondern im nächsten Schritt auch die Verarbeitung und innere Auseinandersetzung mit dem Wahrgenommenen zu ermöglichen. Wiater (2014,

41) unterscheidet zwischen innerer und äußerer Anschauung. Somit darf Veranschaulichung nicht mit bloßem Medieneinsatz gleichgesetzt werden. Der Schüler – und besonders der Schüler mit Hörschädigung – wird mit Hilfe der Veranschaulichung von Inhalten aktiv am Prozess der inneren Begriffsbildung beteiligt. Dabei soll sich die Veranschaulichung im Idealfall nicht nur auf visuelle Eindrücke beschränken, sondern auf »ein Erfassen mit allen Sinnen« (Leonhardt 1996, 114) erweitert werden. Grundsätzlich lassen sich drei Arten von Veranschaulichung unterscheiden:

Abb. 14: Arten der Anschauung (nach: Leonhardt 1996, 115)

Die Wahl der Anschauungsart hängt u. a. vom Entwicklungsstand des Schülers mit Hörschädigung ab. Prinzipiell gilt: vom Konkreten zum Abstrakten, d. h. realer Gegenstand, vor Abbildung, vor Symbol.

Neben der Veranschaulichung kommt der Visualisierung (der grafischen und schriftlichen Aufbereitung) eine bedeutende Rolle zu. Für die Unterrichtspraxis stellen folgende Leitlinien für Schüler mit Hörschädigung eine hilfreiche Möglichkeit zur aktiven unterrichtlichen Teilhabe dar:

1. Verschriftlichung von Unterrichtsinhalten, z. B. via Overheadprojektor oder Beamer
2. schriftliche Weitergabe wichtiger Informationen
3. schriftliche Zusammenfassungen von Unterrichtsinhalten und -ergebnissen
4. Festhalten besonderer Schlüsselbegriffe.

Dies gilt für alle Phasen des Unterrichts, vom Einstieg über die Erarbeitung bis hin zur Ergebnissicherung. Als Orientierungshilfe während des Unterrichtsverlaufs können Symbol- oder Wortkarten dienen (Truckenbrodt/Leonhardt 2016, 52). Während einer Filmvorführung ist es ratsam,

Untertitel des Films einzublenden (soweit vorhanden) oder schriftliche Inhaltszusammenfassungen im Vorfeld auszugeben. Hauptziel der Visualisierung ist es, alle wichtigen Inhalte festzuhalten, um der Flüchtigkeit eines Höreindrucks entgegenzuwirken und dem Schüler mit Hörschädigung dennoch eine aktive Teilhabe am Unterricht zu ermöglichen.

4.2.4 Strukturieren

Je klarer der Tages- und Unterrichtsverlauf strukturiert ist, umso leichter fällt es vor allem Schülern mit Hörschädigung, sich zurechtzufinden, zu orientieren und zu konzentrieren. Die eingeschränkte auditive Wahrnehmung kann in einem rein auf das Zuhören ausgelegten Unterricht zu Orientierungslosigkeit führen, wenn Inhalte nicht oder nicht ausreichend verstanden wurden. Zudem kann übermäßiger akustischer Input zu einer Hörermüdung führen.

Für eine klare Strukturierung von Unterrichtseinheiten empfehlen sich die nachfolgenden Elemente: *Symbol- oder Wortkarten* oder Ähnliches eignen sich sehr gut, den Tages- und Unterrichtsablauf sowie die unterrichtlichen Inhalte und Zielsetzungen vorzugeben, auch wenn dieses Vorgehen den Anteil spontaner Strukturveränderungen reduziert. Auch *Zwischenüberschriften* während einer Textarbeit können eine wichtige Strukturierungshilfe sein. Ein ausgewogener Wechsel der Sozialformen trägt ebenfalls zu mehr Struktur bei.

Ferner geben verständnissichernde Elemente wie eine *Zusammenfassung oder Wiederholung* von Inhalten durch den Lehrer oder Schüler Struktur. Es empfiehlt sich eine zusätzliche *Verschriftlichung* oder die Vorgabe von Piktogrammen etc. (Truckenbrodt/Leonhardt 2016, 52).

Zur Strukturierung des Tages- und Unterrichtsablaufs bieten *Rituale* eine hilfreiche Orientierungsfunktion. Rituale als wiederkehrende Handlungen, Symbole oder Abläufe geben den Schülern Sicherheit und Transparenz im schulischen Alltag und dienen gleichzeitig einer sprachlichen Entlastung und Vereinfachung von Kommunikationsabläufen. Als Beispiele für die Unterrichtspraxis können hier gleichbleibende Handlungsabläufe für den Stundenbeginn und das -ende genannt werden. Je nach Passung lassen sich einfache Begrüßungs- und Verabschiedungsrituale etablieren.

Der Gebrauch von Impulsen, wie der eines eindeutigen Handzeichens zur Aufmerksamkeitslenkung, wie z. B. »Give me five« (Schlamp-Dieckmann 2010, 4), kann die Kommunikation und den Unterrichtsablauf erleichtern. Neben einer Aufmerksamkeitsschulung der Schüler, der Darbietung eines rein visuellen Inputs und der Schonung der Stimme der Lehrkraft handelt es sich um ein einfach einzuführendes und zugleich sehr effektives Ritual.

4.2.5 Differenzieren

Ein bedeutsames Unterrichtsprinzip für den Unterricht mit hörgeschädigten Schülern ist das der Differenzierung. Aus hörgeschädigtenspezifischer Sicht formuliert Born (2009, 121):

> »Differenzierende bzw. individualisierende Maßnahmen bei dem hörgeschädigten Integrationsschüler können aber auch durch Umsetzung verschiedener Formen des Nachteilsausgleichs erfolgen, wie durch ein schriftliches anstatt mündliches Ausfragen, durch Verzicht auf Hörverstehen im Fremdsprachunterricht, durch Zeitverlängerung bei schriftlichen Prüfungen usw.«

Im Zuge inklusiver Bestrebungen kann aus Gleichberechtigung rasch Gleichheit werden, was zu einer Gleichbehandlung aller Schüler führen kann, ohne dass die Belange, Bedürfnisse, Anlagen und Begabungen des Einzelnen berücksichtigt und angemessen gefördert werden. Daher ist gerade das Prinzip der Differenzierung in inklusiven Settings von großer Bedeutung.

Gemäß den Lernvoraussetzungen, der Interessenslage und Lerngeschwindigkeit der Schüler – erst recht bei einer vorliegenden Hörschädigung – müssen Unterrichtsinhalte auf diese abgestimmt und angepasst werden. Die konsequenteste Form der Differenzierung ist die Individualisierung.

Alle notwendigen Maßnahmen fallen in den Zuständigkeitsbereich der Lehrkraft und beziehen sich auf das didaktisch-methodische Vorgehen im Unterricht mit dem Ziel der »bestmögliche(n) Förderung des Einzelnen« (Leonhardt 1996, 96). Offenkundig wird die Notwendigkeit zu Differenzierungsmaßnahmen für Schüler mit Hörschädigung auf Grund unterschiedlicher Kommunikationsmodi (Lautsprache, Gebärdensprache, Mischformen) sowie zusätzlich auftretender Problemfelder, beispielsweise im Bereich der Schriftsprache oder eine Mehrfachbehinderung (▶ Kap. 1.1 unter »Hörgeschädigte Schüler mit weiteren Behinderungen«; 1.2). Auch die Gewährung eines Nachteilsausgleichs macht Differenzierungsmaßnahmen im Unterricht notwendig (▶ Kap. 3.1) und zwingt zu individualisierenden Maßnahmen. Dies betrifft besonders Fächer mit hohem sprachlichem Umsatz (▶ Kap. 2.5).

Unter Umständen kann sich die Notwendigkeit zu zieldifferentem Lernen ergeben. Für die Praxis empfiehlt sich dann eine qualitative Differenzierung (z. B. unterschiedliche Schwierigkeitsgrade oder verschiedene sprachliche Levels in Aufgabenstellungen), eine quantitative Differenzierung (z. B. Unterschiede in der Zahl der gestellten Aufgaben) oder ein angemessener Wechsel der Sozialformen (z. B. Einzelarbeit als Form der Individualisierung). Differenzierungsmaßnahmen ergeben sich ferner durch den Einsatz verschiedener Kommunikationsmodi wie Lautsprache, LBG, LUG oder der Gebärdensprache sowie durch den Einsatz technischer Hörhilfen im Unterricht (▶ Kap. 1.2; 3.2). Gerade für Schüler mit einer Hörschädigung bieten sich durch einen angemessenen Wechsel von Einzel-, Partner- und Gruppenarbeit oder offenen Lernformen wie Freiarbeit oder Wochenplanarbeit viele Möglichkeiten zu individuellem Lernen.

4.2.6 Wissensrahmen herstellen

Hörgeschädigte Schüler verfügen unter Umständen im Vergleich zu ihren gleichaltrigen gut hörenden Mitschülern über ein reduziertes Weltwissen. Anders als gut hörende Kinder, die ihre Umwelt quasi »nebenbei«, z. B. während des Spielens wahrnehmen und so permanent ihr Weltwissen erweitern (▶ Kap. 2.3; 2.5; 2.6), müssen hörgeschädigte Schüler sämtliche Informationen bewusst, konzentriert und aktiv erwerben. Für den Unterricht ergibt sich daraus die Notwendigkeit, Unterrichtsinhalte in den Wissensrahmen des Schülers einzubetten, sein Vorwissen abzufragen und zum Einstieg in neue Themenfelder vorab spezifischen Wortschatz und notwendige Inhalte zur Verfügung zu stellen bzw. zu erarbeiten. Somit entsteht eine enge Verknüpfung aus Vorwissen, Wortschatzarbeit, Weltwissen und dem Einbezug von Themen aus der Lebenswirklichkeit der Schüler. Besonders einer konsequenten Wortschatzarbeit kommt dabei eine große Bedeutung zu.

Konkret für die Unterrichtspraxis könnte sich der Einstieg in eine neue Themensequenz so gestalten, dass zu Beginn der Vermittlung der eigentlichen Lerninhalte das notwendige Vorwissen und der relevante Wortschatz zur Verfügung gestellt oder erarbeitet wird. Um den unterschiedlichen Wissensniveaus der Schüler gerecht zu werden, könnten z. B. leistungsstarke Mitschüler als »Experten« bestimmte Themen und Aufgaben übernehmen. Es entsteht ein gegenseitiges Helfersystem, das das soziale Lernen fördert.

4.3 Soziale Inklusion ermöglichen

Melanie Pospischil

Eine gelingende inklusive Beschulung von Schülern mit einer Hörschädigung darf nicht alleine an leistungsbezogenen Aspekten festgemacht werden (▶ Kap. 1.3.2; 2.7). Mindestens genauso bedeutsam ist die soziale Komponente gemeinsamen Unterrichts. Um eine soziale Isolation zu vermeiden, bedarf es einerseits eines aufnehmenden, aufgeschlossenen Umfeldes und andererseits eines sich ebenso öffnenden Individuums. Wichtig ist, dem Schüler mit einer Hörschädigung keine Sonderrolle innerhalb der Klassengemeinschaft zukommen zu lassen. Der Fokus aller inkludierenden Aktionen innerhalb des Klassenverbandes muss stets auf alle Schüler gerichtet sein sowie Individualitätsmerkmale jedes Einzelnen so weit als nötig berücksichtigen.

4.3.1 Klassenklima gestalten

Ein angenehmes Klassenklima, das maßgeblich von der Klassenführung der jeweiligen Lehrkraft beeinflusst wird (auch »Classroom Management« oder »Unterrichtsmanagement«), kann für eine unterstützende Lernatmosphäre sorgen, in der Schüler mit und ohne Hörschädigung gerne und aktiv lernen. Dabei spielt in erster Linie die Einigung auf gemeinsame Rechte, Pflichten und Regeln eine wesentliche Rolle (Rogers 2013, 42). Grundlage dafür sind die gegenseitige Akzeptanz, Wertschätzung und ein respektvoller Umgang, wobei die individuell unterschiedlichen Bedürfnisse des Einzelnen zur Normalität werden sollen, um Ausgrenzungen oder Sonderrollen zu vermeiden.

Die soziale Akzeptanz von Schülern mit Hörschädigung verläuft nach Steiner (2008) und Gräfen (2015) mehrheitlich positiv, trotz des »Mehraufwands« in der Kommunikation. Auch hier hat der Lehrer eine Vorbildfunktion inne:

> »Ein wertschätzendes, verständnisvolles Lehrerverhalten kann einerseits die Grundlage bilden, dass sich der hörgeschädigte Schüler in seinem So-Sein von der Lehrkraft angenommen fühlt. Andererseits besitzt jegliches Lehrerverhalten Modellfunktion für die Schüler, so dass eine solche Ausprägung sich ebenso positiv auf die Klasse und das Verhalten der Mitschüler gegenüber dem Hörgeschädigten auswirken kann« (Born 2009, 366).

Das Klassenklima wird von allen Schülern und Lehrenden gemeinsam kreiert und kann sich sowohl störend als auch fördernd auf die jeweiligen Schülerleistungen auswirken (Hattie 2013, 122). Eine besondere Herausforderung besteht bei großer Heterogenität und Diversity in der Zusammensetzung der Schulklasse. Schüler mit Hörschädigung unterliegen einem höheren Risiko, in einer Klassengemeinschaft kommunikativ und sozial ausgegrenzt zu werden (Steiner 2008; Antia et al. 2011; Gräfen 2015; Hintermair 2016).

Um Mobbing/Bullying vorzubeugen, sind Aufklärung und Sensibilisierung für die Situation des Schülers mit Hörschädigung nötig (Truckenbrodt/Leonhardt 2016, 45), z. B. durch

- Aufgreifen des Themas »Hörschädigung« im Unterricht
- Demonstration von Hörbeispielen, um die Wahrnehmungsbedingungen des Schülers mit Hörschädigung kennen zu lernen
- Aufstellen von Gesprächs- und Umgangsregeln

(ebd., 46).

Ein Beitrag zu einem guten Klassenklima ist die Etablierung einer positiven Feedbackkultur. Das wichtige Anliegen dabei ist, gemeinsam Ziele und Erfolgskriterien zu definieren sowie sich selbst einschätzen und bewerten zu lernen. »Beim Feedbackgeben geht es nicht um Sanktionen, sondern darum, Informationen zum Lernprozess und seinen Resultaten zu geben« (Hattie 2013, 206ff.). Mit Hilfe von Feedback können sich die Schüler den eigenen Anteil am Geschafften bewusst machen und somit Selbstwirksamkeit erfahren. Für Schüler mit einer Hörschädigung ist diese Selbstwirksamkeitsüberzeugung ein wichtiger Beitrag zur Entwicklung ihrer Identität (Stecher 2011, 85; Hintermair et al. 2014, 155ff.; ▶ Kap. 4.3.3).

Ein gutes Feedback zu geben, müssen insbesondere erst die Schüler lernen. Dazu gehört die Fähigkeit, miteinander zu reden und einander zuzuhören. Beides muss im inklusiven Setting mit Schülern mit und ohne Hörschädigung geübt werden. Grundlegend sind hierfür z. B. ein Klima gegenseitigen Vertrauens und die Fähigkeit, Kritik annehmen sowie umgekehrt Feedback geben bzw. Kritik äußern zu können. Verschiedene Modelle zum Aufbau einer effektiven Feedbackkultur finden sich bei Stecher (2011, 85ff.).

Eine Basis hierzu bildet die Fragekultur innerhalb der Klasse. Nachfragen muss erlaubt und von allen akzeptiert sein im Sinne eines kränkungsfreien Umgangs miteinander. Für die Unterrichtsplanung und während des Unterrichtens ist es wichtig, inhaltliche Anknüpfungen und Verbindungen herzustellen, Themenbereiche nicht nebeneinander zu separieren, sondern deren Beziehungen zueinander aufzuzeigen. Dies ist nicht zuletzt einer Wortschatzvernetzung dienlich (▶ Kap. 2.6).

4.3.2 Sensibilität etablieren

Sensibilität für den jeweiligen kulturellen Hintergrund und die individuelle Lebenswelt eines Schülers zu entwickeln, gilt als weiterer Gelingensfaktor von Unterricht mit heterogenen Gruppen. Dies betrifft nicht nur Schüler mit Migrationshintergrund. Auch Schüler mit einer Hörschädigung – und gut hörende Schüler von Eltern mit Hörschädigung – wachsen in unterschiedlicher Ausprägung in einer eigenen kulturellen Welt auf. In der Interaktion zwischen Menschen mit und ohne Hörschädigung bedarf es daher auf beiden Seiten einer besonderen Sensibilität, Offenheit und Akzeptanz, um Vorurteile aus dem Weg zu räumen bzw. erst gar nicht entstehen zu lassen. Auch Unterstützungsangebote sollten zudem stets so offeriert werden, »dass derjenige, der um Hilfe nachgesucht hat, darüber entscheiden kann, was ihm eine Hilfe ist« (Tsirigotis 2006, 144). Ferner bedeutet inklusives Denken die individuelle Bedürfnislage in den Mittelpunkt zu rücken (Tsirigotis 2013, 208).

Nicht die Zielvorstellungen und die Motivation des Umfeldes sind maßgeblich, sondern die Wünsche des Betroffenen. Im Sinne von Empowerment sollen die Selbstverfügungskräfte des Einzelnen – hier im Kontext inklusive Schule – vordergründig geachtet und ausgeschöpft werden. Alle Überlegungen und Maßnahmen sollen auf Grundlage dieser individuellen Ressourcen erfolgen (Kulig/Theunissen 2016, 114).

In der Unterrichtspraxis könnte dies durch das Einbeziehen von bestimmten kulturellen Elementen, z. B. Besonderheiten in der Kommunikation hörgeschädigter Menschen (wie Poesie, Witze oder Redewendungen aus der DGS), eine Möglichkeit für den Lehrer und die Klassenkameraden darstellen, die Kultur der Menschen mit Hörschädigung näher kennenzulernen und anzuerkennen. Schüler mit Gebärdensprachkompetenz könnten z. B. als Experten involviert werden, anderen ihr Wissen über die Gebärdensprache und die Lebenswelt gehörloser Menschen zu vermitteln. Auf diese Weise kann im Rahmen einer inklusiven Schulkultur der Tatsache begegnet werden, das von Wessel (2014b, 74) beschriebene Dilemma zwischen Normalität und Auffälligkeit zu meistern.

4.3.3 Identitätsarbeit unterstützen

Besondere Wahrnehmungs- und Kommunikationsbedingungen und somit verschiedene Sprachmodi sind eng mit verschiedenen kulturellen Orientierungen verknüpft und bedürfen einer bewussten Identitätsarbeit. Für Schüler mit Hörschädigung bedeutet dies, sich intensiv mit der eigenen Hörschädigung auseinanderzusetzen und herauszufinden, mit welcher Peer-Group in emotionaler, kognitiver und kommunikativer Hinsicht das höchste Zugehörigkeitsgefühl erreicht wird (▶ Kap. 2.7). Weil die Gruppe der Schüler mit Hörschädigung überaus heterogen ist (▶ Kap. 1.1), muss die Identitätsarbeit individuell angepasst werden. Daher gilt für den gemeinsamen Unterricht aus Lehrerperspektive eine

> »Haltung einzunehmen, die erst einmal von der Bereitschaft geprägt ist, nichts auszuschließen. Nichts auszuschließen heißt (...), alle gegebenen Konstellationen als möglich anzuerkennen und mit den Beteiligten gemeinsame Ziele zu entwickeln und Bedingungen abzustecken« (Tsirigotis 2013, 210).

Als fächerübergreifende und hörgeschädigtenspezifische Unterrichtsprinzipien im weitesten Sinne können Hörgeschädigtenkunde und Kommunikationstaktik bezeichnet werden. Nach den Lehrplänen der Förderzentren Hören und Kommunikation einiger Bundesländer sollen sie in allen Unterrichtsfächern zum Tragen kommen. Dabei schließt Hörgeschädigtenkunde Themen wie die Auseinandersetzung mit der eigenen Hörschädigung, die Identitätsfindung, Kontakte zu anderen Menschen mit Hörschädigung, Geschichte und Kultur der Menschen mit Hörschädigung sowie Kommunikationstaktik mit ein.

Hörgeschädigtenkunde und Kommunikationstaktik fallen in der Regel in den Zuständigkeitsbereich des Hörgeschädigtenpädagogen. Auch für den Unterricht an allgemeinen Schulen gilt eine grundsätzliche Sensibilität für die besondere Kommunikationssituation und Identitätsbildung des Schülers mit Hörschädigung zu entwickeln und angemessen in der Klasse/ im Unterricht zu thematisieren. Es sollte von den Stärken des Schülers ausgegangen und ressourcenorientiertes Lernen ermöglicht werden.

Der Schüler mit einer Hörschädigung soll hier lernen, seine Bedürfnisse zu formulieren und den Kommunikationspartnern mitzuteilen, wie Verständnis- und Verstehensprobleme vermieden oder zumindest reduziert werden können. Das verlangt die Bereitschaft des Schülers mit Hörschädigung, sich mit der eigenen Hörschädigung auseinanderzusetzen (Born 2009, 70).

4.4 Unterrichtung und Förderung lautsprachlich kommunizierender Schüler

Die zahlenmäßig größte Gruppe von Schülern mit Hörschädigung in inklusiven Settings sind Kinder und Jugendliche, die lautsprachlich kommunizieren. Deren Eltern sind in der Regel gut hörend, ihr Kommunikationsmittel ist die Lautsprache.

Ziel folgender Ausführungen ist eine Sensibilisierung für Bereiche, die in der Planung und Durchführung von Unterricht mit lautsprachlich kommunizierenden Schülern mit Hörschädigung besonders im Fokus stehen.

4.4.1 Kompetenzbereiche

Melanie Pospischil

Inklusiver Unterricht an allgemeinen Schulen basiert auf und lebt von Lautsprache. Für den Schüler mit Hörschädigung ergeben sich in Bezug auf das Hörverstehen und die darauf aufbauende kognitive Verarbeitung sowie in der Sprachproduktion (▶ Kap. 2.6) Herausforderungen, die nachfolgend thematisiert werden.

Diese werden exemplarisch und unabhängig von konkreten Unterrichtsinhalten oder Altersstufen angeführt.

Prosodische Kompetenz

Auf Grund der beeinträchtigten auditiven Rückkopplung während des eigenen Sprechens zeigt sich bei vielen Schülern mit Hörschädigung eine auffällige Aussprache. Diese Tatsache ist den Betroffenen häufig nicht bewusst, so dass daraus resultierende Probleme in der Kommunikation nur durch entsprechende Rückmeldung reflektiert und bestenfalls behoben werden können.

Im Bereich der Wahrnehmung phonetisch-prosodischer Merkmale kann es trotz Hörhilfen zu unvollständigen und fehlerhaften Höreindrücken kommen, die zu Missverständnissen oder falschen Schlussfolgerungen führen. Möglicherweise bestehen auch Schwierigkeiten, um sprachspezifische Betonungsmuster, z. B. Wortgrenzen oder Satzstrukturen, zu erkennen.

Linguistische Kompetenz

Die phonologische Bewusstheit stellt den Schlüssel zu einer späteren erfolgreichen Lese- und Rechtschreibleistung dar. Der Terminus bezeichnet die Fähigkeit, die lautlichen Strukturen von Sprache und Schrift zu erkennen (▶ Kap. 2). Die phonologische Bewusstheit ist nicht angeboren, kann jedoch schon früh erlernt und spielerisch geübt werden.

> »Kinder, die über eine gute phonologische Bewusstheit verfügen, detektieren, diskriminieren, identifizieren und operieren mit den Einheiten der Lautsprache. Diese Fähigkeit stellt eine der wichtigsten und meist erforschten (sic) Prädiktoren der Lese-Rechtschreibleistung dar« (Stumpf 2007, 47).

So ist etwa für den Leselernprozess die Beziehung zur phonologischen Bewusstheit (ebd., 48) bedeutsam. Kinder müssen diese im engeren und weiteren Sinne entwickeln, d. h. Wörter in Silben und schließlich in einzelne Laute als kleinste lautsprachliche Einheiten zerlegen können (Reber/Schönauer-Schneider 2009, 70). Wie bereits in Kapitel 2 dargelegt, besteht eine enge Verknüpfung zwischen phonologischer Bewusstheit und Schriftsprachkompetenz. Eine phonologische Differenzierungsfähigkeit ist die Voraussetzung, einzelne Phoneme beim Sprechen herauszuhören. Bei Kindern mit Hörschädigung können darüber hinaus Schwächen in der Leistungsfähigkeit des phonologischen Arbeitsgedächtnisses auftreten. Das hat zur Folge, dass mehrere Wiederholungen beim Erlernen und Abspeichern neuer Wörter, beispielsweise beim Fachwortschatz, benötigt werden. Für den Unterricht ist deswegen das so genannte »Lehrerecho« hilfreich (Born 2009, 159). Dabei werden einzelne Schüleräußerungen für alle laut wiederholt und gegebenenfalls korrigiert.

Auf Grund des beeinträchtigten (Laut-)Spracherwerbs (▶ Kap. 2.2) verfügen Kinder mit Hörschädigung bisweilen über einen weniger differenziert ausgebauten aktiven Wortschatz als gleichaltrige Kinder und Jugendliche ohne Hörschädigung. Das dadurch erworbene Weltwissen bildet eine wichtige Voraussetzung für das Verstehen von Sprache, das Einordnen von Sachverhalten und das Lösen von Problemen, ebenso wie die Einschätzung von Emotionen und sozialen Beziehungen.

Mit zunehmendem sprachlichem Wissen verbessern sich die Leistungen des Arbeitsgedächtnisses. Dabei stellt der Grad der Vernetzung in kognitiven Schemata und Kategorien eine wichtige Voraussetzung für deren Nutzung und späteren Abruf dar. Hier muss Wissen unabhängig von Fach und Anspruchsniveau kategorial und vernetzt vermittelt werden. Querverweise zu »Nachbarthemen«, Wiederholungen bereits erarbeiteter Themen und die Einordnung in den Gesamtzusammenhang fördern die

Vernetzung im Denken. Unterrichtsinhalte sollten nicht isoliert vermittelt werden. Besonders kategoriale Zuordnungen sollten regelmäßig wiederholt und abgefragt werden.

Ähnlich wie beim Rechtschreiben beeinflusst die Lesefähigkeit auch den Wortschatzumfang (Berendes et al. 2010, 167). Phasen der systematischen Wortschatzarbeit sollten nach Möglichkeit regelmäßig in der Unterrichtsplanung berücksichtigt werden. Mit dem Anlegen einer Wortschatzkartei und einer regelmäßigen Wiederholung, beispielsweise in Freiarbeitsstunden, können alle neuen Begriffe rasch abrufbar gemacht werden. Für die Vernetzung von Wissen empfiehlt sich zudem die permanente Erarbeitung von Wortfeldern oder Wortfamilien, wie sie im Unterricht der allgemeinen Schule ohnehin durchgeführt wird.

Für die Arbeit mit Texten gilt grundsätzlich die Orientierung des Inhalts an den Interessen und am Sprachniveau der Schüler. Die Kunst liegt darin, einen Mittelweg zwischen Unter- und Überforderung der Schüler zu finden. Hierfür empfiehlt sich die Vereinfachung von Texten hinsichtlich Satzbau, grammatikalischer Strukturen und nicht gebräuchlicher Wörter im Sinne einer Differenzierungsmaßnahme (▶ Kap. 4.2.5) sowohl für hörgeschädigte wie für gut hörende Schüler (ISB 2015, 6ff.).

Die gemeinsame Erarbeitung des Inhalts sollte eine intensive Wortschatzarbeit und Visualisierung dessen umfassen (▶ Kap. 4.2.3). Dies gilt für alle Arten von Texten unabhängig vom Unterrichtsfach.

Auf Grund des engen Zusammenhangs zwischen Lese- und Hörverstehen (Stumpf 2007, 48), zeigen sich Schwierigkeiten vor allem im sinnerfassenden Lesen. Für die Unterrichtspraxis bedeutet dies wiederum, ausreichend Zeit und bisweilen sogar Zeitverlängerungen für Kinder mit einer Hörschädigung einzuplanen und auf einen eventuell länger andauernden Leselernprozess vorbereitet zu sein (s. Nachteilsausgleich, ▶ Kap. 3.1).

Welche Auswirkungen eine Hörschädigung auf die Lesekompetenz hat, hängt im Wesentlichen vom Hörverlust, der sprachlichen Förderung des Kindes, der Kommunikationsform im Elternhaus sowie der inneren Sprache ab (▶ Kap. 2).

Auch hier kann die Erarbeitung von Wortbedeutungen helfen, das Leseverständnis zu verbessern. Nach Marschark und Knoors (2012, 151f.) hängen die Leseschwierigkeiten vermutlich nicht nur mit der Sprachverarbeitung zusammen, sondern vor allem mit Problemen im Bereich der exekutiven Funktionen (▶ Kap. 2). Hier zeigt sich die Bedeutung der Vermittlung von Lesestrategien. Diese sollten Schritt für Schritt eingeübt und immer wieder bewusst angewendet werden. Schirmer et al. (2004, o. S.)

konnten folgende Besonderheiten im Leseverhalten bei Schülern mit einer Hörschädigung feststellen:

- Die Textanalyse wird erleichtert durch Fragen, die sich auf konkrete Textpassagen beziehen und an das Hintergrundwissen des Lesers appellieren.
- Im Vergleich zu Lesern ohne Hörschädigung fällt es Lesern, die hörgeschädigt sind, weniger auf, wenn sie einen Text nicht verstanden haben.
- Der Leseprozess wird als ein interaktiver Prozess betrachtet, der sich im Wesentlichen nicht von dem des Sprechenlernens unterscheidet.
- Sprache muss bewusst gemacht oder das geschriebene Wort betrachtet werden.
- Strategien der Textbetrachtung müssen entwickelt werden.

Beim Einstieg in den Schriftspracherwerb können Probleme in der Phonem-Graphem-Zuordnung auftreten. Wenn Laute von Kindern mit Hörschädigung auditiv nicht deutlich wahrgenommen, nicht sauber artikuliert und demzufolge nicht differenziert werden können, wird dies die eindeutige Zuordnung der Laute zu bestimmten Graphemen beeinträchtigen (▶ Kap. 2.5). Daher fällt es Kindern mit Hörschädigung im Schreiblernprozess mitunter schwer, sich anhand von Anlauttabellen selbstständig unbekannte Phonem-Graphem-Verbindungen zu erschließen (alphabetische Strategie). Auf Grund der Hörschädigung in den hohen Frequenzen ist es nahezu unmöglich, Frikative zu erkennen oder gar voneinander zu unterscheiden (zu den Frikativen gehören: f, v, s, z, ç, x, S, ⌧). Insofern ist die Bewusstmachung orthografischer Regeln und somit das Erlernen von orthografischen Strategien bereits beim Beginn des Schriftspracherwerbs notwendig. Zudem ist es hilfreich, wenn zunächst regelmäßige Phonem-Graphem-Zuordnungen gelernt werden und Phasen mit Redundanzen für das Erlernen orthografischer Regeln eingeplant werden. Gezieltes Abfragen und regelmäßiges Anwenden des Erlernten in verschiedenen Zusammenhängen sind ebenso von Bedeutung wie die Visualisierung der erlernten Regeln beispielsweise in Form eines Posters an einem geeigneten Platz im Klassenzimmer.

Die frühe Nutzung orthografischer und morphologischer Strategien ermöglicht es, den Vorteil der Schrift zu nutzen, da orthografische und morphologische Regeln die Lautsprache eindeutiger abbilden als die gesprochene Sprache (Günther 2002, 76f.). Über Visualisierungsmöglichkeiten, z. B. Markierungen von Diakritika, können Schülern mit Hörschädigung die Regeln und Strategien bewusst gemacht und vermittelt werden.

Pragmalinguistische Kompetenz

Lautsprachlich orientierte Schüler können Verzögerungen und Schwierigkeiten in der pragmatisch-kommunikativen Entwicklung aufweisen. Von Verzögerungen oder Schwierigkeiten im Verstehen sind insbesondere z. B. die direkte und indirekte, lügnerische und ironische sowie Bereiche der sozialen Kommunikation, der Partizipation und der affektiven Interaktion betroffen (▶ Kap. 2.2). Für den Unterricht lässt sich ableiten, auf sprachliche Besonderheiten wie Ironie oder Metaphern zu verzichten oder diese nur eingeschränkt einzusetzen. Ein bewusstes und langsames Heranführen an die Doppeldeutigkeit von Sprache ist notwendig. Auf Grund schlechter Erfahrungen können Schüler mit einer Hörschädigung gehemmt sein, sich umfassend lautsprachlich zu äußern. Auch hier kann es notwendig sein, die Mitschüler für die besondere Wahrnehmungsleistung ihrer hörgeschädigten Klassenkameraden zu sensibilisieren.

Metalinguistische Kompetenz

Da Schüler mit einer Hörschädigung möglicherweise in den oben aufgeführten Bereichen Defizite auf Grund ihrer eingeschränkten Hörwahrnehmung aufweisen können, empfiehlt es sich, mit ihnen frühzeitig auf metasprachlicher Ebene zu arbeiten. Dies betrifft z. B. die Bewusstmachung ihrer eventuell verwaschen klingenden Aussprache, das Einüben phonetischer und phonologischer Grundbausteine für die Sprachproduktion oder auch grammatikalischer Strukturen.

Ähnlich verhält es sich in Situationen mit kontextbezogenem Spracheinsatz. Schüler mit einer Hörschädigung verwenden die Lautsprache vorwiegend zielführend und rein »pragmatisch«, oft ohne die Verwendung sprachlicher Bilder oder stilistischer Mittel. Auch hier besteht die Notwendigkeit, Sprache als Sprache zu reflektieren und das Wahrnehmen und Verstehen von Poesie, Ironie oder Zweideutigkeiten anhand von Beispielen bewusst zu machen und einzuüben.

4.4.2 Fremdsprachenunterricht

Thomas Kaul

Die Vermittlung von Fremdsprachen ist in allen allgemeinen Schulformen ein wichtiger Bestandteil der schulischen Bildung. Ist in Grundschulen bereits eine Fremdsprache Teil des Curriculums, so vergrößert sich das Spektrum der Fremdsprachen in den weiterführenden Schulen. Neben den neueren Sprachen, wie beispielsweise Englisch, Französisch oder Spanisch, gehören auch alte Sprachen, wie Latein oder Griechisch, in den Fächerkanon. Mit welchen Sprachen Kinder und Jugendliche mit Hörschädigung in Kontakt kommen, ist von einer Vielzahl von Faktoren abhängig, die je nach Schule und Interessen der Schüler variieren können.

Die Forschungslage zum Erwerb einer Fremdsprache dieser Schüler ist zurzeit noch sehr begrenzt und erfährt erst in den letzten Jahren eine größere Aufmerksamkeit (Domagala-Zysk/Kontra 2016; Hausen 2014). Dennoch kann man davon ausgehen, dass Unterricht in einer Fremdsprache für Schüler mit Hörschädigung eine große Herausforderung darstellt.

Wie in Kapiteln 2.3 und 2.4 zum Erstspracherwerb aufgeführt, kann sich eine Hörschädigung auf viele Ebenen einer Sprache auswirken (z. B. Aussprache, Wortschatz oder Grammatik). Ähnliches gilt auch für den Erwerb einer Fremdsprache. Durch die Hörschädigung kann der Erwerb des phonetischen Inventars einer Fremdsprache und damit auch deren Aussprache stark beeinflusst werden (Moritz 2016, 11f.). Unbekannte Sprachlaute und Lautverbindungen erschweren die Aussprache und das Verstehen. Auf Grund der Hörschädigung können bestimmte Sprachlaute nicht oder nur fragmentarisch gehört werden. Die Aussprache muss sehr bewusst geübt werden. Hier kann der Hörgeschädigtenpädagoge eine große Unterstützung sein. Die in Fremdsprachen andere Phonem-Graphem-Korrespondenz birgt für Schüler mit Hörschädigung eine große Herausforderung.

Eine Hörschädigung beeinflusst auch den Erwerb grammatischer Regeln. So können z. B. grammatische Marker wie die Pluralbildung (-s) in der englischen Sprache oft nicht gehört werden, da es sich um hochfrequente Sprachlaute handelt. Die Aneignung dieser grammatischen Regel ist dadurch erschwert. Deswegen kommt der Visualisierung grammatischer Regeln eine besondere Rolle zu (Mole et al. 2005, 62f.; Gulati 2016). Dies kann durch z. B. farbliches Hervorheben an der Tafel oder auch durch das Nutzen besonderer Handzeichensysteme wie das Phonembestimmte Manualsystem (▶ Kap. 1.2) erfolgen.

Für den Fremdsprachunterricht gelten prinzipiell die gleichen grundlegenden didaktisch-methodischen Überlegungen, wie sie in Kapitel 4.2 vorgestellt wurden. Die Lehrersprache ist gerade im Fremdsprachenunterricht ein Vorbild. Sprechtempo und Sprechrhythmus helfen sprachliche Äußerungen zu strukturieren und Inhalte zu betonen, so dass das akustische, aber auch das inhaltliche Verstehen in einer fremden Sprache unterstützt wird. Durch den Einsatz technischer Hilfen wie Übertragungsanlagen wird die lautsprachliche Kommunikation zusätzlich unterstützt (▶ Kap. 3.2).

Eine besondere Problematik stellen Beurteilung und Bewertungen der Schulleistungen in einer Fremdsprache dar. Diese beruhen in der Regel auf schriftlichen und so genannten sonstigen Leistungen (z. B. die Aussprache und die mündlichen Leistungen) und werden meist jeweils zu 50 % in die Leistungsbeurteilung einbezogen.

Da für Schüler mit Hörschädigung aber sowohl die Aussprache als auch die Teilnahme an Unterrichtsgesprächen eine große Herausforderung darstellen, kann dies bei der Leistungsbewertung ihm gegenüber zu Verzerrungen führen. Die Gewährung eines angemessenen Nachteilsausgleiches (▶ Kap. 3) stellt dann eine wichtige Möglichkeit dar, den Schülern mit Hörschädigung die gleichen Chancen einzuräumen. So können beispielsweise Leistungen des Hörverstehens durch andere Aufgaben ersetzt werden. Im Englischunterricht können Übungen wie »listening comprehension« durch entsprechende Arbeitsblätter mit Zuordnungsaufgaben unterstützt oder ersatzweise mit anderen Übungen kompensiert werden. Auch kann bei schriftlichen Arbeiten und Aufgaben die Gewährung von Zeitverlängerungen eine große Hilfe für die Schüler sein.

4.4.3 Mathematikunterricht

Thomas Kaul

Untersuchungsergebnisse zeigen, dass hörgeschädigte Schüler im Unterrichtsfach Mathematik vor ähnlichen Herausforderungen stehen, wie dies für sprachlich orientierte Fächer gilt. So sind die Ergebnisse von Studien seit vielen Jahren in ihren Ergebnissen vergleichbar. Hiernach liegen hörgeschädigte Schüler in ihren mathematischen Kompetenzen im Durchschnitt ca. drei bis vier Jahre zurück (Swanwick et al. 2013; Wood et al. 1983).

Warum Schüler mit Hörschädigung vor größeren Herausforderungen stehen, hat unterschiedliche Gründe. Im Unterrichtsfach Mathematik spielt die Sprachkompetenz in vielen Bereichen eine bedeutsame Rolle. Darüber hinaus wurde bereits in Kapitel 2.6 darauf verwiesen, dass Kinder und Jugendliche mit Hörschädigung Erfahrungsdefizite aufweisen.

Einen besonderen Aspekt stellt das inzidentelle Lernen dar. Hierzu gehören z. B. räumliche Erfahrungen, Problemlösekompetenzen oder auch das Erfassen von Mengen, aber auch Fertigkeiten wie Zählen, Zahlenvergleiche und Zahlen lesen können. Viele dieser Erfahrungen und Konzepte werden sprachlich vermittelt. Das wirkt sich bereits früh auf die Entwicklung mathematischer Vorläuferkompetenzen aus (Kritzer 2009; Pagliaro/Kritzer 2013). Pagliaro und Kritzer (2013) gehen davon aus, dass Erfahrungsdefizite im weiteren Verlauf auch im Mathematikunterricht zum Tragen kommen.

Ein besonderes Augenmerk muss im Unterricht der Grundschule auf die Zählfertigkeiten und deren Automatisierung gelegt werden. In verschiedenen Studien ist deutlich geworden, dass hörgeschädigte Schüler in diesem Bereich Defizite aufweisen können (Bull 2008; Leybaert/Van Cutsem 2002). Insbesondere die Automatisierung dieser Fertigkeiten führt zu einer kognitiven Entlastung. Darüber hinaus stellen diese Kompetenzen eine wichtige Voraussetzung für höhere mathematische Fertigkeiten dar. Mathematische Inhalte, zu denen gut hörende Kinder und Jugendliche oftmals einen informellen Zugang haben, sollten im Unterricht für Kinder und Jugendliche explizit thematisiert und, falls notwendig, vermittelt werden (Nunes/Moreno 2002), um Erfahrungsdefizite auszugleichen.

Es ist wichtig, dass der Mathematikunterricht von fachlich qualifizierten Mathematiklehrern durchgeführt wird, die die didaktischen Besonderheiten des Faches beherrschen (Easterbrooks/Stephenson 2006, 392). Hierzu gehört die Berücksichtigung und Förderung der Problemlösefähigkeiten im Unterricht. Problemstellungen sollten zu Beginn möglichst realitätsnah und authentischer Natur sein.

Die Bearbeitung von Textaufgaben stellt eine besondere Herausforderung dar. Texte müssen sprachlich und inhaltlich verstanden und in eine mathematische Problemstellung überführt werden, die dann Rechenoperationen erfordert. Obwohl die mathematischen Operationen oft beherrscht werden, fällt es hörgeschädigten Schülern schwerer, den Fachwortschatz zu entschlüsseln und das in einem Text eingebettete mathematische Problem zu modellieren (Spencer/Marschark 2010, 145). Es besteht das Risiko, dass sie sich auf die Rechenoperationen konzentrieren und zur Modellierung der Problemstellung eine Schlüsselwortstrategie verwenden, die zu mathematischen Operationen in Bezug gesetzt werden (Ansell/Pagliaro 2006). Um den Schülern einen inhaltlichen Zugang zur Textaufgabe zu ermöglichen, müssen die schriftsprachlichen Kompetenzen im Unterricht berücksichtigt werden, in dem zusätzliche Informationen (z. B. Hintergrundinformationen, Bildmaterial) zur Texterschließung bereitgestellt werden.

Besondere Unterstützung benötigen hörgeschädigte Schüler dann, wenn es um die Verarbeitung relationaler Informationen geht.

»Eine Konzentration auf Einzelinformationen kann Lernprozesse und Leistungen in schulischen Bereichen von Mathematik bis Geschichte behindern, weil für das Verständnis der Ursachen und Lösungen von Problemen und Ereignissen in der Regel immer mehrere Faktoren und ihre Interdependenz berücksichtigt werden müssen« (Hintermair 2008, 147).

4.4.4 Allgemeine Hinweise

Melanie Pospischil

Der Anteil an mündlich vermitteltem Wissen im Unterricht ist sehr hoch und die Konzentrationsleistung des Schülers mit Hörschädigung dabei enorm. Bei Kindern und Jugendlichen mit einer Hörschädigung muss man folglich davon ausgehen, dass nicht alles gehört wird, was mündlich an Inhalten transportiert wurde.

Im Gegensatz zu einer Brille, mit deren Hilfe man die fehlende Sehschärfe des Auges kompensieren kann, sind technische Hörhilfen, z. B. individuelle Hörgeräte oder Übertragungsanlagen, jedoch kein Garant für eine problemlose und fehlerlose Perzeption der gesprochenen Sprache. Das Bereitstellen von Technik ermöglicht die Teilhabe eines Menschen mit Hörschädigung nicht automatisch (▶ Kap. 1).

Das bewusste Zu- und Hinhören muss phasenweise und gezielt im Unterricht eingesetzt und trainiert werden. Im Wechsel dazu gehören fest eingeplante Hörpausen zur Regeneration.

Der Einsatz von individuellen Hörhilfen und darüber hinaus von Klassenhöranlagen ist zusätzlich sinnvoll und unerlässlich. Die Nutzung einer Hör-Sprech-Anlage fordert eine gute Gesprächsdisziplin innerhalb der Klasse, die letztlich allen Klassenmitgliedern zugute kommt (▶ Kap. 3.2.1). Zusätzlich kann die Verwendung eines einfachen Erzählsteins als Markierung des momentanen Sprechers sehr hilfreich für die Hinwendung zum Sprecher und damit für eine ganzheitliche Wahrnehmung des Gesprochenen sein.

Einheiten, die dem aktiven Zuhören dienen oder eine genaue Lautidentifikation erfordern, stellen für Kinder mit Hörschädigung eine wichtige Übung und zugleich eine große Herausforderung dar. Zusätzliche Zeit und mehr Reflexionsmöglichkeiten können die Hörerfolge und Identifikationsmöglichkeiten vergrößern und Missverständnissen vorbeugen.

4.5 Unterricht und Förderung gebärdensprachlich kommunizierender Schüler

Thomas Kaul

In den vergangenen Jahren hat sich die Anzahl gehörloser, gebärdensprachlich kommunizierender Kinder und Jugendlicher, die in allgemeinen Schulen gefördert werden, stetig vergrößert. Meist handelt es sich um gehörlose Kinder gehörloser Eltern, deren Erstsprache die Deutsche Gebärdensprache ist, die sie natürlich in der Kommunikation mit ihren Eltern erworben haben.

Neben diesen Kindern und Jugendlichen sind aber auch gebärdensprachlich kommunizierende gehörlose Kinder gut hörender Eltern eine wichtige zweite Gruppe. Zum einen entscheiden sich auch gut hörende Eltern für eine gebärdensprachliche Förderung. Zum anderen kann es sich aber auch um Kinder und Jugendliche handeln, deren Zugang zur gesprochenen Sprache trotz technischer Hörhilfen begrenzt bleibt und bei denen der Spracherwerb in der Lautsprache stark verzögert und eingeschränkt sein kann oder auch vollständig ausbleibt. Die Kinder erwerben unter Umständen in der Frühförderung oder erst in schulischen Kontexten die Gebärdensprache. In diesem Zusammenhang muss explizit betont werden, dass der Gebärdenspracherwerb dieser Kinder erheblich verzögert sein kann, da die Eltern für diese Kinder kein muttersprachliches Vorbild in der Gebärdensprache sind. Erschwerend kommt hinzu, dass in dem Förderzentrum bzw. der Frühförderung Gebärdensprache üblicherweise nur selten angeboten wird. Man spricht deswegen auch von so genannten *late learnern* (▶ Kap. 2.3). Diese Kinder und Jugendlichen verfügen oftmals weder in der gesprochenen Sprache noch in der Gebärdensprache über muttersprachliche Kompetenzen.

Co-enrollment Programme

Im anglo-amerikanischen Sprachraum bestehen so genannte co-enrollment Programme, die auch gebärdensprachlich kommunizierenden Schülern einen Besuch in einer allgemeinen Schule eröffnen (Tang/Kun-Man Yiu 2015). Im Rahmen dieser Förderprogramme werden mehrere gehörlose Kinder und Jugendliche in allgemeinen Schulen unterrichtet. Dabei soll das Verhältnis zwischen gehörlosen und gut hörenden Schülern möglichst zwischen 1:3 und 1:4 liegen. Ein Lehrer einer allgemeinen Schule und ein gebärdensprachkompetenter Hörgeschädigtenpädagoge, der auch gehörlos sein kann, unterrichten gemeinsam. Team-Teaching wird als ein wichtiger Faktor angesehen, um eine bilinguale-bimodale Sprachumgebung für alle zu eröffnen. Gut hörende Schüler erhalten in solchen Programmen ebenfalls die Möglichkeit, Gebärdensprache zu erwerben. Auch sollen die psychosozialen Risiken, die für gebärdensprachlich kommunizierende Schüler in inklusiven Settings bestehen, minimiert werden (Kun-Man Yiu/Tang 2014, 359f.). Vergleichbare Konzepte sind z. B. auch in Österreich realisiert (Kramreiter 2011).

Kooperationen und Partnerschaften zwischen Förderschulen und allgemeinen Schulen

Aus Großbritannien ist ein Beispiel bekannt, bei dem eine Kooperation zwischen einer Förderschule und allgemeinen Schule besteht. Beide Schulen sind auf einem Grundstück, so dass die Schüler zwischen diesen wechseln können. So ist ein dynamischer und flexibler Grad des gemeinsamen Unterrichts möglich (Swanwick/Gregory 2007, 8f.). Gebärdensprache ist für Lehrer, Schüler und anderes Personal ein wesentliches Kommunikationsmittel.

Inklusion unter Einbezug von Gebärdensprachdolmetschern

In Deutschland wird in der Regel diese Form der gemeinsamen Beschulung praktiziert (▶ Kap. 4.5.1). Durch den Einsatz von Gebärdensprachdolmetschern im Unterricht an der allgemeinen Schule sollen die sprachlichen Barrieren, die durch die Verwendung der Gebärdensprache entstehen, abgebaut werden. Das, was im Unterricht gesprochen wird, wird durch die Dolmetschenden in Gebärdensprache und gebärdensprachliche Äußerungen der gehörlosen Schüler werden in Lautsprache übersetzt.

In den vergangenen Jahren haben sich vermehrt gehörlose Eltern entschieden, ihre gehörlosen Kinder an einer allgemeinen Schule unterrichten zu lassen. In einigen Ausnahmefällen gilt dies auch für gehörlose, gebärdensprachlich kommunizierende Kinder gut hörender Eltern. In der Regel herrscht hier die Einzelinklusion vor (▶ Kap. 1.3.2), d. h., ein gehörloser Schüler besucht eine Klasse in einer allgemeinen Schule und wird im Unterricht von Gebärdensprachdolmetschern begleitet.

4.5.1 Einsatz von Gebärdensprachdolmetschern im Unterricht der allgemeinen Schule

Formale Voraussetzungen

Die Finanzierung behinderungsbedingter Nachteilsausgleiche (▶ Kap. 3.1) wird in Deutschland personenbezogen gewährt. Der Einsatz von Gebärdensprachdolmetschern stellt eine Form des Nachteilsausgleichs dar. Allerdings werden zurzeit nur die Aufwendungen für den Unterricht und für schulverpflichtende Veranstaltungen getragen. Für Pausen und Freizeit im schulischen Rahmen findet in der Regel keine Finanzierung der Dolmetscher statt (Kaul/Niehaus 2014, 75f.).

Neben der Kostenübernahme kann die Organisation der Gebärdensprachdolmetscher eine große Herausforderung darstellen. Je nachdem, in welchen Regionen die Schule liegt, ist es insbesondere in ländlichen Gebieten schwierig, dass eine entsprechende Anzahl von Gebärdensprachdolmetschern zur Verfügung steht. Es muss auch die Frage geklärt werden, wer die Einsätze der Gebärdensprachdolmetscher organisiert und koordiniert. Hierzu gehören z. B. auch Vertretungsregelungen bei Krankheit.

In der Bundesrepublik Deutschland gibt es bisher, anders als z. B. in den USA (Taylor 2004, 180f.), noch keine spezielle Qualifikation für Gebärdensprachdolmetscher, die in Schulen bzw. Bildungseinrichtungen arbeiten. Dies hat zur Folge, dass das Arbeitsfeld Schule auch für viele Gebärdensprachdolmetscher Neuland ist.

Einsatz im Unterricht

Es mag zu Beginn, wenn ein gehörloser Schüler eine allgemeine Schule besucht, ein wenig ungewöhnlich erscheinen, dass für die gesamte Zeit des Unterrichts eine weitere Person, die in schulischen Kontexten eine sehr spezifische Aufgabe übernimmt, anwesend ist. Dieses Aufgabenfeld ist kaum erforscht (Becker/Meinhardt 2013) und weist noch viele offene Fragen auf.

Es ist aber notwendig, Gebärdensprachdolmetscher als Kooperationspartner zu verstehen, die für die Vermittlung der Unterrichtsinhalte eine wesentliche und notwendige Funktion übernehmen. Dies hat zur Folge, dass es vielfältige Abstimmungen zwischen Unterrichtenden und Gebärdensprachdolmetschern geben muss, die sicherlich am besten gelingen, wenn man sich als Team mit gemeinsamen Zielen begreift.

Winston (2004, 134f.) beschreibt sechs Herausforderungen und Risiken, vor die ein Dolmetschprozess im Unterricht gestellt wird:

- Qualität der Übersetzung
- zeitliche Verzögerung, die durch den Übersetzungsprozess entsteht
- unterschiedliche Vermittlungswege (channels) im Unterricht
- visuelle Zugänglichkeit (Sichtbarkeit)
- Sprache im Unterricht (Fachsprache)
- Gesprächsstil der Unterrichtenden.

Des Weiteren erscheinen nachfolgende Herausforderungen als relevant:

- gehörlose Schüler als Zielgruppe (Marschark et al. 2005, 68)
- Rolle von Gebärdensprachdolmetschern im Unterricht (Antia/Kreimeyer 2001, 359f.).

Qualität der Übersetzung

Eine Situation unter Einbindung eines Dolmetschers ist eine vermittelte Situation, d. h. sie beruht immer auf Deutungen und Kompetenzen der vermittelnden Person. Der im englischen gebräuchliche Begriff Interpretation kommt diesem Verständnis ein wenig näher. Dolmetschen ist kein naiver Eins-zu-eins-Übersetzungsprozess, sondern wird immer von vielfältigen Einflussfaktoren, der wechselseitigen Wahrnehmung (Winston 2004) und nicht zuletzt auch von der Kompetenz der Dolmetschenden (Schick et al. 1999) beeinflusst.

Roy definiert diesen Prozess folgendermaßen:

> »Interpreting for people who do not speak a common language is a linguistic and social act of communication, and the interpreter's role in this process is an engaged one, directed by knowledge and understanding of the entire communicative situation, including fluency in the languages, competence in appropriate usage within each language, and in managing the cross-cultural flow of talk« (2000, 3).

Zeitliche Verzögerung

Der zeitliche Einsatz der Übersetzung eines Dolmetschers beginnt verzögert, da zu Beginn eine gewisse Textmenge formuliert sein muss, um mit dem Übersetzungsprozess beginnen zu können. Cokely (1986, 344f.) geht im Normalfall von einem zeitlichen Versatz von ca. zwei bis drei Sekunden aus. Je nach Komplexität der zu leistenden Übersetzung kann es zu einer zeitlichen Verzögerung von mehr als zehn Sekunden kommen. Dies wiederum hat Auswirkungen auf den Aufnahmeprozess desjenigen, der auf die Übersetzung angewiesen ist. Es ist leicht nachzuvollziehen, dass in schulischen Kontexten Antworten der gehörlosen Schüler erst nach der Übersetzung geleistet werden können. Hingegen haben die gut hörenden Klassenmitglieder in der Regel schon die Äußerung des Lehrers (akustisch) verstanden und können direkt antworten. Diese Verzögerung muss im Unterrichtsgespräch oder auch in Situationen, in welchen mündliche Tests oder Prüfungen erfolgen, berücksichtigt werden.

Unterschiedliche Vermittlungskanäle

Die Kommunikation gehörloser Schüler ist grundsätzlich visuell getragen. Sprachliche Informationen können nur dann aufgenommen werden, wenn Blickkontakt zwischen dem Lehrer bzw. Dolmetscher und dem Schüler besteht. Im Unterricht werden oft neben der direkten Kommunikation zwischen Lehrer und Schüler auch vielfältige Medien genutzt. Hierzu gehören z. B. Folien, Präsentationen mit Hilfe eines Computers, die Arbeit mit Texten oder auch Versuche in naturwissenschaftlichen Fächern. In den meisten Fällen werden Präsentationen vom Lehrer sprachlich begleitet. Gut hörende Schüler können gleichzeitig die Präsentation wahrnehmen oder den Versuch beobachten und den Ausführungen des Lehrers folgen. Gehörlose Schüler haben diese Möglichkeit nicht. Sie können entweder nur auf den Dolmetscher schauen, der die Ausführungen des Lehrers übersetzt, oder der Präsentation folgen, einen Versuch beobachten bzw. einen Text lesen. Der gebärdensprachlich orientierte Schüler ist also nur in der Lage, *entweder* den sprachlichen Ausführungen zu folgen *oder* seine Aufmerksamkeit auf das verwendete Medium zu richten. Die gleichzeitige Wahrnehmung über beide Informationskanäle ist nicht möglich. Deshalb muss durch den Lehrer darauf geachtet werden, dass es zu einer zeitlichen Abstimmung zwischen einer Präsentation und der (gebärden-)sprachlichen Informationsvermittlung kommt. Das heißt, es muss Zeit zur Wahrnehmung eines Mediums gegeben werden, ohne dass dieses sprachlich direkt kommentiert und begleitet wird. Zudem braucht es zusätzlich Zeit zur Wahrnehmung der Ausführungen des jeweiligen Sprechers durch den Dolmetscher.

Eine vergleichbare Ausgangslage entsteht, wenn mehrere Personen gleichzeitig sprechen. Dolmetscher können beide Äußerungen nicht parallel übersetzen. Auch in solchen Situationen ist darauf zu achten, dass Äußerungen nacheinander formuliert werden, um ein angemessenes Verstehen zu ermöglichen.

Sichtbarkeit

In der Regel ist *ein* Gebärdensprachdolmetscher während des Unterrichts anwesend (in außerschulischen Arbeitsfeldern werden bei Dolmetscheinsätzen, die länger als eine Stunde dauern, in der Regel Doppelbesetzungen finanziert). Es ist sinnvoll, bei der Platzwahl des Schülers und der Positionierung des Gebärdensprachdolmetschers die jeweiligen Raumverhältnisse und Sitzordnungen in der Klasse so zu berücksichtigen, dass ein möglichst ungehinderter Blickkontakt zwischen Gebärdensprachdolmetscher und dem gehörlosen Schüler ermöglicht wird. Dies betrifft auch die gemeinsame Raumnutzung und die damit verbundene Abstimmung zwischen Unterrichtenden und Gebärdensprachdolmetscher.

Aktuell gibt es technische Entwicklungen, die ein Zuschalten eines Dolmetschenden via Internet und Laptop ermöglichen. Diese Form hat sich bisher jedoch in Deutschland lediglich vereinzelt an weiterführenden Schulen und Bildungseinrichtungen etabliert.

Sprache im Unterricht (Fachsprache)

Unterrichtende und Dolmetschende müssen sich über die Unterrichtsinhalte abstimmen bzw. austauschen, damit die Gebärdensprachdolmetscher sich sprachlich und inhaltlich angemessen auf die Tätigkeit im Unterricht vorbereiten können. Dies gilt insbesondere auch für den Fachunterricht, die damit verbundenen Fachinhalte und die Fachterminologien. So kann es beispielsweise vorkommen, dass für bestimmte Fachbegriffe noch keine Fachgebärden existieren.

Abstimmungsgespräche über Unterrichtsinhalte können solche Probleme vermeiden oder minimieren. Für diese Gespräche wird zusätzliche Zeit benötigt. Oft hilft es den Gebärdensprachdolmetschern, wenn sie Materialien über den Unterrichtsstoff für ihre Übersetzungstätigkeit zur Verfügung gestellt bekommen. Hierzu gehören z. B. unter anderem die Ziele des Unterrichts. All dies sind Bausteine, die zu einem erfolgreichen Zusammenspiel zwischen Lehrern, Gebärdensprachdolmetschern, Schülern und letztendlich auch den Eltern beitragen.

Gesprächsstil

Gesprächsstile unterscheiden sich von Person zu Person. Hierzu gehört unter anderem die Sprechgeschwindigkeit, die Komplexität der Formulierungen, Bildhaftigkeit der Sprache, aber auch die Regulierung des Sprecherwechsels. Der Fachunterricht wird in höheren Schulstufen in der Regel von verschiedenen Unterrichtenden durchgeführt, aber auch Schüler in einer Klasse können sich deutlich in ihrem Kommunikationsverhalten unterscheiden. Die Anpassung an ein Kommunikationsverhalten, das Übersetzungsprozesse im Unterricht erleichtert, ist in komplexen Gesprächssituationen, wie es Unterricht in der Schule darstellt, nicht einfach und erfordert eine wechselseitige Abstimmung, Aufmerksamkeit und Verständnis. Dazu gehört auch das Abwarten, bis eine Übersetzung beendet ist, um dann erst eine Frage zu stellen bzw. die Antworten der Schüler zuzulassen. Hierin zeigt sich eine große Verantwortung der gut hörenden Unterrichtenden und Mitschüler im Hinblick auf die Einhaltung von Gesprächsregeln und -disziplin, um dem gehörlosen Schüler chancengerechte Teilhabe zu gewährleisten (▶ Kap. 4.2.1).

Gehörlose Schüler als Zielgruppe

Ein wesentlicher Unterschied in der Tätigkeit von Gebärdensprachdolmetschern in schulischen Kontexten besteht in der Zielgruppe: Es handelt sich hierbei um gehörlose Kinder und Jugendliche. Marschark et al. (2005, 68) betonen, dass Gebärdensprachdolmetscher auch die kognitiven und sprachlichen Voraussetzungen der Kinder sowie deren Lernmöglichkeiten kennen und berücksichtigen müssten (▶ Kap. 2). Allerdings gibt es zurzeit keine spezifischen Aus- oder Fortbildungsangebote, die Dolmetscher darauf vorbereiten. Eine besondere Herausforderung sind gehörlose Kinder gut hörender Eltern, die gebärdensprachlich kommunizieren. Der Gebärdenspracherwerb dieser Kinder und Jugendlichen kann verzögert sein. Das stellt die Gebärdensprachdolmetscher vor die Aufgabe, die Übersetzung an das Gebärdensprachniveau der Kinder und Jugendlichen anzupassen.

Rolle von Gebärdensprachdolmetschern im Unterricht

In schulischen Kontexten kann sich die Rolle von Gebärdensprachdolmetschern gegenüber außerschulischen Einsatzfeldern verändern. Es können zusätzliche Anforderungen an Dolmetscher herangetragen werden, die über die enge Funktion des Dolmetschens hinausgeht. Antia/Kreimeyer (2001, 359f.) zeigen auf, dass Dolmetscher auch unabhängig vom Lehrer Erklärungen von Unterrichtsinhalten (eigenständig) für die Schüler übernehmen oder dass sie die Kommunikation unter den Klassenkameraden unterstützen und nicht nur übersetzen. Hierzu gehört z.B. die Bitte von Kindern und Jugendlichen an die im Unterricht anwesenden Dolmetscher, ihnen zu helfen. Gebärdensprachdolmetscher werden auch in Bezug auf

Zusammenhänge oder Beeinflussung von gebärdeter und gesprochener Sprache um Rat gefragt, die den Unterrichtenden von allgemeinen Schulen nicht bekannt sind. Darüber hinaus sind Dolmetscher anscheinend auch eine kommunikative Brücke zwischen den Klassenlehrern, den Hörgeschädigtenpädagogen und den Eltern. Interessant ist in der Untersuchung, dass die Erweiterung des Rollenspektrums von Dolmetschern unterschiedlich eingeschätzt wird. Die Klassenlehrer und die Dolmetscher selbst bewerten diese Erweiterung des Aufgabenfeldes positiv. Die Hörgeschädigtenpädagogen sehen die Dolmetscher verstärkt an die Rolle des Übersetzenden gebunden. Es wird deutlich, dass es einer genauen Abstimmung zwischen Unterrichtenden, Schülern und Gebärdensprachdolmetschern bedarf, wie die Rolle im Unterricht ausgestaltet werden kann oder soll.

4.5.2 Deutsch als Herausforderung

Die bisherigen Ausführungen machen deutlich, dass die unterrichtliche Situation – insbesondere in allgemeinen Schulen – für gehörlose, gebärdensprachlich kommunizierende Schüler eine besondere ist. Sie kommen mit einer anderen Erstsprache als Deutsch in die Schule und können die dort verwendete Sprache in gesprochener Form in der Regel nicht direkt wahrnehmen, sondern sind auf die Vermittlung durch einen Dolmetscher angewiesen. Gehörlose Kinder gehörloser Eltern besitzen meist in der Gebärdensprache eine vollwertige Sprache, die sie in der Interaktion und Kommunikation mit ihren Eltern natürlich erworben haben. Für gehörlose Kinder gut hörender Eltern hingegen ist die Gebärdensprache und deren Erwerb ebenfalls eine Herausforderung, da ihr häusliches Umfeld meist nicht gebärdensprachkompetent ist.

Die deutsche Sprache stellt für beide Gruppen eine Fremdsprache im Sinne einer Zweitsprache dar. Es wird lediglich der Inhalt durch die Gebärdensprachdolmetscher für den gehörlosen Schüler verfügbar gemacht. Die deutsche Sprache ist in allen Unterrichtsfächern immanenter Lerngegenstand. Bereits in Kapitel 1.2 wurde darauf verwiesen, dass die deutsche Gebärdensprache keine Lautsprache in gebärdeter Form ist, sondern eine Sprache mit einem eigenen Lexikon und Regelsystem. Sie unterscheidet sich in ihren strukturellen Dimensionen deutlich von der deutschen Sprache. Dieser Umstand ist für den Deutschunterricht selbst von Bedeutung.

Auch wenn die Schriftsprache visuell wahrnehmbar ist, ist sie in ihren inhaltlichen und strukturellen Dimensionen den gehörlosen Schülern nicht voll zugänglich; sie basiert auf der Lautsprache. Die gehörlosen Schüler sind durch die Frühförderung oder durch das Elternhaus mit der deutschen Sprache in Berührung gekommen. Dennoch verfügen sie in der Regel nicht über eine mit gut hörenden Schülern vergleichbare Sprachbasis in der deutschen Sprache. Deutschunterricht hat aus dieser Perspektive für die gehörlosen Schüler eine mehrfache Funktion: Die deutsche Sprache muss in der Grundschule aufbauend auf der Frühförderung weiter auf- und ausgebaut werden. Dies betrifft z. B. den Wortschatz, die morpho-syntaktischen Strukturen und auch die Schriftsprache in ihren produktiven sowie rezeptiven Dimensionen.

Steht gehörlosen Schülern kein auditiver Input zur Verfügung, besteht der Zugang zur deutschen Sprache in den meisten Fällen vornehmlich in der schriftlichen Form. Die doppelte Hürde, die deutsche Sprache als Zweitsprache und diese ohne bzw. mit beschränktem auditivem Input zu erwerben, stellt eine wesentliche Herausforderung in der schulischen Förderung dar.

Wie genau das didaktisch-methodische Vorgehen in inklusiven Bildungssettings, insbesondere in den Schuljahren der Grundschule zu gestalten ist, ist noch nicht abschließend geklärt und bedarf weitergehender Forschungen. Es können aber Rahmenbedingungen formuliert werden, die für die Vermittlung von Unterrichtsinhalten und für die Vermittlung von Sprache einen Stellenwert haben. Dies soll im Folgenden an einigen Aspekten dargestellt werden:

Wortschatz

Es ist bereits darauf hingewiesen worden, dass gehörlose Kinder gehörloser Eltern als *native learner* in der Regel über eine vergleichbare Sprachentwicklung in der Gebärdensprache wie gut hörende Kinder in der Lautsprache verfügen.

Bei gehörlosen Kindern gut hörender Eltern ist die Ausgangslage allerdings anders. In einer Vielzahl von Untersuchungen (Anderson 2006; Lederberg/Spencer 2001) ist aufgezeigt worden, dass der Wortschatz dieser Kinder nicht nur in der deutschen Sprache, sondern auch in der Gebärdensprache eingeschränkt ist. Wortschatzarbeit ist deswegen im Sprachunterricht eine zentrale Aufgabe. Da die Kinder und Jugendlichen oftmals auch Erfahrungsdefizite in Bezug auf ihre Umwelt haben, was sich in einem eingeschränkten Weltwissen niederschlagen kann (Convertino et al. 2014), ist die Einbettung der Wortschatzarbeit in Kontexte und Verwendungszusammenhänge eine wichtige didaktische Vorgehensweise (Easterbrooks/Beal-Alvarez 2013, 87f.).

Grammatik

Die Grammatik der Deutschen Gebärdensprache unterscheidet sich durch die Nutzung des Raumes und der verschiedenen Artikulationsorgane der Gebärdensprache (Hände, Gesicht, Oberkörper, ▶ Kap. 1.2) zum Teil beträchtlich von der deutschen Sprache. Der Deutschunterricht steht hier also vor der Aufgabe, diese abweichenden Strukturen für die gehörlosen Schüler transparent und zugänglich zu machen. Das Wissen um beide Sprachen ist hierfür ein Vorteil, um z. B. unterschiedliche Regularitäten zu vergleichen und gegenüberzustellen. Diese Form des kontrastiven Unterrichts (Günther/Schäfke 2004; Fischer et al. 2000) kann ein Baustein in der Vermittlung der deutschen Sprache sein. Voraussetzung ist hierbei, dass dies durch gebärdensprachkompetente Hörgeschädigtenpädagogen unterstützt wird.

Schriftsprache

Die Schriftsprache stellt für Menschen, die hörgeschädigt sind, ein zentrales Mittel zur Erschließung der Welt, Vermittlung von Informationen, Kommunikation und nicht zuletzt auch zur gesellschaftlichen Teilhabe dar. Dies gilt in einem besonderen Maße für gehörlose, gebärdensprachlich kommunizierende Menschen. Allerdings ist der Erwerb einer umfassenden Schriftsprachkompetenz für gehörlose Schüler oftmals eine große Hürde. Die Forschung zu diesem Themenkomplex hat aufgezeigt, dass sie sowohl in der produktiven (Texte schreiben können) als auch in der rezeptiven Dimension (Texte lesen und verstehen können) der Schriftsprache meistens schlechtere Ergebnisse erzielen als gut hörende Schüler (Paul 2009; Schäffke 2005; Trezek et al. 2011).

Der Schriftspracherwerb bedarf aus einer didaktischen Perspektive für gehörlose, gebärdensprachlich kommunizierende Schüler einiger Modifikationen. Dies ist insbesondere dann der Fall, wenn im Unterricht der jeweiligen Schulklasse didaktische Ansätze verwendet werden, die den Schülern die Schriftsprache über das Hören nahe bringen, z. B. das Schreibenlernen mit der Anlauttabelle. Ein Konzept wie die phonologische Bewusstheit (▶ Kap. 2.5) greift in diesem Falle nicht in der gleichen Weise wie bei gut hörenden Schülern. In einer Metaanalyse konnten Miller et al. (2013) aufzeigen, dass die phonologische Bewusstheit keine entscheidende Voraussetzung für eine hohe Schriftsprachkompetenz gehörloser Schüler ist. Vielmehr ist eine hohe Sprachkompetenz losgelöst von der Modalität (Laut- oder Gebärdensprache) eine wichtige Basis.

Gehörlose, gebärdensprachlich kommunizierende Schüler bauen einen anderen Zugang zur deutschen Schriftsprache als gut hörende auf, da sie sich diesen nicht vergleichbar über das Hören aneignen können. Die Phonem-Graphem-Korrespondenz kann allenfalls bei gehörlosen Kindern, die ein Cochlea Implantat haben, eine Hilfe bei der Erschließung des schriftsprachlichen Codes sein. Günther (2002) verweist darauf, dass bei hochgradig hörgeschädigten Schülern das Beharren auf der Erschließung des Zusammenhangs zwischen Phonemen und Graphemen problematisch sein könnte, da dies vermehrt zu Fehlern in der Schriftsprache führe. Hier müssen die Schüler unterstützt werden, aufbauend auf ihrer Sprachkompetenz und ihren Vorerfahrungen die Bedeutung der Grapheme zu erschließen. Sie sollen die Buchstaben als Bausteine der Schriftsprache verstehen lernen. Dies kann methodisch beispielsweise durch Visualisierungen unterstützt werden. Darüber hinaus kann das Fingeralphabet bei der Erschließung des schriftsprachlichen Codes eine wichtige Funktion übernehmen, nämlich die Schriftsprache zu gliedern und deren innere Struktur auf der Buchstabenebene zu verstehen. Das Fingeralphabet stellt eine Brücke zwischen Gebärden- und Schriftsprache dar, da dieses auch ein wichtiges Element in der gebärdensprachlichen Kommunikation ist (Erting et al. 1999; Padden/Ramsey 2000). Padden/Ramsey (2000) verweisen auf eine erfolgreiche Unterrichtsmethode, die sie *chaining* nennen. Ein geschriebenes Wort wird durch das Fingeralphabet visualisiert und dabei wird auf das Verhältnis von Buchstabe zu Handzeichen verwiesen. Abschließend wird die Gebärde für das Wort gezeigt, so dass die Verbindung zwischen den unterschiedlichen Sprachen den Schülern verdeutlicht wird. Darüber hinaus stellen für gehörlose Schüler insbesondere die morpho-syntaktischen Strukturen der deutschen Sprache eine große Herausforderung dar. Oft werden die schriftlichen Formulierungen der Schüler durch die Deutsche Gebärdensprache beeinflusst, so dass z. B. ein veränderter Satzbau entsteht.

Auf der Textebene können sich die oftmals eingeschränkten Erfahrungen der gehörlosen Schüler sowohl beim Lesen als auch beim Schreiben auswirken. Entweder ist das dazu notwendige Weltwissen nicht vorhanden oder es kann nicht angemessen vernetzt werden. Das didaktisch-methodische Vorgehen beruht dann darauf, den Schülern *vor* der eigentlichen Aufgabe die Informationen oder das Wissen bereitzustellen, welche zur Lösung der Aufgabenstellung beitragen (Appanah/Hoffman 2014; Easterbrooks/Stephenson 2006; Kaul/Prinz 1983; Swanwick/Marschark 2010).

4.5.3 Deutsche Gebärdensprache als Unterrichtsfach

Es ist in den vorhergehenden Kapiteln bereits auf die besondere Spracherwerbssituation gehörloser, gebärdensprachlich kommunizierender Schüler hingewiesen worden. Für gehörlose Schüler, die Gebärdensprache als Erstsprache verwenden, wird in der Regel im Hinblick auf die schulische Förderung seit der Einführung bilingualer-bimodaler Schulkonzepte das Unterrichtsfach Deutsche Gebärdensprache in Förderschulen berücksichtigt (Günther/Schäfke 2004, 127f.). Die Förderung der Schüler in ihrer Erstsprache ist aus unterschiedlichen Gründen von besonderer Bedeutung. Hierzu gehören z. B.:

- Erweiterung des Wortschatzes
- Ausdifferenzierung der grammatischen Kompetenzen
- Ausbau pragmatischer Kompetenzen (u. a. narrative und diskursive Fähigkeiten)
- Entwicklung metasprachlicher Kompetenzen
- positive Auswirkungen auf den Erwerb von weiteren Sprachen.

In den vergangenen Jahren sind in einigen Bundesländern verschiedene Lehrpläne entwickelt worden, z. B. in Bayern (Bayerisches Staatsministerium 2003) oder Hamburg, Brandenburg, Berlin (Ministerium für Bildung Jugend und Sport des Landes Brandenburg 2012), die als Grundlage für den Unterricht in den Schulen genutzt werden können. Darüber hinaus wurden vermehrt auch didaktisch-methodische Diskussionen angestoßen (Förster 2014).

Die besonderen Herausforderungen des Unterrichtsfaches Deutsche Gebärdensprache bestehen auf unterschiedlichen Ebenen. Zum einen ist das Fach als Unterrichtsfach in den jeweiligen Bundesländern formal in einem vergleichbaren Maße wie Deutsch oder Englisch nicht anerkannt. Eine gewisse Ausnahme bildet beispielsweise in NRW die durch die Ausbildungsordnung Sonderpädagogische Förderung (AO-SF) geregelte Möglichkeit, das Unterrichtsfach Deutsche Gebärdensprache in Förderschulen anzubieten (Ministerium für Schule und Weiterbildung NRW 2015, §23(3)). Darüber hinaus bieten einige allgemeine Schulen das Unterrichtsfach Deutsche Gebärdensprache als Wahlfach an. Dieses wird über Spenden finanziert (Nothdurft 2016). Zum anderen fehlen zurzeit ausgebildete Lehrer, die das Fach studiert haben und es unterrichten können. Dies ist z. B. erst seit dem Wintersemester 2015/16 an der Universität zu Köln möglich.

Darüber hinaus stellt es eine besondere Herausforderung dar, das Unterrichtsfach im Rahmen der Inklusion, d. h. an allgemeinen Schulen, anzubieten. Die meisten gehörlosen, gebärdensprachlich kommunizierenden Schüler werden im Rahmen der Einzelinklusion beschult. Organisatorisch ist es kaum möglich, für einen einzelnen Schüler den Unterricht (unabhängig von den formalen Voraussetzungen) bereitzustellen, so dass das Unterrichtsfach Deutsche Gebärdensprache noch die Ausnahme darstellt. Allerdings bieten sich andere Organisationsformen an, die schulübergreifend über die Förderzentren angeboten werden könnten. Möglich ist, dass z. B. gehörlose Schüler von verschiedenen allgemeinen Schulen in den Förderzentren das Unterrichtsfach Deutsche Gebärdensprache erhalten.

Wichtig ist, dass, wenn das Unterrichtsfach Deutsche Gebärdensprache für gehörlose Kinder und Jugendliche zugänglich gemacht wird, dies dann auch für die gut hörenden Mitschüler ermöglicht werden sollte, damit die Schüler sich untereinander austauschen und soziale Kontakte knüpfen können.

4.5.4 Fremdsprachenunterricht

Wenn über die Vermittlung von Fremdsprachen für gehörlose Kinder und Jugendliche, die gebärdensprachlich kommunizieren, gesprochen wird, soll noch einmal auf einen wichtigen Unterschied zu den meisten gut hörenden Schülern verwiesen werden. Gehörlose Kinder (gehörloser Eltern) wachsen mit der Gebärdensprache als Erstsprache auf. Die deutsche Sprache ist für sie in der Regel die Zweitsprache, die sie in ihrem täglichen Umfeld in Form von Schriftsprache, aber auch in gesprochener Form erfahren. Eine Fremdsprache stellt für die gehörlosen Schüler eine Drittsprache dar. Die englische Sprache ist die am weitesten verbreitete Sprache, die in der Schule vermittelt wird. Darüber hinaus stellen insbesondere im gymnasialen Bereich Sprachen wie Französisch, Spanisch oder Latein ebenfalls eine große Herausforderung für gehörlose Schüler dar. Über die Vermittlungsprozesse von Fremdsprachen und der daraus resultierenden sprachlichen Kompetenzen für gehörlose, gebärdensprachlich kommunizierende Kinder und Jugendliche gibt es nur wenige Daten (Dotter 2008, 101f.).

Die Vermittlung von Fremdsprachen für gehörlose Kinder und Jugendliche in allgemeinen Schulen geschieht wie in allen anderen Unterrichtsfächern über den Gebärdensprachdolmetscher. Vergleichbar zum Deutschunterricht wird meist von den Gebärdensprachdolmetschern die Deutsche

Gebärdensprache als Vermittlungssprache verwendet. Voraussetzung ist, dass die Dolmetscher die Fremdsprache beherrschen. Es muss betont werden, dass das Dolmetschen zwischen der Deutschen Gebärdensprache und einer weiteren Fremdsprache die Dolmetscher vor besondere kognitive Anforderungen stellt (Scholl 2008). Dies kann sich in der Wortwahl, im Stil, aber auch im Umgang mit Fehlern niederschlagen.

Variationen bei der Anwendung der Gebärdensprache können durch die Verwendung des Absehbildes entstehen. Unter Absehbild wird ein artikuliertes Wort verstanden, das gleichzeitig zur Verwendung einer Gebärde meist stimmlos gesprochen wird. Dolmetscher verwenden dann die Deutsche Gebärdensprache, aber z.B. mit einem englischen Absehbild. Darüber hinaus können auch Lautsprachbegleitende Gebärden eingesetzt werden, die dann ebenfalls mit den Absehbildern der englischen Sprache verwendet werden können. In welcher Form dieses realisiert wird, hängt individuell von den beteiligten Dolmetschern ab.

Im Lateinunterricht wird neben der Unterrichtskommunikation, die in Gebärdensprache verläuft, die auf die Fremdsprache bezogene Kommunikation durch das Fingeralphabet realisiert, um z.B. lateinische Worte zu visualisieren.

Auf Grund dieser besonderen Ausgangslage und auch aus der Perspektive gehörloser Menschen selbst wird hinsichtlich des Fremdsprachenunterrichts vermehrt die Verwendung anderer Gebärdensprachen (z.B. American Sign Language – ASL) im Englischunterricht diskutiert. Pritchard (2004; 2011) hat die Möglichkeit erprobt, British Sign Language (BSL) als Fremdsprache für gehörlose Schüler zugänglich (Heßmann 2014) und diese für den Englischunterricht nutzbar zu machen. Es muss an dieser Stelle offenbleiben, ob dieses methodische Vorgehen den Zugang zur englischen Sprache erleichtert. Strukturell muss darauf hingewiesen werden, dass gehörlose Kinder und Jugendliche dann vier Sprachen erwerben (im Unterschied zu gut hörenden Kindern und Jugendlichen, die oftmals in einer vergleichbaren Situation »nur« eine zweite Sprache erwerben). Sehr positiv wird die Motivation der gehörlosen Schüler eingeschätzt, eine weitere Gebärdensprache zu erlernen und dies auch in den Zusammenhang anderer kultureller Lebenswelten zu bringen.

4.5.5 Mathematikunterricht

In Kapitel 4.4.3 ist darauf verwiesen worden, dass hochgradig hörgeschädigte Kinder und Jugendliche im mathematischen Bereich im Durchschnitt einen Rückstand zu ihren gut hörenden Peers aufweisen (Swanwick et al. 2013). Allerdings gibt es auch bei den mathematischen Kompetenzen eine erhebliche Streuung. Ca. 15% der Kinder und Jugendlichen mit einer hochgradigen Hörschädigung verfügen über Leistungen, die mit denen von gut hörenden Kindern und Jugendlichen vergleichbar oder besser sind (Wood et al. 1983). Kramer und Grote (2009) konnten in ihrer Studie aufzeigen, dass gehörlose Kinder gehörloser Eltern in ihrem mathematischen Leistungsvermögen signifikant besser abschnitten als gehörlose Kinder gut hörender Eltern. Die Autoren führen dies auf das vorhandene Kommunikationsmittel zwischen Eltern und Kindern zurück, dass ein wesentliches Moment beim Wissenserwerb und Erfahrungszuwachs spielt.

Inwieweit die Gebärdensprache selbst mathematische Kompetenzen beeinflusst, ist in einigen Untersuchungen nachgegangen worden. Iversen (2008) und Iversen et al. (2004) konnten aufzeigen, dass sich das Zahlensystem der Deutschen Gebärdensprache hinsichtlich seiner Struktur von den gesprochenen Zahlwörtern der deutschen Sprache und deren Bezug zu den arabischen Zahlen unterscheidet. Dies wirkt sich auf die mentale Verarbeitung von Zahlen aus. Interessant ist nun die Frage, ob gebärdensprachlich kommunizierende gehörlose Menschen auch anders rechnen. Frostad (1999) ist dieser Frage in einer explorativen Studie nachgegangen und konnte Strategien aufzeigen, die lautsprachlich, aber auch gebärdensprachlich gebunden waren. Ob sich gehörlose und gut hörende Personen auch in der Verwendung von mathematischen Operationen zur Lösung von Aufgaben unterscheiden, haben Kramer und Grote (2009) indirekt untersucht. Sie verglichen in einer umfangreichen Stichprobe mit gut hörenden und gehörlosen Probanden die Fehlerhäufigkeit in Bezug auf verschiedene mathematische Aufgabenstellungen. Wenn auch die absolute Fehlerhäufigkeit bei den gehörlosen Probanden höher ausfiel, so war aber das Fehlerprofil in seinem Verlauf vergleichbar, so dass die Autoren davon ausgehen, dass die mathematischen Anforderungen und die damit verbundenen mathematischen Operationen zwischen gut hörenden und gehörlosen Probanden vermutlich ähnlich sind. Ein anderer Aspekt betrifft die Verwendung der Gebärdensprache bei Textaufgaben. Das kann dann ein Vorteil sein, wenn mathematische Informationen durch die Gebärdensprache visualisiert werden (Foisack 2003, 212f.). Insbesondere, wenn Lokalisationen oder auch Ikonizität für das Verstehen des mathematischen Problems eine Bedeutung haben, kann die gebärdensprachliche Repräsentation zur Lösung der Aufgabe förderlich sein.

5

Vergangenheit, Gegenwart und Zukunft der Inklusion

Annette Leonhardt

Das Kapitel gibt einen Überblick von den ersten »Inklusionsbestrebungen« bis hin zur Gegenwart. Sie sind im Rahmen der Sonderpädagogik einzigartig. Die Gehörlosen- und Schwerhörigenpädagogik, die aus der Taubstummenpädagogik erwachsen sind, können für sich reklamieren, dass sie die ersten sonderpädagogischen Fächer waren, die versuchten, Schüler mit Behinderung (hier Taubstummheit) und ohne Behinderung gemeinsam zu unterrichten. Diese Ideen kamen bereits wenige Jahrzehnte nach Gründung der ersten Taubstummenanstalten auf und wurden insbesondere im zweiten Drittel des 19. Jahrhunderts (Ausläufer bis Ende des 19. Jahrhunderts) praktisch umgesetzt. Dafür wurden in der Fachliteratur die Begriffe »Verallgemeinerungsbewegung« oder »Verallgemeinerungspädagogik« geprägt.
Vergleichbares gab es nur noch für blinde Kinder, ohne das es hier die gleiche Bedeutung erlangte und ein eigener Fachbegriff geprägt wurde.

Erneuten Auftrieb bekam der Gedanke der gemeinsamen Beschulung zunächst durch Integrationsinitiativen in den 70er Jahren des 20. Jahrhunderts und aktuell durch die bildungspolitischen Bemühungen zur Umsetzung der UN-Behindertenrechtskonvention. Dabei fällt auf, dass die bildungspolitischen Bemühungen sich kaum auf Schüler mit Hör-, Seh- und körperlichen Schäden richten, sondern auf solche mit Lernschwierigkeiten fokussieren – sie bilden die größte Gruppe der sonderbeschulten Schüler –, ohne dass es sich, im Gegensatz zur erstgenannten Gruppe, hier um Personen »mit Behinderung« im Sinne der Sozialgesetzgebung handelt.

5.1   Die Verallgemeinerungsbewegung

Die »erste Welle« der gemeinsamen Unterrichtung:
die Verallgemeinerungsbewegung des 19. Jahrhunderts

Geht man zu den Anfängen der schulischen Bildung von Menschen mit Gehörlosigkeit und Schwerhörigkeit (oder mit Taubstummheit, wie es früher hieß und verschiedene Arten und Ausmaße von Hörschäden umfasste) zurück, so ist sehr schnell festzustellen, dass es mehr oder weniger schon immer eine gemeinsame Unterrichtung von Personen mit und ohne Hörschädigung gab. Die erste deutsche Taubstummenanstalt (als Vorläufer der heutigen Förderzentren Hören und Kommunikation) mit Bekanntheitsgrad – den sie vorwiegend der Auseinandersetzung des Schulgründers Samuel Heinicke (1727–1790) mit dessen Rivalen Abbé de l'Epée (1712–1789), der 1770 das Pariser Taubstummeninstitut gegründet hatte, verdankte – hieß »Churfürstlich Sächsisches Institut für Stumme und andere mit Sprachgebrechen behaftete Personen« (1778 in Leipzig eröffnet). Schon aus dem Namen geht hervor, dass dort nicht nur (Taub-)Stumme, sondern auch weitere Schüler (nämlich die mit »anderen Sprachgebrechen«) unterrichtet wurden. Heinicke – für »Heinicke« findet sich in Schriften seiner Zeit auch die Schreibweise »Heinike« – selber verwandte, wie sich auf den Titelblättern seiner Veröffentlichungen zeigte, variierende Namen für seine Einrichtung. 1778 publizierte er die »Verordnungen zu dem Churfürstlich Sächsischen Institut für Stumme in Leipzig«. Der Zusatz »und andere mit Sprachgebrechen behaftete Personen« fehlte hier.

Diese noch einmal 1781 veröffentlichten »Verordnungen« enthielt wiederum unter I. folgende Aussage: »Es werden Taubstumme und andere mit Sprachgebrechen behaftete Personen ... schon in ihrem 6sten Jahre im Institut aufgenommen. Sind sie aber über 40 Jahr alt; so müssen sie mit besondern Fähigkeiten begabet sein, ...« (Heinike 1781, 255).

Die Hörgeschädigtenpädagogik gilt als älteste sonderpädagogische Fachrichtung und als diejenige, durch die eine Institutionalisierung der Bildung, Erziehung und Förderung von Personen mit Behinderungen in Gang kam. Den ersten Taubstummenanstalten folgten beispielsweise 1785 die erste Schule für Schwachsinnige in Hallein bei Salzburg und 1816 eine Heilanstalt für Krüppel in Würzburg (zur Geschichte der sonderpädagogischen Fachrichtungen s. Möckel 2007, 13–17).

Bis 1815 – dem Jahr, in dem Dr. Heinrich Stephani (1761–1850), Kreisschulrat in Ansbach, einen Aufsatz mit dem Titel »Über die einfachste und natürlichste Weise, Taubstumme zu unterrichten« veröffentlichte, der die erste (bewusste) »Welle« der gemeinsamen Beschulung »einläutete« – waren einige deutschsprachige Taubstummeninstitute entstanden: Nach Leipzig folgte Lübeck (1778, ab 1791 Hamburg, ab 1798 Kiel und seit 1810 Schleswig), Wien (1779), Karlsruhe (1783), Prag (1786), Berlin (1788), München (1798), Freising (1804, ab 1826 mit der Münchener Anstalt vereinigt), Gmünd (1807) und Linz (1812) (Walther 1882, 185). In Waitzen (heute Vács, damals zur österreich-ungarischen Monarchie gehörend) gab es in der 1802 gegründeten Schule deutsch- und ungarischsprachige Klassen (Lechta et al. 2008, 170). Doch bereits schon davor hatte beispielsweise Christian Hinrich Wolke (1741–1825) in seinem 1804 veröffentlichten Werk »Anweisung, wie Kinder und Stumme ohne Zeitverlust und auf natürliche Weise zum Verstehen und Sprechen, zum Lesen und Schreiben oder zu Sprachkenntnissen und Begriffen zu bringen sind ...« den »gemeinschaftlichen Unterricht der stummen und vorschulpflichtigen Kinder« gefordert (Emmerig 1927, 67).

Die wenigen, in den ersten Jahrzehnten nach der Eröffnung der Leipziger Einrichtung gegründeten Taubstummenanstalten reichten bei weitem nicht aus, um alle Taubstummen oder wenigstens einen größeren Teil von ihnen aufzunehmen. Sie bestanden oft nur aus weniger als zehn Schülern, trugen Anstaltscharakter (was eine Entfremdung vom Wohnort und der Familie mit sich brachte), waren oft – wie die Leipziger Taubstummenschule bis zum Jahr 1822 (Wende 1915, 6) oder die Homburger Anstalt bei Eröffnung im Jahre 1838 (Walther 1888, 282) – nur in Mietswohnungen oder -räumen untergebracht und verursachten hohe Kosten. Nicht selten kamen die Taubstummen aus armen Familien, in denen die Eltern nicht das notwendige Geld für die Kosten der Beschulung und Unterbringung aufbringen konnten und auf Freiplätze hoffen mussten. So hatte zu Beginn des 19. Jahrhunderts die Berliner Taubstummenanstalt unter Leitung von Ernst Adolf Eschke (1766–1811) sieben Freistellen für arme Kinder aus Berlin und der Provinz Brandenburg (Wende 1915, 20), das Freisinger Taubstummeninstitut unter Leitung von Bernhard von Ernsdorfer (1767–1836) sechs Freistellen (Stephani 1907, 3) und die Wiener Taubstummenanstalt immerhin bereits 1782 (drei Jahre nach Eröffnung) – initiiert durch Kaiser Joseph II – 30 Freistellen (Walther 1882, 145). Die Taubstummenanstalt in Königsberg – allerdings erst drei Jahre nach Stephanis Aufsatz, also 1818, gegründet, – begann den Unterricht mit zehn Freizöglingen (Wende 1915, 69). Auf Grund der prekären Situation der Beschulungsmöglichkeit für Taubstumme war es sehr naheliegend, dass es zu Überlegungen kam, ob es nicht möglich sei, Taubstumme in Volksschulen ihres Heimatortes zu unterrichten.

Die erwähnte Schrift von Stephani gilt als erster Beleg zu Überlegungen einer gemeinsamen Beschulung von taubstummen und gut hörenden Schülern aus *schulpolitischer Sicht*. Die Idee, Lehrer der Volksschulen in die Unterrichtung von Taubstummen zu unterweisen, hatte bereits Heinicke 1782. Die Umsetzung gelang ihm nicht, da die notwendigen Mittel vom Kurfürsten nicht bewilligt wurden. Er wandte sich mit einem Schreiben an ihn, in dem er ausführte:

> »Die Anzahl der Stummen und andrer mit Sprachgebrechen behaftete Personen, in den Sächsischen Provinzen, ist sehr beträchtlich. Allein, allen diesen Unglücklichen in dem Masse zu helfen, daß sie Sprache erlangen, u. zu Christen u. zu nützlichen Bürgern gemacht werden, ist für mich allein unmöglich. Dies könnte aber gleichwohl geschehen, wenn in jedem verschiedenen Creyse oder wohl gar Amtsbezirk ein Mann wäre, der den Unterricht der Stummen verstünde.
>
> Wenn mir eine Zulage von 200 Thlrn. zu meiner gegenwärtigen Pension, u. auf den Fall meines Absterbens, meiner Frau ein Witwengehalt, von 200 Thlrn. von Ew. Churftl. Durchl. zugesichert wird, mache ich mich anheischig meine Lehrmethode, jährl. zween od. dreyen (weil mehrere auf einmal zu unterrichten nicht möglich seyn würde) dazu mir angewiesenen Subjekten bey zu bringen. –
>
> Die schicklichsten Subjekte dazu könnten Schulmänner in niedern Stadtschulen seyn, und müßte ein jeder wenigstens bey mir, in dem hiesigen Institute lernen« (Schumann/Schumann 1909, 27).

Von Heinicke stammt also nicht nur die Idee, Taubstumme in den Volksschulen zu unterrichten, sondern auch, dass in jedem Kreis oder Amtsbezirk ein geeigneter Lehrer auf die Unterrichtung Taubstummer vorbereitet werden sollte.

Der Aufsatz von Stephani beinhaltete 20 thesenartige Kernaussagen. Er selber hatte niemals Taubstumme unterrichtet, kannte aber die Taubstummenanstalten in Freising und Leipzig. Durch seinen Schwager, den Pfarrer Possekart (1773–1816), der in den Jahren 1814–1816 zwei taubstumme Kinder mit Hilfe eines von ihm aufgestellten grammatisch-pantomimischen Zeichensystems unterrichtete, hatte er sich mit der Unterrichtung Taubstummer auseinandergesetzt. Stephani äußerte sich folglich aus der Sicht eines Schulpolitikers und setzte sich gedanklich mit der Taubstummenbildung auseinander.

Seine Veröffentlichung – im Original im 8. Bändchen des »Bayerischen Schulfreund« 1815 erschienen (nachfolgend zitiert aus einer Auflage aus dem Jahre 1907) – begann mit einer Kritik an den Taubstummenlehrern: »Auch mit dem Taubstummen-Unterrichte wird ... noch zu viel geprunkt. Man gefällt sich in den Kunststücken, die hier anzubringen sind, und die mit Bewunderung belohnt werden« (Stephani 1907, 2) und führte im Weiteren zu den Taubstummenanstalten aus:

> »Dann brauchte man keine kostspieligen Anstalten, die doch nur soweit reichen, um einen geringen Teil der vorhandenen Taubstummen zu unterrichten, während der grösste und ärmste Teil derselben seinem unglücklichen Zustand überlassen bleibt. ... In Bayern befindet sich ein Taubstummen-Institut zu Freising mit 6 Freistellen, das sehr gut eingerichtet ist. Ein solches sollte in jedem Staate für Kinder reicher Eltern, die auf ihre Bildung mehr verwenden wollen, und für solche bestehen, die sich bei Armut durch vorzügliche Talente auszeichnen. Für a l l e (H.i.O.) Taubstummen dergleichen Institute einzurichten, würde einen ungeheuren Aufwand erfordern« (ebd., 3).

Bezeichnend ist, dass Stephani die Schule für Kinder reicher Eltern (und Begabte) erhalten wollte (ebd., 4).

Stephani lehnte die Vermittlung von »Redenlernen« (also der Lautsprache) ebenso wie die der »pantomimischen Sprache« (Gebärdensprache) ab und setzte auf die Schriftsprache (ebd., 8). Diese sollte durch eine »Fingersprache« (die nicht zu verwechseln ist mit dem Fingeralphabet, das auch heute benutzt wird) vermittelt werden. Die »Fingersprache« sollte allen zugänglich sein und von allen erlernt werden. Er führt dazu aus:

> »Zu dieser der Schriftsprache korrespondierenden Zeichensprache eignet sich ganz vorzüglich die in Franken schon hin und wieder bekannte Fingersprache, welche nur ein wenig noch vervollkommnet werden darf, weil sie von der Art ist, dass sie von jedermann in einer Viertelstunde erlernt werden kann« (ebd., 9).

Die »Fränkische Fingersprache« (Abb. 15) könne (z. B. durch Abbildungen in Kalendern) leicht allgemein zugänglich gemacht werden (Stephani 1907, 9; Reuschert 1900, 88). Im Weiteren führt Stephani aus:

5.1 Die Verallgemeinerungsbewegung

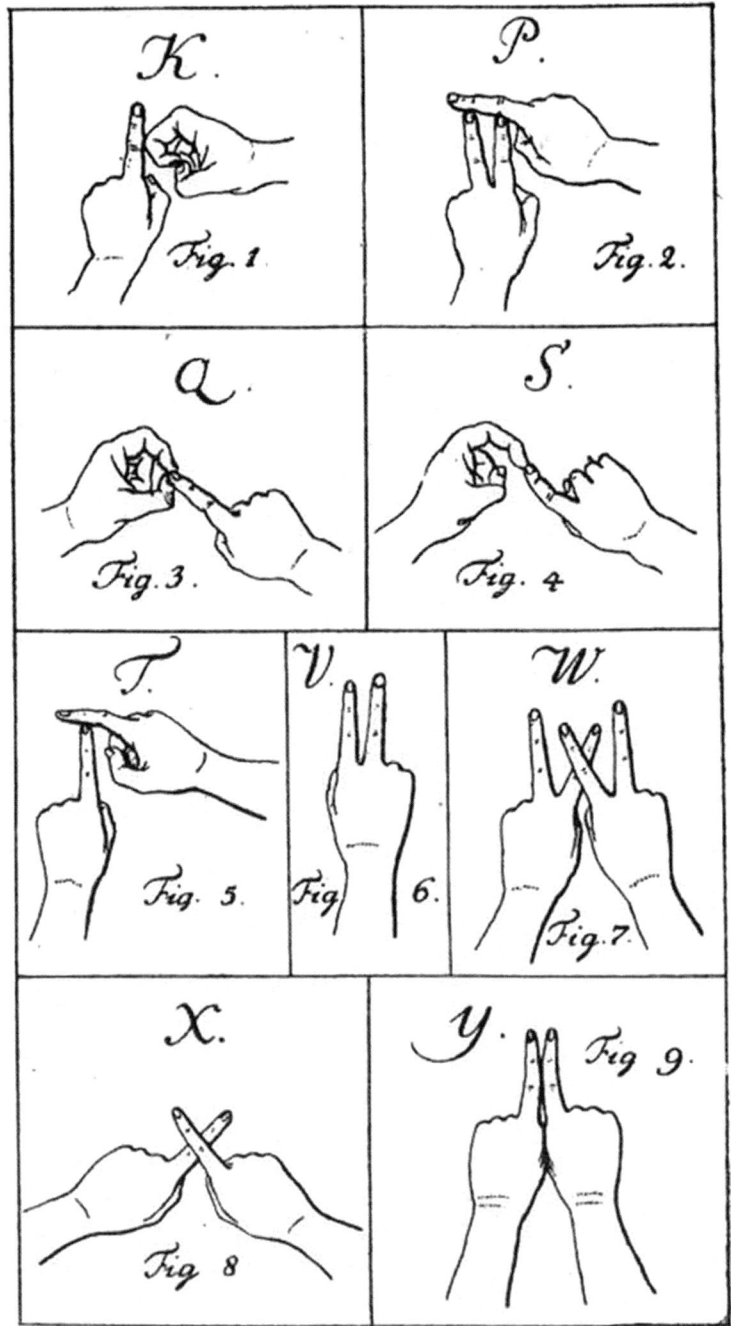

Abb. 15: Fränkische Fingersprache (aus: Emmerig 1927, 69)

>»Wenn man die Anordnung treffen will, dass diese Fingersprache in allen Volksschulen als eine dem Schreibunterrichte vorangehende Buchstabierübung zur belehrenden Unterhaltung getrieben werde, so kann sie aufs schnellste durchs ganze Reich verbreitet werden, und die Taubstummen finden überall Gelegenheit, durch solche sich verständlich zu machen« (Stephani 1907, 9).

Für das Vorgehen umreißt er einen Stufengang, den er in einem »Leitfaden zum Unterrichte der Taubstummen« zukünftig ausarbeiten wolle (was nachfolgend jedoch nicht geschah). Er meinte:

> »Die Methode ist übrigens so leicht, dass jeder Geistliche und Schullehrer dadurch in stand gesetzt werden kann, die in seinem Bezirke befindlichen Taubstummen zu unterrichten, ohne das es nötig wäre, diese ihren Familien, den gewohnten Umgebungen, und ihrer meistens aus beiden schon hervorgehenden künftigen Bestimmungen zu entreissen, und sie auf eine kostspielige Weise in besonderen Instituten zu erziehen« (Stephani 1907, 13).

Stephani unterschätzte die Auswirkungen eines gravierenden Hörverlustes bei weitem. So ging er davon aus, dass – nach Unterrichtung nach seiner Methode – den Taubstummen alle in der Schriftsprache niedergelegten Kenntnisse zur Verfügung stehen und sie und die gut Hörenden sich völlig verständlich machen können.

Er hatte für seine Überlegungen wirtschaftliche und auch menschliche Motive. Nach Emmerig (1927, 68) liegt die Bedeutung von Stephani weniger in der Idee seines Unterrichtssystems, sondern in dem Vorschlag, jeden Geistlichen und Schullehrer zu befähigen, die in seinem Bezirk befindlichen Taubstummen zu unterrichten. Damit gelang es Stephani, die Behörde auf die bestehende Notlage aufmerksam zu machen.

Zeitgleich zu Stephani begannen weitere Personen, sich mit der Erweiterung der Beschulungsmöglichkeiten Taubstummer auseinanderzusetzen. Durch die sukzessive Einführung der allgemeinen Schulpflicht in den einzelnen deutschen Staaten – sie brachte wiederum eine Verbesserung des Lehrerseminarwesens mit sich, da ohne »qualifizierte« Lehrer keine Weiterentwicklung des Schulwesens denkbar gewesen war – und einer zu Beginn des 19. Jahrhunderts einsetzenden Reorganisation des Volksschulwesens, fiel die große Zahl nicht beschulter Taubstummer immer mehr auf. Erst mit einer Anhebung des Niveaus der allgemeinen Lehrerbildung wurde es möglich, darüber nachzudenken, wie die angehenden Volksschullehrer auch dahingehend qualifiziert werden, dass sie auch Taubstumme unterrichten können. Eine »Verallgemeinerung des Taubstummenunterrichts« – unter dieser Bezeichnung ging die Bewegung in die Fachliteratur ein – wäre zuvor auf Grund der fehlenden bzw. mangelnden Vorbildung der Lehrer gescheitert. Daher kann Christian Hinrich Wolke (1741–1825) – der bereits in seiner 1804 erschienenen Schrift »Anweisung, wie Kinder und Stumme zum Verstehen und Sprechen, zum Lesen und Schreiben zu bringen sind, mit Hilfsmitteln für Taubstumme, Schwerhörige und Blinde« den »gemeinschaftlichen Unterricht der stummen und vorschulpflichtigen Kinder« forderte (Emmerig 1927, 67) – auch nur als ein Vorläufer der Verallgemeinerungsbewegung betrachtet werden. »Erst von dem Zeitpunkte an, als man anfing, Volksschullehrern in Seminaren eine besondere pädagogische Ausbildung zu geben, datiert auch ein Aufschwung des Taubstummenbildungswesens ...« (Reuschert 1900, 86).

Neben Stephani äußerten sich Johann Leonhard Alle (1777–1857), Dr. Johann Baptist Graser (1766–1841) – der wie Stephani Kreisschulrat (in dem Fall in Bayreuth) war – und Mag. Wilhelm Friedrich Daniel (1784–1861) in gleicher Weise. Alle war Taubstummenlehrer und Daniel Pfarrer. Die Idee, Lehrer und Geistliche mit der Bildung von Taubstummen zu betreuen, hatten zuvor auch schon Michael Reitter (1781–1830), Carl Gottlob Reich (1782–1852) und Johann Mücke (1770–1840). Die Geistlichen gehörten zu den wenigen Gebildeten der damaligen Zeit. Daher war es naheliegend, an diese die Erwartung zu richten. Mit dem Beginn, Personen auf ihre Tätigkeit als Lehrer vorzubereiten, ihnen also eine didaktisch-methodische und pädagogische Befähigung zu verleihen, konnte diese dann auch auf die Lehrer erweitert werden. Der Idee, den Unterricht mit Taubstummen Lehrern der Volksschulen und Geistlichen zu übertragen, folgten z. B. auch Franz Hermann Czech (1788–1847), Johann Paul Wich (Lebensdaten nicht bekannt), Friedrich Moritz Hill (1805–1874) und Karl Wilhelm Saegert (1809–1879). Der Gedanke, »... dass jeder Taubstumme ebenso wie die übrigen Glieder der Gesellschaft, Anspruch auf Ausbildung seiner Geisteskräfte habe« (Reuschert 1900, 85), hatte sich in der Gesellschaft immer mehr durchgesetzt.

Weitere prominente Vertreter der Bewegung waren Wilhelm Harnisch (1787–1864) und der bereits erwähnte Johann Baptist Graser (1766–1841). Auch diese beiden kommen, wie Stephani, nicht aus dem direkten Kreis der Taubstummenlehrer. Sie waren ursprünglich Elementarschullehrer.

Harnisch war 1810 an die Plamannsche Erziehungsanstalt in Berlin berufen worden, die nach Pestalozzis Grundsätzen arbeitete. Zu dieser Zeit hatte er sowohl zum Direktor der Blindenanstalt, Johann August Zeune (1778–1853), als auch zum Direktor der Taubstummenanstalt, Ludwig Graßhoff (1770–1851), Kontakt. Er lernte auf diesem Weg die Unterrichtsmethode kennen und bekam Lust, Taubstummenlehrer zu werden, was er jedoch nie umsetzte (Töpler 1887, 26). Als er 1812 zum Oberlehrer an das Lehrerseminar nach Breslau berufen wurde, unterstützte er die Bemühungen des Taubstummenlehrers Johann Sigismund Bürgel (Lebensdaten nicht bekannt). Dieser unterrichtete neben seinem Schulamt eine größere Zahl taubstummer Kinder. Schon bevor Harnisch 1822 zum Seminardirektor in Weißenfels berufen wurde und dort erstmalig selbst einen gehörlosen Jungen unterrichtete, schreibt er in seinem 1820 veröffentlichten »Handbuch für das deutsche Volkswesen«, dass er glaube, dass die meisten Taubstummen in allgemeinen Volksschulen unterrichtet werden können, wenn sich der Lehrer außerhalb der Unterrichtsstunden um sie kümmert, ihnen also gesonderten Unterricht erteilt. Er spricht sich für Schulen für Vollsinnige aus, mit denen kleine Taubstummenschulen in Verbindung stehen (nach Schumann 1940, 253). 1828 erließ der preußische Kultusminister Karl Freiherr von Stein zum Altenstein (1770–1840) einen Erlass, den Harnisch als bedeutenden Fortschritt auf dem Gebiet der Taubstummenbildung ansah und für deren Umsetzung er in der Provinz Sachsen energisch eintrat (Töpler 1887, 27).

Harnisch stellte sich die Umsetzung folgendermaßen vor:

- Vom 7. bis 12. Lebensjahr sollen die Taubstummen die öffentlichen Volksschulen besuchen und nebenbei von geeigneten Lehrern etwas Privatunterricht erhalten.
- Ab dem 12. Lebensjahr sollen sie in Seminar-Taubstummenanstalten aufgenommen werden.

Auf diese Weise sollten alle Taubstummen der Provinz bis zum 15. Jahr eine vollständige Ausbildung erhalten (ebd., 27). Die Volksschule diente also der Vorbereitung auf die Taubstummenanstalt.

Graser wiederum – von Löwe (1992, 53) »als Vater der integrierten Beschulung hörgeschädigter Kinder« bezeichnet – sieht in der Lautspracherziehung die Voraussetzung für den Unterricht mit gut Hörenden. Die taubstummen Schüler sollten lernen, »an den Bewegungen des Mundes und der übrigen Sprachorgane die einzelnen Laute, Silben und Worte zu unterscheiden und nachzubilden« und durch »Sprechensehen – Sprechen zu verstehen und selbst zu sprechen« (Graser zit. n. Schumann 1940, 259). Im Gegensatz zu Stephani unterrichtete Graser einzelne taubstumme Kinder und verfügte daher auch über praktische Erfahrungen. »Zuerst unterrichtete er einen Knaben und mit ihm gleichzeitig den Lehrer, der später die ... vorhandenen Gehörlosen Bayreuths in seine Klasse aufnehmen sollte«, so Zetzsche (1906, 35).

Es handelte sich bei dem Lehrer offensichtlich um den Elementarschullehrer Poland (in der Fachliteratur wird auch die Schreibweise Pohland verwandt). Um 1821 gründete Graser eine Taubstummenschule (keine Taubstummenanstalt!). Er lehnte, wie zuvor auch schon Harnisch und Stephani, Internatsschulen ab und wollte die kostspielige Internatserziehung umgehen (Zetsche 1906, 35). Grasers Idee bestand in einer Kombination von Volks- und Taubstummenschule: Er verband seine Klasse mit der Elementarschule des Lehrers Poland. Dieser wiederum arbeitete nach den Ideen Grasers.

Walther (1882, 184) verweist noch auf den Engländer John Pancefart Arrowsmith, Bruder eines Taubstummen, der 1819 eine Broschüre mit dem Titel »Die Kunst, Taubstumme nach einer neuen, auf Erfahrung gegründeten Methode gemeinschaftlich in öffentlichen Schulen auf eine einfache Art zu unterrichten« (deutsche Übersetzung 1820) veröffentlichte und sich ähnlich kritisch wie Stephani über die Taubstummenlehrer äußerte. Er rügte, dass die (englischen) Lehrer ein Geheimnis aus ihrem didaktisch-methodischen Vorgehen machten:

> »Die Erziehung der Taubstummen wurde schon seit geraumer Zeit als ein Gegenstand unüberwindlicher Schwierigkeit und selbst als etwas Unmögliches angesehen. Ich kenne mehrere Personen, welche in der Meinung stehen, daß ein Lehrer für Taubstumme übernatürliche Gaben besitzen müsse« (ebd., 184).

Die Schrift Arrowsmiths hatte auch auf die deutsche Verallgemeinerungsbewegung erheblichen Einfluss (Schumann 1940, 266).

Die Unterrichtung der Taubstummen war tatsächlich wenig zugänglich. Auch Samuel Heinicke hatte um sein »Arcanum« – eine acht Seiten umfassende Schrift, die seine »Lehrmethode« und Erfindung darstellt (und letztendlich auf Grund seiner Bedeutungslosigkeit in Vergessenheit geriet) – ein großes Geheimnis gemacht.

Der Begriff der Verallgemeinerung

Im ersten Drittel des 19. Jahrhunderts wuchs der allgemeine Druck auf die Taubstummenpädagogik, das Wissen über die Unterrichtung Taubstummer allgemein (öffentlich) zugänglich zu machen, es zu »verallgemeinern«. Die Idee der Bildungsfähigkeit und -bedürftigkeit Taubstummer galt zu dieser Zeit als bewiesen. Ihre Bildung sollten sie gemeinsam mit Vollsinnigen erlangen. Dies wird als die »Verallgemeinerung des Taubstummenunterrichts« bezeichnet (Walther 1882, 184) und ging in die Fachliteratur als »Verallgemeinerungsbewegung« und »Verallgemeinerungspädagogik« ein. Der Begriff »Verallgemeinerung« wurde 1827 von Dr. Jakob Ferdinand Reinhold Neumann (1788–1833), Gründer der Taubstummenanstalt im preußischen Königsberg im Jahre 1818, eingeführt (Schumann 1940, 250; Heese 1954, 342). Der Begriff taucht allerdings bei Neumann (1827) eher beiläufig (im Rahmen einer Fußnote) auf. Er dürfte kaum geahnt haben, wie prägend der Begriff nachfolgend für die Taubstummenpädagogik resp. Hörgeschädigtenpädagogik (und letztendlich der Sonderpädagogik insgesamt) wurde. Im Rahmen einer Auseinandersetzung, mit Grasers Vorschlag, die Taubstummeninstitute aufzuheben, formuliert er:

> »Ist aber davon die Rede, ... durch praktische Unterweisung geeigneter Volksschullehrer in den Anstalten selbst, oder durch öffentliche Mittheilung der zweckmässigsten Methode des Taubstummenunterrichts, d i e s e m (H.i.O.) eine allgemeine Verbreitung zu geben ... Auch hat die Idee der Verallgemeinerung des Taubstummenunterrichts mehrere deutsche Regierungen längst beschäftigt und ist sie hie und da bereits ins Leben getreten« (Neumann 1827, 34).

»Verallgemeinern« bedeutet also »allgemein zugänglich machen«. Walther definierte in seiner 1882 erschienenen »Geschichte des Taubstummen-Bildungswesens«: »Das Streben, allen Taubstummen eine angemessene Bildung zu verschaffen und zwar möglichst in Gemeinschaft mit den vollsinnigen Kindern, hervorgegangen aus der Anerkennung der Bildungsfähigkeit und Bildungsbedürftigkeit« (1882, 184).

Damit ist unter »Verallgemeinerung« die Verbreitung der Kenntnisse zu verstehen, die ein Lehrer nach damaligem Verständnis haben musste, um Taubstumme gemeinsam mit Vollsinnigen zu unterrichten. Eine vergleichbare Bewegung gab es in der Blindenpädagogik, ohne dass für sie ein besonderer Begriff geprägt wurde. Der Ausdruck »Verallgemeinerung« blieb auf die Taubstummenbildung beschränkt. Die methodischen Schwierigkeiten sah man jedoch in der Blindenpädagogik im Vergleich zur Taubstummenpädagogik als gering an, da das Kommunikationsproblem nicht bestand. Das war wohl auch die Ursache dafür, dass die Bewegung in der Blindenpädagogik länger als in der Taubstummenpädagogik anhielt (Heese 1954, 342). Es kam hier auch nicht zur Verknüpfung der Blindenschulen mit den Lehrerseminaren wie in der Taubstummenbildung (Ellger-Rüttgardt 2008, 115).

Hintergründe der Verallgemeinerungsbewegung

Die Gründung der ersten Taubstummenanstalten und die Verallgemeinerungsbewegung fallen in die Zeit der Aufklärung. Deren Pädagogik war vor allem geprägt durch die Ideen des englischen Philosophen John Locke (1632–1704), der die Bedeutung der Sinne für Wahrnehmung, Denken und Erkenntnis hervorhob, und im deutschsprachigen Raum durch die von Johann Heinrich Pestalozzi (1746–1827) mit seiner Idee der allgemeinen Menschenbildung. Die Aufklärung bewirkte die Organisation eines allgemeinen Schulwesens überhaupt. Dies schloss den Erlass von Verordnungen und Gesetzen, das Bemühen um die Umsetzung einer allgemeinen Schulpflicht (damit aber auch ein Schulrecht) und die Etablierung der Lehrerbildung ein. »Mit der Entwicklung des Volksschulwesens steht die Breitenentwicklung der Taubstummenbildung nicht nur in Parallele, sondern im tiefen Zusammenhang« (Schumann 1940, 249f.).

Sowohl die Gründungen von Taubstummenanstalten als auch die Verallgemeinerungsbewegung waren Ausdruck des Bemühens, möglichst vielen Taubstummen eine Schulbildung zukommen zu lassen.

Ausbildungsinhalte der Lehrerseminare

Darüber, was die Seminaristen lernen sollten und wie ihre Ausbildung aussah, gibt beispielhaft das »Reglement für die Provinzial-Taubstummen-Anstalten der Provinz Preußen zu Angerburg und Marienburg« (1864) Auskunft. Im Paragraph 13, der die konkreten Ausführungsbestimmungen für genannte Einrichtungen beinhaltet, wird in einer Fußnote aus der »Instruktion für die Direktoren der betr. Schullehrer-Seminare« zitiert:

»Die neben dem Seminar in Angerburg und Marienburg bestehende Taubstummen-Anstalt hat nicht allein den Zweck, taubstumme Knaben und Mädchen nach Maßgabe ihrer Bildungsfähigkeit durch Erziehung und Unterricht zu nützlichen Mitgliedern der bürgerlichen Gesellschaft heranzubilden, sondern dieselbe soll auch die Fähigkeit und Fertigkeit, Taubstumme zu unterrichten, möglichst verbreiten. Zu diesem Zweck sollen die Seminaristen mit der Erziehung der taubstummen Zöglinge und der Methode des Taubstummen-Unterrichts von der wissenschaftlichen und praktischen Seite bekannt gemacht werden, sie sollen Gelegenheit zur Erlangung der erforderlichen Lehrgeschicklichkeit erhalten und dabei stets darauf hingewiesen werden, wie ein Volksschullehrer am zweckmäßigsten taubstumme Kinder neben den vollsinnigen beschäftigt und sie außerdem durch besonderen Unterricht auf die Taubstummen-Anstalt vorbereiten kann. – Die Ausbildung der Seminaristen wird sich im Allgemeinen dadurch am Besten bewirken lassen,

1. daß die Seminaristen im letzten Jahre ihrer Vorbildung zum Lehramte wöchentlich in zwei besonderen Stunden mit der eigenthümlichen Anschauungs-, Denk- und Ausdrucksweise der Taubstummen im Vergleiche mit vollsinnigen oder blinden, blödsinnigen oder verwahrlosten Kindern durch den Vorsteher und ersten Lehrer der Taubstummen-Anstalt bekannt gemacht werden,
2. daß dieselben mit der Erziehung der Taubstummen und der Methode ihres Unterrichts, sowie mit den besten Werken und Hülfsmitteln bekannt gemacht, ihnen auch die Benutzung der Bibliothek gestattet wird,

3. daß sie Anleitung zur Ertheilung des Unterrichts in Artikulation erhalten
4. außerdem 6 bis 8 Wochen hintereinander den Unterricht in der Taubstummen-Anstalt ebenso regelmäßig besuchen und als Gehülfen praktisch an demselben Theil nehmen, wie in den Klassen der Seminar-Übungs-Schulen
5. daß sie endlich auch bei der Beaufsichtigung der männlichen Zöglinge bei Spazirgängen, Spielen, in den Arbeitsstunden ... ab und zu herangezogen werden« (53).

Im zuständigen Paragraphen wird dazu noch präzisiert:

»... um: 1) die Vortheile kennen zu lernen, welche aus der Kenntniß dieses Unterrichts für den Anschauungs-, Sprech- und Sprach-Unterricht der Volksschule erwachsen und

2) um in ihren künftigen Verhältnissen als Volksschullehrer taubstumme Kinder nicht allein angemessen beschäfftigen, sondern auch durch besonderen Unterricht auf die Taubstummen-Anstalt vorbereiten zu können« (54).

Ähnliches wird auch in den allgemeinen Bestimmungen über Annahme und Beschäftigung der Kursisten bei der Königlichen Taubstummenanstalt zu Berlin aus dem Jahre 1888 ausgeführt:

»§ 1. An der Königlichen Taubstummenanstalt findet alljährlich von Ostern ab ein Kursus für Ausbildung von Taubstummenlehrern statt. Bei der Zulassung zu demselben haben diejenigen Lehrer den Vorrang, welche von der Provinzialverwaltung ihrer Heimatprovinz vorgeschlagen werden. ...

§ 2. Der Ausbildungskursus dauert zwei Jahre. Derselbe kann jedoch für solche, die bereits mindestens ein Jahr an einer Taubstummenanstalt gearbeitet haben, auf ein Jahr beschränkt werden.

§ 3. Die ... eintretenden Kursisten erhalten eine theoretische und praktische Ausbildung. Die theoretische umfasst die Erziehung der Taubstummen im allgemeinen, die Methodik aller Unterrichtsgegenstände der Taubstummenschule, sowie Geschichte und Litteratur der Taubstummenbildung; die praktische soll die Kursisten befähigen, eine Klasse einer Taubstummenschule selbständig mit Erfolg zu führen.

§ 4. ...

Die praktische Ausbildung wird durch gastweisen Besuch der Lehrstunden, durch Lehrübungen und durch selbständige Unterrichtsthätigkeit gefördert. ...

§ 7. Zur Förderung der schriftlichen Darstellung haben die Kursisten nach Anweisung des Direktors ... Aufgaben aus dem Gebiet der Taubstummenbildung zu bearbeiten oder Referate über die beim Unterrichte oder beim Hospitieren gesammelten Erfahrungen anzufertigen.

§ 8. Den Kursisten wird die fleissige Benutzung der Anstaltsbibliothek dringend empfohlen. ...

§ 10. Die Kursisten sind verpflichtet, die internen Zöglinge während der Freizeit und in den Arbeitsstunden, nach Bedürfnis auch in den Ferien, nach Massgabe des Aufsichtsplans zu beaufsichtigen und in ihren häuslichen Arbeiten zu unterstützen. ...« (Amtliches ... 1888, 309–311).

Die Zeit der Verallgemeinerungsbewegung war durch intensive fachliche Diskussionen und Auseinandersetzungen geprägt. So formuliert Reuschert (1900), »dass in keiner Periode der Geschichte des Taubstummenbildungswesens so grundverschiedene Meinungen zu gleicher Zeit nebeneinander auftauchten, wie in der hier geschilderten Epoche« (88)
und
»dass die Taubstummenbildungsangelegenheit auf länger als ein Jahrzehnt hin zu einer der wichtigsten Zeit- und Streitfragen auf pädagogischen Gebiete wurde, an deren Lösung sich nicht nur eine grosse Anzahl von Schulmännern und unter diesen die ersten Vertreter der Lehrerwelt, sondern auch die Unterrichtsbehörden mehrerer Staaten Deutschlands beteiligten« (89).

Daneben führte sie zu einer nicht unerheblichen (Weiter-)Qualifizierung der an den Kursen teilnehmenden Seminaristen.

Die Auswirkungen der Ausbildung von zukünftigen Elementarlehrern in den Lehrerseminaren sieht Hill folgendermaßen:

»... wer sich ... in den Taubstummen-Anstalten Deutschlands umgesehen hat, wird zugestehen, daß seit dem Jahre 1830 eine immer größere Vereinfachung des Unterrichts und eine Umgestaltung desselben nach dem Muster der Volksschule nicht nur in den Seminar-Taubstummen-Anstalten, sondern auch in isolirten stattgefunden hat« (Hill 1860, 83).

Der Taubstummenunterricht hatte sich also didaktisch und methodisch mit dem Volksschulunterricht verbunden. Kull sprach mit Bezug auf die Schüler der Taubstummenschule und Volksschule von einer »Verschmelzung beider Schulkategorien« (1889, 114).

Verbreitung des Taubstummenunterrichts

Die Auffassungen darüber, *wie* die gemeinsame Beschulung erfolgen sollte und wie die Geistlichen und (Volksschul-)Lehrer einbezogen werden sollten, waren bei den einzelnen Personen genauso uneinheitlich wie dann auch die praktische Umsetzung (in den einzelnen deutschen Ländern) selbst.

Otto Friedrich Kruse (1801–1879, mit sechs Jahren ertaubt, an der Schleswiger Taubstummenanstalt unterrichtet und da dann selbst Taubstummenlehrer), beschreibt das Vorgehen in Preußen und Sachsen folgendermaßen:

» ... und Preußen machte durch Verbreitung des Taubst.-Unterrichts unter die Volksschullehrer Epoche in der Geschichte desselben. Man sah, daß die Idee an sich etwas Gutes habe, nur dürfe die Methode des Taubst.-Unterrichts nicht in eine bloße Accomodation an die hergebrachten Formen des allgemeinen Jugendunterrichts herabgewürdigt werden, sondern müsse in ihrer ursprünglichen Form verbleiben, wie sie die gereifte Einsicht und Erfahrung geschaffen hat, und die ersten Schritte zur Verbreitung des Taubst.-Unterrichts müssen von den anerkannten Taubst.-Lehrern ausgehen. Zunächst müssen an Schullehrer-Seminarien Taubst.-Schulen gegründet werden, wo die jungen Leute sowol theoretisch als auch praktisch mit der Taubst.-Lehrkunst bekannt gemacht werden können, um dereinst in ihrem Wohnorte die etwa vorhandenen taubst. Kinder zu unterrichten. Bereits im Jahre **1824** (H.i.O.) wurde höheren Orts verfügt, daß aus allen Provinzen junge Männer, die ihren Seminarcursus durchgemacht haben, und sich durch besondere geistige Fähigkeiten auszeichneten, nach Berlin gesandt werden sollten, um in der dortigen Taubst.-Anstalt einen zweijährigen Cursus zu machen, und sodann als Lehrer an den Schullehrer-Seminarien für das Fach des Taubst.-Unterrichts angestellt werden zu können. Der hochselige Friedr. Wilhelm III. bewilligte eine Summe von **18.000** (H.i.O.) Thalern aus Allerhöchster Chatulle für die Ausbildung von Taubst.-Lehrern, und es wurden zugleich die Landstände der verschiedenen Provinzen veranlaßt, Mittel für die Taubst.-Lehreranstalten an den Seminarien zu bewilligen. Die Directoren der Taubst.-Institute zu Berlin, Königsberg und Münster wurden aufgefordert, Bildungspläne für die einzuberufenden jungen Männer zu entwerfen und einzureichen. Die Sache kam indeß im J. **1828** (H.i.O.) in Ausführung. An den im Berliner Institute abgehaltenen Lehrcursen haben innerhalb dreier Jahre von Ostern **1826** (H.i.O.) ab **16** (H.i.O.) theils Schulamts-, theils Candidaten der Theologie Theil genommen, die in verschiedenen Qualitäten und zum Theil an Schullehrer-Seminarien, als Oberlehrer der damit verbundenen Taubst.-Schulen angestellt wurden. In Folge des Landtagsbeschlusses vom **24. Oct. 1828** (H.i.O.) wurden vier Taubst.-schulen, jede mit **2** Lehrern und für **25** Zöglingen bei den Seminarien der Provinz Sachsen errichtet, als die zu Erfurt, Magdeburg, Halberstadt, Weißenfels ... Die ganze erste Abtheilung der Seminaristen nimmt wöchentlich an einem zweistündigen theoretischen Vortrage des ersten Lehrers über die Methode des Taubst.-Unterrichts Theil. Zum Behuf der besseren Einsicht in die Sache werden bei Erfordern der Umstände auch hier schon einige Schüler herbeigezogen. In Verbindung mit dieser theoretischen Anweisung findet jeder Seminarist wöchentlich in **2** (H.i.O.) Stunden Gelegenheit, sich practisch in Ertheilung des Sprech- und Sprachunterrichts zu üben« (Kruse 1853, 399f.)

Die Umsetzung in Bayern wird im Beitrag »Das bayerische Taubstummen-Bildungswesen und die Taubstummenanstalt zu Regensburg« beschrieben:

»Diese erste bayerische Anstalt wurde die Mutteranstalt [gemeint ist die in Freising] der meisten übrigen, indem sie in der Folge eine Anzahl Lehrer ausbildete, die dann wieder neue Anstalten gründeten. ... eine Anstalt konnte ... nicht für das grosse Land genügen. Deshalb ordnete die Regierung im Jahr 1817 an, dass in jeder Kreishauptstadt eine öffentliche Taubstummenschule errichtet und mit einem in Freising ausgebildeten Taubstummenlehrer besetzt werden solle. So entstanden die Anstalten zu Würzburg (1820), Aschaffenburg (1820), München (1821), Ansbach (1822) und Frankenthal (1825). Da trat in Bayern ein Mann für die Taubstummen-Bildungssache ein, der sich, wie genugsam bekannt, durch seine Verallgemeinerungspläne die weitgehendsten Verdienste erwarb, der Regierungs- und Schulrat Dr. Graser. Jede Schule sollte, wenn nötig, auch eine Taubstummenschule sein. Jede [sic] Lehrer sollte befähigt werden, auch Taubstumme unterrichten zu können. Seine Bestrebungen fanden überall Anerkennung, sodass mit allen Schullehrerseminaren in Bayern, auch Taubstummenschulen verbunden wurden. Graser selbst errichtete die Anstalt zu Bayreuth und unterstellte sie der Leitung des Lehrers Poland. Wenn man nun zwar auch bald die Unmöglichkeit einsah, Taubstumme ... mit Vollsinnigen gemeinsam unterrichten zu können, so haben doch Grasers unermüdlicher Eifer und seine bewunderungswürdige Energie, mit der er seine Pläne zur Durchführung zu bringen suchte, sehr viel zur Hebung der Taubstummen-Bildungssache beigetragen. Insbesondere war eine Folge seiner Thätigkeit, dass sich das allgemeine Interesse der Ausbildung der Taubstummen mehr als bisher zuwandte. Zu jener Zeit entstanden die Anstalten zu Altdorf (1831), Nürnberg (1832), Augsburg (1834), Dillingen (1834) und Regensburg (1839). Um dem Unterrichte der Taubstummen eine zweckmässige Begründung und eine der vorhandenen grossen Anzahl dieser Unglücklichen mehr entsprechende Ausdehnung zu geben, traf ein Ministerialerlass 1842 Anordnungen, die von wohlthätigstem Einflusse wurden. Sie betrafen 1. die Erteilung des Taubstummenunterrichtes in Bayern nach gleichem System, 2. die Errichtung von Unterrichtsanstalten für Taubstumme in Verbindung mit dem Schullehrerseminaren, 3. die Gründung von Vereinen zur Förderung des Taubstummenunterrichts, 4. die Bewilligung zur Veranstaltung von Kirchenkollekten und 5. die Teilnahme der Kandidaten der Theologie am Taubstummenunterrichte« (1895, 329f.).

Im Bericht des 2. deutschen Taubstummenlehrer-Kongresses, der in Köln stattfand, wird die Verbindung des Taubstummenunterrichtes mit den Schullehrer-Seminaren mit dem Jahr 1828 angegeben (Zweiter deutscher Taubstummenlehrer-Kongress 1889b, 313).

Die Provinz Sachsen verband als erste Schullehrerseminare mit Taubstummenschulen und machte die Methodik des Taubstummenunterrichts zu einem obligatorischen Lehrgegenstand des Seminarunterrichts (Zetzsche 1906, 36). Nach Braun (1999, 87) wurde dieser Vorschlag erstmalig im Jahre 1822 in Erfurt realisiert,

> »indem die Präparandenanstalt für Volksschullehrer mit der dortigen Taubstummenanstalt organisatorisch fusioniert wird. Um die Lehrer so auszubilden, daß sie gehörlose Kinder in ihren Wohnorten und der nächsten Umgebung unterrichten können, soll an jedem Schullehrerseminar ein Lehrer angestellt werden, der die Methode des Taubstummenunterrichts gründlich erlernt hat und den Seminaristen theoretisch und praktisch vermitteln kann«.

Eine 1825 in Halberstadt errichtete Taubstummenanstalt wurde von vornherein in Verbindung mit dem Seminar organisiert. Erfurt gehörte damals ebenso wie Halberstadt zu Sachsen.

Die Taubstummenschulen an den Seminaren hatten aber noch einen weiteren Vorteil:

> »Während die selbständigen Institute vielfach mit Lehrermangel zu kämpfen hatten und die Lehrer nehmen mußten, wie sie sich ihnen boten, waren die Seminar-Taubstummen-Anstalten in der glücklichen Lage, sich aus der Reihe der Seminaristen die geeignetsten Kräfte auszuwählen« (Walther 1882, 224f.).

Umsetzung der gemeinsamen Beschulung während der Verallgemeinerungsbewegung

In der Fachliteratur sind leider nur wenige *Umsetzungsbeispiele* für die gemeinsame Beschulung dokumentiert. Ein Beispiel aus der Anfangszeit greift Ullrich (1915) auf. Beschrieben wird der Beginn der Arbeit des Schuldienstexspektanden Thomas Schmitt, der als Seminarist am ersten Kurs zur Einführung in den Taubstummenunterricht von Ernsdorfer an der Münchner Taubstummenanstalt – dieser fand 1819 statt – teilgenommen hatte. Schmitt begann Anfang Dezember 1820 zwei taubstumme Schüler an der Hauger Schule (im Stift Haug) in Würzburg zu unterrichten. »Für die Unterweisung der beiden Viersinnigen kamen nur jene Stunden der vorgeschriebenen Unterrichtszeit in Betracht, in denen die eigentlichen Klassenschüler still beschäftigt wurden« (Ullrich 1915, 12). Als Schmitt 1823 um Festanstellung und Gehaltserhöhung bat, fragte die Regierung beim Pfarrer des Stiftes Peter Joseph Deppisch nach, der mitteilte:

> »In Ansehung des Unterrichtes der Taubstummen geschah nach dem eigenen Geständnis des hierzu aufgestellten Lehrers Thomas Schmitt wirklich wenig. Zwei Taubstumme, ein Knabe und ein Mädchen, besuchten die Schule, beide von der Stadt. Das Mädchen blieb aus. Der Knabe schreibt Wörter. Seine Fortschritte sind von keiner Bedeutung. ... so kann doch während der Schulzeit nur wenig für sie geleistet werden, weil der Unterricht der übrigen Kinder, für die der 2. Lehrer hauptsächlich aufgestellt ist, nicht darunter leiden darf » (12).

Pfarrer Deppisch forderte, dass gewisse Tage und Stunden eigens für die Unterrichtung der Taubstummen verwandt werden sollen, »... z. B. Dienstag, Donnerstag, Freitag und alle Sonn- und Feiertage zur Nachmittagszeit. Der Lehrer muss dann auch dafür belohnt werden, damit er andere Nebenverdienste aufgibt und sich lediglich damit beschäftiget« (13).

Das ausführlichste Beispiel findet sich in einem Reisebericht von Johann Joseph Gronewald (1804–1873), einem Verehrer Grasers. Der Bericht (Gronewald 1835, 49) bezieht sich auf seinen dreitägigen Schulbesuch in der mit der untersten evangelischen Elementar-Knabenklasse vereinigten Taubstummenschule in Bayreuth im Jahre 1834. Diese Taubstummenschule war von Graser 1821 gegründet worden. Es unterrichtete der Lehrer Poland.

Gronewald beschreibt in seinem Reisebericht den Ablauf des Besuches. Graser habe im Vorgespräch geäußert:

»Zur Vorbereitung auf die Theilnahme am Unterricht der vollsinnigen Schüler ... bedürfe es für den neueingetretenen Taubstummen anfänglich eines ganz abgesonderten vorbereitenden Unterrichts. Oft seien 1 ½, jedenfalls aber 2 Jahre dazu hinreichend. Der Taubstumme lerne in dieser Zeit soviel sprechen, schreiben und lesen, daß er beim allgemeinen Unterrichte der untersten Elementarklasse keine den Hörenden nachtheilige Berücksichtigung anzusprechen brauche ... So lange der Taubstumme sich nicht selbst beschäftigen könne, bleibe er von der Elementarschule ausgeschlossen, der Besuch werde ihm aber gestattet, sobald dieses Hinderniss wegfalle ... Für den Taubstummen habe ... es noch den besondern Vortheil, daß er bei jedem seiner hörenden Mitschüler nöthigenfalls auf eine sichere Nachhülfe rechnen könne. ... Zur schnelleren Gedeihlichkeit des besondern Taubstummen-Unterrichts sei es ... sehr wichtig, daß er im Beisein von hörenden Schülern ertheilt und der Taubstumme baldmöglichst dahin befähigt werde, mit und unter ihnen am Diktandoschreiben Theil zu nehmen« (50f.).

»Die Taubstummen erhalten ... von dem Tage ihres Eintritts an, ihre ganze Schulzeit hindurch, von Hrn. Poland täglich 2 Stunden ganz abgesonderten Unterricht. Nach etwa 2 Jahren Aufenthalt geht dieser dann ... dem gemeinschaftlichen Unterrichte in der Elementarschule theils vorbereitend und erweiternd zur Seite« (52).

Die Hoffnung Gronewalds, gleich am ersten Tag zu Beginn am gemeinschaftlichen Unterricht der Taubstummen unter gut Hörenden teilnehmen zu können, zerschlug sich. Stattdessen war der Lehrer Poland nach Unterrichtsschluss mit vier der sieben taubstummen Jungen zurückgeblieben und beschrieb dem Gast das Vorgehen wie folgt: Am Anfang bemüht sich der Lehrer, Zutrauen und Anhänglichkeit zu erwerben. Es folgen Unterhaltungen über dem Taubstummen interessierende Gegenstände und Bilder. Danach beginnt das Zeichnen einfacher Umrisse (z. B. Lineal, Fenster, Messer, Tür). Dann folgt der Übergang zum Sprech- und Schreibunterricht.

Nach dieser Erklärung stellte Poland die vier Schüler vor und ließ sie Fragen mit was, wie und wo mündlich und schriftlich beantworten.

Am nächsten Tag könnte Gronewald dem gemeinsamen Unterricht beiwohnen, den er wie folgt beschrieb: »Als ich eintrat, saßen die 4 Taubstummen auf einer abgesonderten Bank und bearbeiteten ein stilles Pensum ... in einer Klasse von ungefähr 130 Schülern, alle zwischen dem 6. und 8. Lebensjahre ...« (53).

Gronewald nahm an dem Tag auch am Nachmittagsunterricht teil:

»Um 3 Uhr Nachmittags fand ich mich wieder ... ein. ... Zu meiner Freude, waren die Taubstummen unter die Hörenden gesetzt und schrieben mit diesen dictando. Als es aber 4 Uhr geworden war, theilte Hr. Poland mir mit, daß er die Hörenden jetzt entlassen müsse, um zum Unterrichte der Taubstummen zu schreiten. ... Nachdem nun die Hörenden die Schule verlassen hatten, nahm er Rechnen und Einiges aus der Erdbeschreibung mit den Taubstummen vor« (54).

Am dritten Tag sollte es Gronewald endlich gelingen, den »vereinigten Unterricht der Hörenden mit den Taubstummen« zu erleben:

»Herr Poland begann nun den Anschauungsunterricht, ... und worauf die Taubstummen für jede nachfolgende Lehrstunde von ihrem Lehrer ganz besonders präpariert werde. Die 4 Taubstummen stellten sich ihm zur Seite, und er hob mit den Hörenden eine Unterredung an ... Auf Fragen, denen allgemeine Antworten folgen mußten, waren ... die Taubstummen in einer besonderen Stunde vorbereitet ... und beantworteten diese ... Wo sie indeß mitunter nicht sofort beginnen oder fortsetzen konnten, sagte der Lehrer ihnen den Anfang oder das Fehlende stets lautlos vor, was offenbar zur Vermeidung eines größeren Zeitverlustes an Seiten der Hörenden geschah. Bei Zwischenfragen indeß, die mehr auf das Spezielle eingingen, und wozu irgend ein hörender Schüler etwa durch eine halbwahre oder ganz verkehrte Antwort genöthigt hatte, blieben die Taubstummen völlig theilnahmlos und schienen, nach ihrem unbekümmerten Umherschauen zu urtheilen, daran gewöhnt, in solchen Momenten von der Aufmerksamkeit auf den Mund des Lehrers und den Unterricht ... entbunden zu sein. Da Hr. Poland bei solchen Gelegenheiten den Taubstummen auch nicht das Gesicht zuwandte, schloß ich daraus ... die Taubstummen ... würden dieser [Unterredung] nicht zu folgen im Stande sein, und der Lehrer, dies wohl wissend, wolle nicht durch spezielle Berücksichtigung der Taubstummen den Vollsinnigen ungebührlichen Aufenthalt verursachen« (55f.).

»Auch meiner ferneren Bemerkung, daß in solchem Falle denn doch das Meiste und Wichtigste vom Anschauungsunterrichte der Hörenden an den Taubstummen spurlos vorübergehe, und des letztern Theilnahme an besagtem Unterrichte sich höchstens auf den Anspruch einiger dem Gedächtnisse in den Vorbereitungsstunden gut anvertrauter Allgemeinsätze über die allernächsten Lebenserscheinungen beschränke« (56).

Im Weiteren

»... gestand Hr. Poland ... ein, dass ... die Elementarschule freilich nur ein Nothbehelf für den Taubstummen sei ... Sollte ich nun ... bekennen müssen, welcher Art von Taubstummen-Bildungs-Anstalten ich nach Betrachtung der Graserschen Schule den Vorzug gäbe, so würden es ... unbedingt die reinen Taubstummen-Schulen sein« (56f.).

Dem Reisebericht ist auch zu entnehmen, dass Herr Poland ausschließlich für die »unterste Stufe« zuständig war. War diese abgeschlossen, rückten die gut hörenden Schüler in die nächste Klasse auf, während der taubstumme Schüler »die ganze Zeit ihrer Schulbildung hindurch beständig auf die unterste Klasse verwiesen bleibt und mit den alljährlich neueintretenden Anfängern auch jedes Mal das alte Pensum von vorn wieder anfängt« (57f.).

> »Gronewald kam zu dem Schluss, dass die insgesamt geringen Lernergebnisse der gehörlosen Schüler vor allem Frucht des besonderen Nebenunterrichts waren und dass ihre Lernmöglichkeiten in einer Schule nur für Gehörlose ungleich größer gewesen wären – ein Urteil, das der sehr tüchtige Lehrer Poland, der diese Klasse unterrichtete, teilte, ...« (Ellger-Rüttgardt 2008, 111).

Die Taubstummenschule Grasers hatte zum Besuchszeitpunkt von Gronewald seit Eröffnung 47 Schüler, davon 37 Jungen und zehn Mädchen, die Schule »den Umständen gemäß meistens gut vorgebildet« (Gronewald 1835, 59) entlassen. Keiner davon hatte die Schule länger als vier Jahre besucht.

Aus dem Bericht Gronewalds lassen sich folgende Aussagen zusammenfassen:

- Der Teilnahme am Unterricht der gut Hörenden ging im Regelfall eine zweijährige Unterweisung voraus.
- Es wurde vom taubstummen Schüler erwartet, dass er sich selbstständig beschäftigen kann.
- Die Taubstummen saßen oft nicht inmitten der Gruppe der (gut hörenden) Mitschüler, sondern hatten separierte Arbeitsplätze.
- Die Taubstummen waren im Unterricht anwesend, hatten aber kaum die Möglichkeit einer echten Teilhabe.
- Das erlernte Wissen blieb begrenzt.
- Die Taubstummen erhielten täglich zwei Stunden Zusatzunterricht. Hier wurde der Lehrstoff vor- und nachbereitet. Im Unterricht der gut Hörenden waren sie »anwesend«.
- »Taubstummheit« umfasste zu dieser Zeit alle Arten und Ausmaße von Hörstörungen. Unter den taubstummen Schülern befanden sich auch solche, die ertaubt oder (aus heutiger Sicht) schwerhörig waren. Das war auch den Vertretern der damaligen Zeit bekannt. So unternahm Daniel (1824, 11f.) bereits die Unterscheidung zwischen »dem Tauben, der es erst geworden ist, nachdem er die menschliche Sprache hat kennen« gelernt (ebd., 11) und »dem Taubstummen von Geburt ... er ist blos, weil er taub geboren ist, zugleich stumm, indem er die Sprache der Menschen nie gehört hat und also auch nicht nachahmen konnte« (ebd., 12).
- Die gut hörenden Schüler rückten in die nächste Stufe auf. Die taubstummen Schüler blieben den gesamten Schulbesuch hinweg in der untersten Klasse.

- Die Einschätzung Gronewalds basierte auf fachbezogenem Wissen. Er war 1826 vom Lehrerseminar in Brühl (das Rheinland gehörte damals zu Preußen) für zwei Jahre an die Berliner Taubstummenanstalt delegiert worden, um sich dort – im Sinne Grasers – mit dem Taubstummenunterricht vertraut zu machen und dann als Seminarleiter Seminaristen unterweisen zu können. Da nach seiner Rückkehr am Seminar in Brühl keine Stelle frei war, übernahm Gronewald 1828 eine Stelle als Lehrer an der Höheren Bürgerschule in Köln, wo er in dienstfreien Stunden Taubstumme unterrichtete. 1832 gründete er in Köln ein Taubstummeninstitut.
- Kruse (1853, 384) beschrieb die von Graser gegründete Taubstummenanstalt wie folgt: »Der Lehrer Pohland an der dortigen Elementarschule, ertheilt den Unterricht nach Graser's Grundsätzen. Er unterrichtet die taubst. Kinder aber in besonderen Stunden, so dass dieselben in der Schule für Vollsinnige nur das calligraphische Schreiben und Zeichnen erlernen.«

Damit bestätigte auch er, dass die »gemeinsame Unterrichtung« in Grasers Taubstummenschule sehr begrenzt ausfiel.

Ein weiteres Umsetzungsbeispiel führt Daniel in seinem 1824 erschienenen Buch »Kann nicht jeder Taubstumme und Blinde eine Ausbildung erhalten, und zwar auch in seiner Familie und seiner Ortsschule?« auf. Dort zitiert er Arrowsmith (ohne direktem Quellennachweis), der den Schulbesuch seines taubstummen Bruders beschreibt. Die Erzählung Arrowsmith wird selbst von Daniel als »naiv« bezeichnet. Sie handelt davon, wie die Mutter des taubstummen Jungen die Beschulung (offensichtlich in einer Privatschule) durchsetzte und dieser die Buchstaben erlernte (ebd., 55–57). Die Beschreibung ist im Original in der deutschen Übersetzung von Arrowsmiths Buch »Die Kunst Taubstumme nach einer neuen auf Erfahrung gegründeten Methode gemeinschaftlich in öffentlichen Schulen auf eine einfache Art zu unterrichten« (1820, 15ff.). Arrowsmith sah die Vorteile einer gemeinsamen Beschulung im Folgenden:

> »Der gemeinsame Unterricht mit andern Kindern von gleichem Alter giebt dem Taubstummen Gelegenheit, in der Entwicklung seiner Fähigkeiten mit jenen gleichen Schritt zu halten. Er sieht sich ungern von ihnen übertroffen, und sein einmal erregter Wetteiferungsgeist spornt ihn an, seine Mitschüler so nicht zu übertreffen, doch ihnen gleich zu bleiben« (1820, 43).

Vergleichbare Entwicklungen gab es auch in anderen Ländern, so z. B. in der Schweiz (Walther 1882, 184) oder im dritten Viertel des 19. Jahrhunderts in Preßburg (Preßburg war damals ungarischer Teil der k. und k.

Monarchie). Hier sprach man vom »Preßburger Experiment« (Lechta et al. 2008).

Das Ende der Verallgemeinerungsbewegung

Dem Bericht von Gronewald ist zu entnehmen, dass die gemeinsame Beschulung von gut hörenden und hörgeschädigten Schülern wenig günstig verlief.

Unzureichende Rahmenbedingungen – wie Klassengröße, fehlende technische Kommunikationshilfen, unzureichendes allgemeines Wissen über die Auswirkungen einer Hörstörung – dürften neben den didaktisch-methodischen Unzulänglichkeiten zum Scheitern der Verallgemeinerungsbewegung beigetragen haben. Der von den Befürwortern der Verallgemeinerungsbewegung geforderte und als unerlässlich angesehene teilweise individuelle Unterricht – so hatte Daniel (1824, 50) »eine tägliche Privatstunde für den Taubstummen, wenigstens vom sechsten bis zum vierzehnten Jahr« als erfolgversprechend angesehen – war den taubstummen Schülern in viel zu geringem Umfang gewährt. Den Lehrern fehlte es trotz der Vorbildung an den Lehrerseminaren an grundsätzlichen didaktisch-methodischen Kenntnissen, wie Taubstumme zu unterrichten seien.

Eduard Rößler (1828–1896), von 1846 bis 1849 im Weißenfelser Schullehrerseminar zum Taubstummenlehrer ausgebildet und 1857 bis 1878 Schulleiter der neu gegründeten Taubstummenanstalt Osnabrück und nachfolgend bis 1884 Direktor der Taubstummenanstalt in Hildesheim (der ältesten und größten der Provinz Hannover), stellte aus offiziellen Angaben aus dem Jahr 1860 »Statistisches« über den Stand des Taubstummenbildungswesens zusammen. Die Kernaussagen beinhalten zu den Taubstummeneinrichtungen der deutschen Länder folgende Aussagen (Rößler 1861, 151ff.):

1. Königreich Preußen
   Alle Provinzen verfügen über Taubstummenanstalten. Es können aber nicht alle taubstummen Kinder aufgenommen werden. Kinder, die nicht aufgenommen werden können, sollen die Ortsschule besuchen.
2. Königreich Hannover
   In den drei staatlichen Anstalten (Hildesheim, Osnabrück, Stade) und der Provinzialanstalt Emden werden ca. 200 Taubstumme unterrichtet. Die Zahl der bildungsfähigen Taubstummen beträgt etwa 220 bis 240. Es werden Maßnahmen getroffen, um den Anstalten alle bildungsfähigen Taubstummen zuzuführen. Hildesheim war Internats- und Schul-

einrichtung, Osnabrück und Stade standen mit Lehrerbildungsseminaren in Verbindung, Emden war Internat.
3. Königreich Sachsen
In den Anstalten in Leipzig und Dresden sind ca. 170 Schüler. Am Unterricht nehmen einige außerhalb der Anstalt wohnende Schüler teil. Die Kapazität reicht nicht aus, um alle vorhandenen taubstummen Schüler aufzunehmen.
4. Königreich Württemberg
Es bestehen Anstalten in Gmünd (geschlossenes Institut mit 40 Schülern in Verbindung mit dem katholischen Schullehrerseminar), Eßlingen und Nürtingen (als Filialen der dortigen evangelischen Schullehrerseminare mit 12 Kindern, die in der Stadt untergebracht sind und auf 24 aufgestockt werden sollen) sowie in Wilhemsdorf (Privatanstalt mit Internat für 16 bis 20 Schüler).
5. Großherzogtum Baden
Das einzige Taubstummeninstitut befindet sich in Pforzheim. Nicht alle taubstummen Schüler können aufgenommen werden.
6. Großherzogtum Hessen
Die erste öffentliche Anstalt entstand 1837 in Friedberg in Verbindung mit dem evangelischen Prediger- und Schullehrerseminar. 1840 entstand eine zweite öffentliche Anstalt in Bensheim in Verbindung mit dem katholischen Schullehrerseminar.
7. Kurfürstentum Hessen
Das einzige Taubstummeninstitut befindet sich in Homburg mit Internat für 28 Schüler.
8. Herzogtum Nassau
Die Taubstummenschule in Camberg wird von durchschnittlich 60 Schülern besucht. Die meisten Taubstummen können aufgenommen werden.

Wie der Zusammenstellung zu entnehmen ist, gestaltete sich die Situation in den einzelnen deutschen Ländern sehr unterschiedlich. Für etwa die Hälfte der aufgeführten Einrichtungen wird eine direkte Verbindung zu den Schullehrerseminaren angegeben. Zunehmend mehr taubstumme Schüler konnten eine Schule besuchen, aber noch immer nicht alle. Es war jedoch in mehreren Ländern gelungen, sicher zu stellen, dass die Taubstummen erfasst und der Schulverwaltung zugeführt wurden. Eine Schulpflicht (»Schulzwang«) bestand noch nicht; sie wurde immer wieder diskutiert, konnte aber schon allein auf Grund der fehlenden Beschulungsmöglichkeiten nicht umgesetzt werden.

Mit Beginn der 60er Jahre des 19. Jahrhunderts begannen sich die Taubstummenschulen von den Lehrerbildungsseminaren abzutrennen. Die Hintergründe waren vielfältig und oft rein organisatorischer Natur: Die Taubstummenanstalt in Stettin wurde 1861 selbstständig, weil man das dortige Seminar verlegt hatte. Andere trennten sich, weil die Ausbildung der Seminaristen zu Taubstummenlehrern nicht bzw. nicht ausreichend erreicht wurde.

Müller (1862, 28) schreibt in seinem Aufsatz zur Geschichte des Taubstummenunterrichts, dass Deutschland 100 Taubstummenanstalten (von insgesamt 400 weltweit) hat. Und diese würden nicht reichen, um allen Bedürftigen zu helfen. Zugleich spricht er sich gegen die Vermehrung größerer Taubstummenanstalten aus und plädiert für Taubstummenschulen (also weg vom Anstaltscharakter, weg vom Internat hin zum Externat). Mit der Zunahme der Taubstummenschulen rückte man vom Gedanken der gemeinsamen Beschulung ab. So formuliert Kretschmer (1864, 129): »Seitdem die Umwälztheorie einer Verlegung des Taubstummen-Unterrichts in die Volksschule als blasses Experiment untergetaucht ist ...«. Im Weiteren erörtert er die Rolle der Volksschullehrer für das taubstumme Kind, die er in einer Vorbereitung auf die Taubstummenschule sieht (das Hauptaugenmerk soll auf das körperliche Gedeihen des gehörlosen Schülers gerichtet sein), wozu er leichte und zweckmäßige Turnübungen (besonders Gehen und Laufen) und mechanisches Beschäftigen des Schülers (mit Schreiben und Zeichnen) empfiehlt.

Dass auch die Verbindung zwischen Taubstummenschulen und Seminaren rückläufig war, zeigt sich auch in den »Kurze(n) Mittheilungen« im Heft 6 des Jahres 1868 der Zeitschrift »Organ der Taubstummen- und Blinden-Anstalten in Deutschland und den deutschredenden Nachbarländern«. Hier wird anlässlich des 50-jährigen Jubiläums des Taubstummeninstitutes in Königsberg berichtet: »Wichtige Veränderungen, welche die Anstalt erfahren hat, sind noch...: die Verbindung mit dem im k. Waisenhaus befindlichen Seminar, die man in früherer Zeit einmal anstrebte, ..., ist in jüngster Zeit auf ein Minimum beschränkt worden« (1868a, 102).

In den gleichen Mitteilungen wird über die Taubstummenanstalt Marienburg berichtet:

> »... in einer Sitzung am 7. Mai 1866, welcher unter anderem Herren auch Hr. Generalinspektor Sägert von Berlin beigewohnt hat:
> ›1. Das Schullehrer-Seminar und die Tbst.-Anstalt vollkommen zu trennen ...
> 2. ...
> 3. ... die bisher zu Gratifikationen an Elementarlehrer, welche außerhalb der Anstalt tbst. Kinder unterrichtet haben, ausgesetzte Summe von 130 Thlr. fernerweit nicht zu zahlen, da dieser Unterricht sich als ungenügend herausgestellt hat‹« (ebd., 103).

Dass es so ganz ohne Volksschullehrer doch (noch) nicht ging, zeigen die »Kurze(n) Mitteilungen« im Heft Nr. 9 des gleichen Jahres. Dort wird der Sachverhalt aufgegriffen, dass noch immer viele taubstumme Kinder in den örtlichen Schulen nicht aufgenommen werden, da sie »öfter von den Lehrern zurückgewiesen [werden], wahrscheinlich, weil sich dieselben keinen Nutzen für die Taubstummen von dem Besuche der Schule der Vollsinnigen versprechen« (1868b, 151) und man gibt den Elementarlehrern zu bedenken,

> »daß sie die ihnen anvertrauten Taubstummen selbst dann schon sehr nützlich für den Besuch einer Taubstummenschule vorbereiten, wenn sie ihnen nur ruhiges Verhalten in der Schule, friedlichen Verkehr mit anderen Kindern und einige technische Fertigkeiten beibringen, wie das Nachbilden von Schriftzeichen, Ziffern, einfachen Figuren, ganzen geschriebenen Worten und Zeilen« (ebd., 151).

1876 trat die für die Provinzen Preußen, Brandenburg, Pommern, Schlesien und Sachsen geltende Provinzial-Ordnung vom 29. Juni 1875 in Kraft, die die Bildung der Taubstummen an die provinzialständische Verwaltung verwies (Karth 1902, 31). Nunmehr erfolgte eine rasche, endgültige Trennung von Taubstummenanstalten und Seminaren. Als letzte Anstalt folgte in Preußen Weißenfels am 01. Oktober 1880. Die gleiche Entwicklung war in Süddeutschland zu beobachten. Aus den Seminartaubstummenschulen entstanden auch hier eigenständige Taubstummenanstalten. Parallel dazu kam es zur Gründung neuer Institute. Private Anstalten, die sich bis dahin mühsam erhalten hatten, wurden von den Provinzen übernommen.

Dass dennoch lange Zeit – wenn auch vereinzelt – die Unterrichtung Taubstummer den Volksschullehrern übertragen blieb, zeigt die Aussage von Maurer aus dem Jahr 1889:

> »Das im Jahr 1824 von Dr. Graser aufgestellte System, Übertragung des Taubstummen-Unterrichts in die Volksschule, hat bei uns insofern noch Geltung, als in einem Regierungsbezirke der Taubstummenunterricht Volksschullehrern übertragen ist und zwar als Nebenfunktion« (1889, 7).

Nachdem mehr und mehr schulische Einrichtungen errichtet worden waren, die die schulpflichtigen taubstummen Kinder aufnehmen konnten, rückte man vom Gedanken der gemeinsamen Beschulung ab. Stattdessen kam es zunächst zu einem kontinuierlichen Ausbau und zu einer weiteren Ausdifferenzierung.

Der Wert der Verallgemeinerungsbewegung besteht darin, dass der Taubstummenunterricht bzw. die Taubstummenbildung nicht mehr »heimlich« und im Verborgenen stattfand. Die Bevölkerung erfuhr so, dass und wie Taubstumme unterrichtet werden können. Das Seminar absolvierten junge Lehrer; aber auch Geistliche, die dann Kenntnisse über die Unterrichtung Taubstummer besaßen und das Wissen darüber weiterverbreiteten. Vorurteile Taubstummen gegenüber konnten so abgebaut werden.

Nach Blau (1966, 22) liegt historisch gesehen der Verdienst der Verallgemeinerungsbewegung darin, »daß die absolute Zahl der Taubstummenschulen vermehrt und die Voraussetzungen dafür gelegt wurden, daß sich die Seminartaubstummenschulen später zu selbständigen Bildungseinrichtungen auswachsen konnten«.

Aus aktueller Sicht ist zu ergänzen, dass der Gedanke »schulische Inklusion Hörgeschädigter« also nicht neu ist. Die Hörgeschädigtenpädagogik war das erste und einzige sonderpädagogische Fach, das diesen Gedanken – wenn auch unter den Bedingungen der damaligen Zeit – konsequent dachte.

Ihre Blüte hatte die Verallgemeinerungsbewegung im ersten Drittel des 19. Jahrhunderts.

5.2 Internat und Externat? – Der Übergang zurück zur segregierten Beschulung

Die Diskussion, wie die oft weit entfernt wohnenden Schüler während des Schulbesuchs untergebracht werden sollen, bestand seit Eröffnung der ersten Einrichtungen für Taubstumme. Die ersten Unterrichts- und Erziehungsstätten für Taubstumme waren Internate und hatten Anstaltscharakter. Das schon allein deshalb, weil es unter den damaligen Verhältnissen gar nicht möglich war, längere Entfernungen täglich zu bewältigen. Cüppers und Eigenbrodt formulierten:

> »Die ersten Bildungsanstalten für Taubstumme waren ... ohne Ausnahme Internate, und in Folge dessen schienen letztere so selbstverständlich, daß darüber in der ersten Periode, d.h. bis gegen Ende der zwanziger Jahre [des 19. Jahrhunderts], gar kein Streit war« (Cüppers/Eigenbrodt 1868, 190).

Harnisch (1832) übte massive Kritik am Anstaltscharakter der Blinden- und Taubstummeneinrichtungen. Er sprach von »Verheimlichungsanstalten« und begründete, man muss »bei jeder Erziehungsanstalt in Hinsicht des Geschlechtstriebes sagen: wachet und betet; so muss man es bei Blinden- und Taubstummenanstalten doppelt« (313). Im Weiteren schreibt er von »Einkerkerungsanstalten für die Zöglinge«, die zu viel Geld verbrauchen.« So gebraucht, oder richtiger verbraucht unter andern die Münchener Anstalt bei 33 Zöglingen 10.000 fl« (313); (fl = Florentiner [Währung]).

Der Anstaltscharakter der Einrichtungen trug nicht unwesentlich zur Idee des Verallgemeinerungsgedankens bei.

Erst mit dem Entstehen der Seminartaubstummenanstalten entstanden die ersten Externate für Taubstumme. Von da an existierten sowohl offene Schulen als auch geschlossene Anstalten. Die Externate beruhten darauf, dass die Kinder, deren Eltern von den Schulen zu weit entfernt wohnten, in Pflegefamilien gegeben wurden, die dafür eine finanzielle Zuwendung erhielten. Eine »Instruction für die Pflegeeltern taubstummer Zöglinge in Weißenfels« ist in Hill (1866) abgedruckt. Hill galt als einer der eifrigsten Verfechter der Externate, u. a. deshalb, weil so die taubstummen Kinder nah am gewöhnlichen Alltag blieben.

Mit der Umgestaltung der Seminartaubstummenschulen zu eigenständigen Einrichtungen kam es wieder verstärkt zu einer Diskussion um Internate, Externate und gemischte Anstalten (Karth 1902).

Im »Organ der Taubstummen- und Blindenanstalten in Deutschland und den deutschredenden Nachbarländern« wurde in Nr. 8 des 16. Jahrgangs umfassend der Frage nachgegangen »Unter welchen Voraussetzungen kann ein Internat statt eines Hemmschuhs ein Förderungsmittel für eine Taubstummen-Anstalt sein« (Unter welchen ... 1870, 121ff.).

Das Thema »Internat« war so wichtig, dass es von Wilhelm Hubert Cüppers (1827–1906), Schulleiter des Taubstummeninstituts in Trier, als Tagesordnungspunkt für den Zweiten deutschen Taubstummenlehrerkongress beantragt wurde. Es ging ihm konkret um das Internat für die ersten drei Schuljahre (Zweiter deutscher Taubstummenlehrer-Kongreß zu Köln 1889a, 257).

Auf der Konferenz der Direktoren der sächsischen Provinzial-Taubstummenschulen, die am 11. und 12. Februar 1897 in Erfurt durchgeführt wurde, fand u. a. auch eine Erörterung der »3 Systeme« (Internat, Externat und gemischtes System) statt. Der Referent war Friedrich Köbrich, der 1890–1899 Schulleiter in Halle war. Er führte – laut dem Berichterstatter Eichel – aus:

»Keines dieser drei Systeme ist unbedingt zu bevorzugen, weil die einem jeden als menschlicher Einrichtung naturgemäss auch anhaftenden Nachteile je nach Ort, Lage, Umfang, Personal und Mittel der Anstalt seine Vorteile überwiegen können.

Das Internat empfiehlt sich wegen seiner Kostspieligkeit und der besonders hohen Anforderungen, die es an Leiter wie Lehrer stellt, im allgemeinen nur für kleine, reich fundierte Anstalten mit ausgesprochenem Familiencharakter, namentlich solche, die ausschliesslich der Ausbildung von Taubstummen der ›besseren Stände‹ oder von körperlich und geistig schwachen Kindern oder von taubstummen Mädchen dienen.

Das verhältnismässig billige, bequeme und daher vielerseits beliebte Externat ... erweist ... sich als die zweckmässige [sic] Einrichtung für mittlere Anstalten in Städten mit Ackerbau und Kleingewerbe treibender Bevölkerung, welche die passende Unterbringung und gehörige Beaufsichtigung von 30 bis 60 Zöglingen ermöglichen.

Das gemischte System, welche die Vorteile des Internats und Externats – angemessene Körperpflege, sachverständige Erziehung, sprachliche Förderung und Vorbereitung für das praktische Leben – nach Möglichkeit in sich vereinigen sucht, eignet sich vorzugsweise für Anstalten mit 60 – 90 Zöglingen in allen Fabrikorten und Grossstädten, wo die Familien-Verpflegung und -Erziehung [sic] der Kinder auf Schwierigkeiten stösst, weite Wege deren Schulbesuch beeinträchtigen, lebhafter Strassenverkehr ihre Sicherheit gefährdet, Belehrung und Beaufsichtigung der Pfleger seitens der Anstaltslehrer in ausgiebigem Masse unmöglich ist.

Dieses System kann jedoch seinen Zweck ... nur unter den Bedingungen erfüllen, dass

a) die Anstalt nicht allein genügende Wohn-, Schlaf-, Unterrichts- und sonstige Räume für 30 – 40 Zöglinge, sondern auch einen entsprechend grossen Spielplatz und Garten besitzt;

b) die Zöglinge so lange in der Anstalt selbst belassen werden, bis sie sich die für den Umgang mit Vollsinnigen nötigste Fertigkeit im Sprechen und Absehen erworben haben, also etwa die erste Hälfte der Schulzeit;

c) die Überwachung und Beschäftigung dieser internen Zöglinge ausserhalb der Schulstunden in der Regel nicht den vollbeschäftigten Anstaltslehrern, sondern Aufsichtspersonen übertragen wird« (Eichel 1897, 100f.).

Der korreferierende Schulleiter Wilhelm Keil aus Halberstadt konnte sich weder für das Internat noch für das gemischte System erklären. »Ihm ist die Familie in ihrem Wechsel der täglichen Verhältnisse und mit den in ihr sich bietenden häuslichen Beschäftigungen viel lieber« (ebd., 101).

Die Aufnahme in ein Internat stellte durchaus eine finanzielle Belastung dar, die nicht viele Familien aufbringen konnten. Im »Reglement für die Königliche Taubstummen-Anstalt zu Berlin« vom 04. April 1878 regelte u. a. die Leistungen der Zöglinge« und die »Ausstattung der Zöglinge«:

»Leistungen der Zöglinge. § 3. Die internen Zöglinge sind entweder Pensionäre oder Inhaber ganzer und halber Freistellen. – Die Pensionäre haben ein jährliches Kostgeld von 480 Mark, die Inhaber halber Freistellen haben ein solches von 240 M. zu zahlen. – Die Inhaber ganzer Freistellen sind von jeder Leistung an der Anstalt befreit. – Die externen Zöglinge (Schulgänger) haben ein jährliches Schulgeld von 96 Mark zu zahlen« (Reglement 1878, 113).

»Ausstattung der Zöglinge. § 9. Jedes Kind, welches in das Internat der Anstalt aufgenommen wird, muß mit folgenden Gegenständen ausgestattet sein: 6 Hemden,

6 Taschentüchern, 6 Paar Strümpfen, 6 Halstüchern, die Mädchen außerdem mit 6 Schürzen, an Kleidungsstücken mit doppeltem Anzuge und doppeltem Schuhwerke, die Knaben mit einer Mütze« (ebd., 114).

5.3 Entwicklungen im 20. Jahrhundert

Die erste Hälfte des 20. Jahrhunderts war zunächst gekennzeichnet durch ein weiteres zahlenmäßiges Anwachsen der Taubstummenschulen bzw. -anstalten sowie durch eine weitere Ausdifferenzierung: Neben den Einrichtungen für Taubstumme entstanden eigenständige Schwerhörigenschulen. Auch deren Anzahl nahm ständig zu. Die Ausdifferenzierung der Beschulungsmöglichkeiten für hörgeschädigte Schüler sah auch besondere Einrichtungen für lernschwache gehörlose und lernschwache schwerhörige Schüler oder Schulen für Taubblinde vor.

Der Gedanke der schulischen Integration wurde erst wieder Anfang der 70er Jahre des 20. Jahrhunderts durch die Bildungskommission des Deutschen Bildungsrates belebt. Der Deutsche Bildungsrat betrachtete im Gutachten »Zur pädagogischen Förderung von behinderten und von Behinderung bedrohten Kindern und Jugendlichen« vom 14. Dezember 1973 die Grundschule als einen Lernort für alle und damit auch für behinderte Kinder (Möckel 2007). Neben diesem übergreifenden, also Schüler mit verschiedenen Behinderungen umfassenden Gutachten, wurden solche erstellt, die sich »mit speziellen Behinderungsarten befassen« (Muth 1974, 6). Im Auftrag der Bildungskommission verfasste Löwe das Gutachten »Gehörlose, ihre Bildung und Rehabilitation« und Jussen das über »Schwerhörige, ihre Bildung und Rehabilitation«.

Löwe (1974) machte in seinem Gutachten Vorschläge zu einer gestuften Integration gehörloser Kinder und Jugendlicher in allgemeine Unterrichtsprozesse. Diese, auf seinen reichen Auslandserfahrungen basierenden Überlegungen, beinhalteten auf neun Stufen die »volle und teilweise Integration« sowie die »teilweise und volle Segregation«:

Volle Integration

Stufe 1: Gehörlose Kinder in regulären Kleinklassen ohne nennenswerte sonderpädagogische Zusatzbetreuung
Stufe 2: Gehörlose Kinder in regulären Kleinklassen mit täglicher sonderpädagogischer Sprach- und Sprechförderung

Stufe 3: Gehörlose Kinder in regulären Kleinklassen mit täglicher sonderpädagogischer Sprach- und Sprechförderung sowie mit täglichem Nachhilfeunterricht

Teilweise Integration

Stufe 4: Gehörlose Kinder in Außenklassen mit gelegentlicher Teilnahme am Unterricht vollsinniger Kinder
Stufe 5: Gehörlose Kinder in Außenklassen ohne Teilnahme am Unterricht vollsinniger Kinder

Teilweise Segregation

Stufe 6: Gehörlose Kinder in Tagessonderschulen
Stufe 7: Gehörlose Kinder in Heimsonderschulen

Volle Segregation

Stufe 8: Mehrfachbehinderte gehörlose Kinder in Sonderprogrammen
Stufe 9: Geistig behinderte gehörlose Kinder in Sonderprogrammen

Im Weiteren verwies Löwe auf Voraussetzungen für eine erfolgreiche schulische Integration gehörloser Kinder. Er nannte Bedingungen auf Seiten des gehörlosen Kindes, der Lehrer der (allgemeinen) Schule, der Eltern und der Mitschüler.

Auf Grund der äußeren Rahmenbedingungen zur damaligen Zeit sprach er sich für die teilweise integrierte Beschulung aus. »Da eine volle Integration in der Beschulung gehörloser Kinder kaum realisierbar erscheint ... ist ... bevorzugt an die kooperative, nur teilweise integrierte Beschulung gehörloser Kinder zu denken ...« (Löwe 1974, 160f.).

Jussen (1974) führte seine Gedanken zur schulischen Integration schwerhöriger Schüler unter dem Aspekt der »äußeren Differenzierung« aus. Hier diskutierte er sechs Beschulungsformen für schwerhörige Schüler, von denen Modell III und VI Aussagen zur schulischen bzw. unterrichtlichen Integration enthalten.

Bei dem Modell III handelt es sich um Außenklassen einer Schule für Schwerhörige an allgemeinen Schulen, wobei der Kontakt mit den gut hörenden Schülern vor allem in den Pausen, bei Sport, Spiel und Wanderungen erfolgt. Modell VI sind selbstständige Klassen für Kinder mit Hörschäden an einer Schule für Nicht-Behinderte (so genannte »Units«). Als grundlegendes Ziel der Unit-Förderung wird die Befähigung der schwerhörigen und gut hörenden Schüler zum gemeinsamen Lernen angegeben. Das schwerhörige Kind soll »in einem normalen sozialen Milieu« heranwachsen und die Möglichkeit haben, »Klassen für nichtbehinderte Kinder zu besuchen. Gleichzeitig soll die Einrichtung der Units mithelfen, daß das Verständnis in der Öffentlichkeit für Behinderte wächst« (ebd., 268).

In seiner zusammenfassenden Stellungnahme gibt Jussen aber keinem der sechs vorgestellten Modelle den Vorzug:

> »Bei der Suche nach einer Schulorganisation, die *allen* (H.i.O.) schwerhörigen Kindern optimale Möglichkeiten bietet, ist deshalb diejenige vorzuziehen, die bei realistischer Einschätzung der Notwendigkeiten und Möglichkeiten sowohl über die Voraussetzungen für eine Intensivbeschulung Schwerhöriger im Verband Gleichbehinderter als auch über Einrichtungen für eine sozial-integrative Erziehung gemeinsam mit Nicht-Behinderten verfügt (ebd., 271).«

Er fordert »das Abgehen von einer organisatorisch erstarrten Schwerhörigenschule zugunsten einer flexiblen Organisationsform, die für die Zukunft alle Möglichkeiten offenläßt« (ebd., 271).

Als besonders geeignet hielt Jussen voll ausgebaute Mittelpunktschulen für Schwerhörige mit »Dependancen« an besonders ausgewählten allgemeinen Schulen. Die Dependancen gestatten eine teilintegrierte Beschulung. Die Lenkung des gesamten Unterrichts und die Gliederung der Schülergruppen erfolgen durch die Mittelpunktschule. Dieses gewährleistet durch ihr durchlässiges System eine optimale Förderung jedes einzelnen Kindes. Das zuletzt vorgestellte Modell der flexiblen Gesamtschule für Schwerhörige mit (eventuell) dezentralisierten Grundschulen und Dependancen soll »eine Integration jedes schwerhörigen Schülers auf allen Stufen der Erziehung bei Sicherung des Bildungsfortschrittes in allen Phasen seiner Entwicklung ermöglichen« (Jussen 1974, 273).

Sowohl Löwe als auch Jussen hatten ihre Vorschläge auf dem Erkenntnisstand dieser Zeit formuliert. Schon auf Grund dessen sind sie als visionär anzusehen. So war damals an eine Beschulung gehörloser Kinder mittels Gebärdensprachdolmetschern in der allgemeinen Schule, das Cochlea Implantat oder das Neugeborenenhörscreening, in dessen Folge frühe Diagnosen möglich sind, noch gar nicht zu denken.

Seit der Veröffentlichung des Gutachtens der Bildungskommission ist die »Integrationsdiskussion« nicht wieder abgebrochen (und ist inzwischen in die Inklusionsdiskussion übergegangen). Besonders die Eltern hörgeschädigter Kinder haben in den 80er und 90er Jahren des 20. Jahrhunderts vehement Möglichkeiten der schulischen und unterrichtlichen Integration sowie Begleitsysteme für die integrierten Kinder und Jugendlichen eingefordert. Nach langen und kontrovers geführten Diskussionen von Fachleuten, Schulpolitikern und Eltern galt Ende des 20. Jahrhunderts die integrierte Beschulung als gleichwertiges und gleichrangiges Angebot zur Schule für Hörgeschädigte. Im »Vierten Bericht der Bundesregierung über die Lage der Behinderten« (Bundesministerium ... 1998) wurde das Prinzip »soviel Integration wie möglich, so viele Sondereinrichtungen wie nötig« formuliert, das als gangbarer Weg und Kompromiss erschien. Die Entwicklung in Richtung eines gemeinsamen Unterrichts verlief in den einzelnen Bundesländern unterschiedlich und war z. B. abhängig von

- der gesetzlichen Verankerung
- der schülerbezogenen Zugangskriterien
- der finanziellen Ausstattung
- den beteiligten Schulstufen und Schulformen
- der quantitativen Verbreitung und
- dem Einfluss der Erziehungsberechtigten.

Der Bericht wies auch auf die besonderen Probleme hörgeschädigter Schüler hin, indem er Überlegungen der Organisationen der Hörgeschädigten – die durchaus »ihre« Schulen als eigenständige Einrichtungen erhalten sehen wollten – aufgriff und formulierte,

> »dass auch bei allgemeinem Streben nach schulischer Integration Schulen für Schwerhörige und Gehörlose als Angebot erhalten bleiben müssen, damit den unterschiedlichen kommunikativen Bedürfnissen schwerhöriger und gehörloser Schülerinnen und Schüler entsprochen werden kann« (ebd., 45).

5.4 Auf dem Weg zur Inklusion

Obwohl der Begriff Inklusion seit Beginn des 21. Jahrhunderts schrittweise Eingang in die deutschsprachige sonderpädagogische Fachliteratur fand (Biewer 2010, 125f.), wird er in der Gehörlosen- und Schwerhörigenpädagogik erst seit der Ratifizierung der UN-Behindertenrechtskonvention ebenfalls verwandt.

Die UN-Behindertenrechtskonvention wurde am 13. Dezember 2006 von der Generalversammlung der Vereinten Nationen verabschiedet. Durch sie sollen die Rechte der schätzungsweise 650 Millionen Menschen mit Behinderungen in der Welt verbessert werden (Bundesministerium für Arbeit und Sozialordnung 2011).

Die Bemühungen um die Umsetzung der UN-Konvention über die Rechte von Menschen mit Behinderungen haben den intensiven fachlichen Austausch befördert. Sie ist ein länderübergreifendes und weltweit beachtetes Dokument und steht in seinen Ausrichtungen im unmittelbaren Wechselverhältnis mit sonderpädagogischen und (re-)habilitativen Fragestellungen. Fachrichtungen wie die Gehörlosen- und Schwerhörigen-, aber auch Blinden- und Sehgeschädigten- sowie Körperbehindertenpädagogik sind insbesondere angesprochen.

Für Europa und einen großen Teil der Welt kann man inzwischen davon ausgehen, dass die »sonderpädagogische Förderung« zur Aufgabe aller Schulen geworden ist. Für die Sonderschulen ergeben sich damit neue An- und Herausforderungen.

Für Europa wurde von der European Agency for Special Needs and Inclusive Education (2012) bezogen auf die Schuljahre 2009/10, 2010/11 bzw. 2011/12 (erhoben gegen Ende 2012) ein statistischer Überblick über die Anzahl der Schüler insgesamt, der Anzahl der Schüler mit sonderpädagogischem Förderbedarf und deren Beschulung in Sonderschulen, in integrativen (Sonderklassen in allgemeinen Schulen) und inklusiven Settings für verschiedene Länder gegeben. Aus den dort genannten Zahlenwerten wurden die in Tabelle 4 angegebenen Prozentzahlen für die einzelnen Länder ermittelt.

Tab. 4: Anteil der Schüler mit sonderpädagogischem Förderbedarf und deren Beschulungsform (segregierte (Sonderschulen), integrative und inklusive Beschulung) nach Angabe der jeweiligen Länder (errechnet auf Basis der Angaben in: European Agency for Development in Special Needs Education 2012)

Land	Anteil der Schüler mit SPF in Prozent	segregiert beschult (Sonderschulen) in Prozent	integrativ beschult (in Sonderklassen in allgemeinen Schulen) in Prozent	inklusiv beschult in Prozent
Belgien (flämisch sprechender Teil)	6,6	83,3	0	16,7
Belgien (französisch sprechender Teil)	4,9	98,6	- [1]	1,4
Dänemark [2]	5,0	37,0	59,1	3,9

5.4 Auf dem Weg zur Inklusion

Tab. 4: Anteil der Schüler mit sonderpädagogischem Förderbedarf und deren Beschulungsform (segregierte (Sonderschulen), integrative und inklusive Beschulung) nach Angabe der jeweiligen Länder (errechnet auf Basis der Angaben in: European Agency for Development in Special Needs Education 2012) – Fortsetzung

Land	Anteil der Schüler mit SPF in Prozent	segregiert beschult (Sonderschulen) in Prozent	integrativ beschult (in Sonderklassen in allgemeinen Schulen) in Prozent	inklusiv beschult in Prozent
Deutschland	5,5	78,7	- [1]	21,3
Estland	5,9	51,6	16,9	31,5
Finnland	8,3	13,7	31,8	54,5
Frankreich	4,4	15,7	59,0	25,3
Griechenland	3,2	21,8	73,2	5,0
Großbritannien (England)	2,8	43,9	6,9	49,2
Großbritannien (Nordirland)	4,7	27,9	12,8	59,3
Großbritannien (Schottland)	14,9	7,1	3,4	89,5
Großbritannien (Wales)	3,1	26,5	- [1]	- [1]
Island	24,3	1,3	4,6	94,1
Irland	5,8	13,8	5,9	80,3
Italien	2,6	1,0	- [4]	99,0
Lettland	5,8	63,5	11,0	25,5
Litauen	11,9	8,3	1,8	89,9
Luxemburg	1,5	55,5	- [3]	44,5
Malta	5,5	2,1	0,4	97,5
Niederlande	4,4	61,9	- [1]	38,1
Norwegen	8,5	3,6	6,1	90,3
Österreich	3,8	39,7	2,3	57,9
Polen	3,0	56,6	1,6	41,8
Portugal	3,2	4,6	2,4	93,0
Schweden	1,4	4,0	96,0	- [1]

227

5 Vergangenheit, Gegenwart und Zukunft der Inklusion

Tab. 4: Anteil der Schüler mit sonderpädagogischem Förderbedarf und deren Beschulungsform (segregierte (Sonderschulen), integrative und inklusive Beschulung) nach Angabe der jeweiligen Länder (errechnet auf Basis der Angaben in: European Agency for Development in Special Needs Education 2012) − Fortsetzung

Land	Anteil der Schüler mit SPF in Prozent	segregiert beschult (Sonderschulen) in Prozent	integrativ beschult (in Sonderklassen in allgemeinen Schulen) in Prozent	inklusiv beschult in Prozent
Schweiz	4,9	- 1)	- 1)	- 1)
Slowakei	10,4	36,7	21,2	42,1
Slowenien	7,4	24,4	3,6	72,0
Spanien	2,4	13,9	2,6	83,5
Ungarn	5,0	43,0	- 3)	57,0
Tschechische Republik	8,7	36,8	8,9	54,2
Zypern	7,0	5,0	11,2	83,8

SPF = Sonderpädagogischer Förderbedarf
1) Daten nicht verfügbar
2) in Dänemark werden nur die Kinder mit schweren Mehrfachbehinderungen in integrativem Unterricht statistisch erfasst
3) sind bei segregiert beschult (Sonderschulen) mit erfasst
4) Sonderklassen nicht vorgesehen
Alle Prozentangaben wurden auf eine Stelle nach dem Komma gerundet.

Hausotter (2008, 80) verweist darauf, dass europaweit nur ca. 2% aller Schüler in Sonderschulen oder in Sonderklassen lernen. In Ländern Mitteleuropas (z. B. Deutschland, Schweiz, Belgien, Frankreich) steigt die Zahl auf 2 bis 6%, während in den südlichen Ländern (z. B. Italien, Griechenland) weniger als 2% segregiert beschult werden. Eine ältere Studie der European Agency hatte einen Zusammenhang zwischen Integrationsquote und Bevölkerungsdichte ermittelt: Je höher die Bevölkerungsdichte, desto eher findet eine segregierte Beschulung statt (Meijer 1998, 163f.). Dies hat vermutlich damit zu tun, dass in Ballungsgebieten »wohnortnahe Sonderschulen« zur Verfügung stehen. Erhärtet wird die Feststellung durch Untersuchungsergebnisse von Leonhardt und Forschergruppe, die feststellten, dass Eltern eine integrative Beschulung ihres (hörgeschädigten) Kindes insbesondere dann wählen, wenn mit dem Besuch einer Schule für Hörgeschädigte eine Internatsunterbringung oder ein zeitlich aufwändiger Schulweg verbunden ist (Leonhardt 2009).

Grundsätzlich ist anzumerken – und das gilt insbesondere bei der Betrachtung der Tabelle 4 – dass das Verständnis und die Definition von »sonderpädagogischer Förderung« bzw. »Förderbedarf« und die Bestimmung des Begriffs »Inklusion« in den einzelnen Ländern erheblich abweichen. Anderenfalls irritiert, dass in Island für nahezu ein Viertel der Schüler »sonderpädagogischer Förderbedarf« angegeben wird, in Schweden (beispielsweise) hingegen nur für 1,4%.

Im Vergleich zu anderen Förderschwerpunkten geht es im Förderschwerpunkt Hören (oder beispielsweise auch Sehen oder motorische und körperliche Entwicklung) in der Schule »nicht nur« um Bildung und Erziehung. Die Schulen bzw. Förderzentren hatten und haben stets auch einen rehabilitativen und therapeutischen Auftrag. Zu klären wird sein, wie und durch wen diese rehabilitativen und therapeutischen Anteile bei inklusiver Beschulung umgesetzt und erfüllt werden können.

Literaturverzeichnis

Amtliches. Allgemeine Bestimmungen über Annahme und Beschäftigung der Kursisten bei der Königlichen Taubstummenanstalt zu Berlin (1888). In: Blätter für Taubstummenbildung, 1, 309–311.

Anderson, D. (2006): Lexical Development of Deaf Children Acquiring Signed Languages. In: Schick, B./Marschark, M./Spencer, P. E. (Hrsg.): Advances in the Sign Language Development of Deaf Children. Oxford, New York: Oxford University Press, 135–160.

Anderson, D./Reilly, J. (2002): The MacArthur Communicative Development Inventory: Normative Data for American Sign Language. In: Journal of Deaf Studies and Deaf Education, 7, 83–106.

Ansell, E./Pagliaro, C. M. (2006): The relative difficulty of signed arithmetic story problems for primary level deaf and hard-of-hearing students. Journal of Deaf Studies and Deaf Education, 11, 153–170.

Antia, S. D./Kreimeyer, K. H. (2001): The Role of Interpreters in Inclusive Classrooms. American Annals of the Deaf, 146, 355–365.

Antia, S. D./Kreimeyer, K. H. (2003): Peer interactions of deaf and hard of hearing children. In: Marschark, M./Spencer, P. E. (Hrsg.): Oxford Handbook of Deaf Studies, Language and Education. Oxford, New York: Oxford University Press, 164–177.

Antia, S. D./Reed, S./Shaw, L. (2011): Risk and Resilience for Social Competence: Deaf Students in General Education Classrooms. In: Zand, D. H./Pierce, K. J. (Eds.): Resilience in Deaf Children: Adaptation Through Emerging Adulthood. New York, NY: Springer New York, 139–167.

Appanah, T. M./Hoffman, N. (2014): Using Scaffolded Self-Editing to Improve the Writing of Signing Adolescent Deaf Students. American Annals of the Deaf, 159, 269–283.

Arrowsmith, J. (1820): Die Kunst Taubstumme nach einer neuen auf Erfahrung gegründeten Methode gemeinschaftlich in öffentlichen Schulen auf eine einfache Art zu unterrichten. Leipzig.

Barker, D. H./Quittner, A. L./Fink, N. E./Eisenberg, L. S./Tobey, E. A./Niparko, J. K. and the CDaCI Investigative Team (2009): Predicting behavior problems in deaf and hearing children: The influence of language, attention, and parent-child communication. In: Development and Psychopathology, 21, 373–392.

Barz, H./Barth, K./Cerci-Thoms, M./Dereköy, Z./Först, M./Thao Le, T./Mitchnik, I. (2015): Große Vielfalt, weniger Chancen. Eine Studie über die Bildungserfahrungen und Bildungsziele von Menschen mit Migrationshintergrund in Deutschland. Online unter: https://www.stiftung-mercator.de/media/downloads/3_Publikationen/Barz_Heiner_et_al_Grosse_Vielfalt_weniger_Chancen_Abschlusspublikation.pdf (Zugriff: 05.12.2015).

Barz, H./Cerci, M./Demir, Z. (2013): Bildung, Milieu & Migration. Kurzfassung der Zwischenergebnisse 12/2013. Online unter: https://www.stiftung-mercator.de/media/downloads/3_Publikationen/Barz_et_al_Zwischenergebnisse_Studie_Bildung_¬Milieu_Migration.pdf (Zugriff: 05.12.2015).

Bayerisches Staatsministerium für Unterricht und Kultus (2003): Lehrplan für das Fach Deutsche Gebärdensprache für die bayerische Grundschulstufe des Förderzentrums für Hörgeschädigte. Online unter: https://www.isb.bayern.de/download/8947/dgs-¬grundschulstufe.pdf (Zugriff: 06.02.2017).

Beauftragte der Bundesregierung für die Belange behinderter Menschen (2014): Die UN-Behindertenrechtskonvention. Bonn.

Becker, C. (2010): Die eigene Hörschädigung im Blick. Überlegungen zur Implementierung von Hörgeschädigtenkunde als Unterrichtsfach. In: Wildemann, A. (Hrsg.): Bildungschancen hörgeschädigter Schülerinnen und Schüler. Beiträge zur Bildungsdebatte. Bad Heilbrunn: Klinkhardt, 123–144.

Becker, C./Meinhardt, J. (2013): Lernen mit Gebärdensprachdolmetschern. Überlegungen und Befunde zur aktuellen Praxis in Deutschland. Das Zeichen, 27, 402–415.

Becker, C./Schneider, O. (2009): Vielfalt als Chance in der Hörgeschädigtenkunde. In: Hörgeschädigtenpädagogik, 63, 63–71.

Berendes, K./Schnitzler, C. D./Willmes, K./Huber, W. (2010): Die Bedeutung der Phonembewusstheit und semantisch-lexikalischen Fähigkeiten für die Schriftsprachleistungen in der Grundschule. In: Sprache Stimme Gehör, 34, 165–172.

Bettger, J./Emmorey, K./McCullough, S./Bellugi, U. (1997): Enhanced facial discrimination: effects of experience with American sign language. Journal of Deaf Studies and Deaf Education, 2, 223–233.

Biesalski, P./Collo, D. (1991): Hals-Nasen-Ohren-Krankheiten im Kindesalter. Stuttgart/New York: Thieme.

Biewer, G. (2010): Grundlagen der Heilpädagogik und Inklusiven Pädagogik. Bad Heilbrunn: Klinkhardt.

BIH – Bundesarbeitsgemeinschaft der Integrationsämter und Hauptfürsorgestellen (2015): BIH Jahresbericht 2014/2015. Online unter: https://www.integrationsaemte¬r.de/files/11/BIH_Jahresbericht_2014.pdf (Zugriff: 27.11.2016).

Bischof-Köhler, D. (2011): Soziale Entwicklung in Kindheit und Jugend. Bindung, Empathie, Theory of Mind. Stuttgart: Kohlhammer.

Blau, A. (1966): Gehörlosenschule. In: Lesemann, G. (Hrsg.): Beiträge zur Geschichte und Entwicklung des deutschen Sonderschulwesens. Berlin-Charlottenburg: Marhold, 19–54.

BMFSFJ (Bundesministerium für Familie, Senioren, Frauen und Jugend) (Hrsg.) (2010): Familien mit Migrationshintergrund. Analysen zur Lebenssituation, Erwerbsbeteiligung und Vereinbarkeit von Familie und Beruf. Berlin. Online unter: https://www.¬bmfsfj.de/blob/93744/3de8fd035218de20885504ea2a6de8ce/familien-mit-migration¬shintergrund-data.pdf (Zugriff: 05.02.2018).

Bock, J. (2014): Neuronale Plastizität. In: Storch, M./Krause F. (Hrsg.): Selbstmanagement – ressourcenorientiert. Theoretische Grundlagen und Trainingsmanual für die Arbeit mit dem Züricher Ressourcen Modell (ZRM®). 5., erw. u. vollst. überarb. Auflage. Bern: Huber, 66–84.

Bogner, B. (2009): Hörtechnik für Kinder mit Hörschädigung: Ein Beitrag zur Pädagogischen Audiologie. Heidelberg: Median.

Bonvillian, J. D./Orlansky, M. D./Novack, L. L. (1983): Developmental Milestones: Sign Language Acquisition and Motor Development. In: Child Development, 54, 1435.

Booth, T. (2008): Ein internationaler Blick auf inklusive Bildung: Werte für alle? In: Hinz, A./Körner, I./Niehoff, U. (Hrsg.): Von der Integration zur Inklusion. Grundlagen – Perspektiven – Praxis. Marburg: Lebenshilfe, 53–73.

Born, S. (2009): Didaktik und Methodik des integrativen Unterrichts mit hörgeschädigten Schülern in allgemeinen Schulen (Sekundarstufe I). Online unter: https://edoc.ub.uni-muenchen.de/10204/1/Born_Simone.pdf.

Boyes-Braem, P. (1990): Acquisition of the Handshape in American Sign Language: A Preliminary Analysis. In: Volterra, V./Erting, C. J. (Hrsg.): From gesture to language in hearing and deaf children. Berlin, Heidelberg, New York: Springer, 107–127.

Braden, J. P. (1994): Deafness, Deprivation, and IQ. Springer Science & Business Media.

Braun, O. (1999): Integrative Pädagogik bei Kindern und Jugendlichen mit Hörstörungen. In: Myschker, N./Ortmann, M. (Hrsg.): Integrative Schulpädagogik. Grundlagen, Theorie und Praxis. Stuttgart: Kohlhammer, 83–111.

Breiner, H. L. (1989): Die präventive Integration. Konzeption und Praxis der Integration stark schwerhöriger und gehörloser Personen. Frankenthal: Pfalzinstitut.

Bringmann, M. (2013): Einsatz technischer Hörhilfen bei der Unterrichtung von Schülern mit Hörschädigung an allgemeinen Schulen. Hamburg: Kovač.

Bukowski, W. M./Buhrmester, D./Underwood, M. K. (2011): Peer Relations as a Developmental Context. In: Underwood, M. K./Rosen, L. H. (Hrsg.): Social Development. Relationships in Infancy, Childhood, and Adolescence. New York: The Guilford Press, 153–180.

Bull, R. (2008): Deafness, Numerical Cognition, and Mathematics. In: Marschark, M./Hauser, P. C. (Eds.): Deaf Cognition: Foundations and Outcomes. Oxford University Press, 170–201.

Bundesministerium für Arbeit und Sozialordnung (2011): Übereinkommen der Vereinten Nationen über die Rechte der Menschen mit Behinderung, Bonn.

Bundesministerium für Arbeit und Sozialordnung (Hrsg.) (1998): Vierter Bericht der Bundesregierung über die Lage der Behinderten und die Entwicklung der Rehabilitation, Bonn.

Butollo, W. (2003): Die Klassifikation Posttraumatischer Belastungsstörungen (PTBS). Vortrag. In: Wirth, W. (Hrsg): Trauma und Hörbehinderung. Internationale Arbeiten zur Gebärdensprache und Kommunikation Gehörloser. Band 43. Hamburg: Signum, 3–23.

Carlson, S. M. (2009): Social origins of executive function development. New Directions for Child and Adolescent Development, 87–98.

Chen Pichler, D. (2010): Sources of Handshape Error in First-Time Signers of ASL. In: Mathur, G./Napoli, D. J. (Hrsg.): Deaf around the World: The Impact of Language. Oxford, New York. Oxford University Press, 96–121.

Cokely, D. (1986): The Effects of Lag Time on Interpreter Errors. Sign Language Studies, 15, 341–376.

Conlin, K. E./Mirus, G. R./Mauk, C. E./Meier, R. P. (2000): Acquisition of first signs: Place, handshape, and movement. In: Chamberlain, C./Morford, J. P./Mayberry, R. I. (Hrsg.): Language acquisition by eye. Mahwah-New Jersey: Lawrence Erlbaum Associates, 51–70.

Convertino, C./Borgna, G./Marschark, M./Durkin, A. (2014): Word and World Knowledge Among Deaf Learners With and Without Cochlear Implants. Journal of Deaf Studies and Deaf Education, 19, 471–483.

Costard, S. unter Mitarb. von Bader, C./Kamutzki, D. (2011): Störungen der Schriftsprache. Modellgeleitete Diagnostik und Therapie. 2. überarb. u. erw. Auflage. Stuttgart: Thieme.

Cüppers, W. H./Eigenbrodt, L. (1868): Aus einem Reiseberichte. 2. Externat und Internat. In: Organ der Taubstummen- und Blindenanstalten in Deutschland und den deutschredenden Nachbarländern, 14, 189–193.

Daniel, M. W. F. (1824): Kann nicht jeder Taubstumme und Blinde eine Ausbildung erhalten, und zwar auch in seiner Familie und seiner Ortsschule? Stuttgart: Metzlersche Buchhandlung.

Das bayerische Taubstummen-Bildungswesen und die Taubstummenanstalt in Regensburg (1895). In: Blätter für Taubstummenbildung, 8, 329–332.

De Luca, C. R./Wood, S. J./Anderson, V./Buchanan, J.-A./Proffitt, T. M./Mahony, K./Pantelis, C. (2003): Normative Data From the Cantab. I: Development of Executive Function Over the Lifespan. Journal of Clinical and Experimental Neuropsychology, 25, 242–254.

Deutsche Gesellschaft der Hörgeschädigten: »Inklusion in der Bildung« – Gemeinsames Positionspapier der Verbände der Deutschen Gesellschaft der Hörgeschädigten – Selbsthilfe und Fachverbände e. V. 2010. Online unter: https://www.deutsche-gesellschaft.de/fokus/anhaenge/dginklusionspapier.pdf (Zugriff: 17.08.2013).

Diamond, A. (2014): Biologische und soziale Einflüsse auf kognitive Kontrollprozesse, die vom präfrontalen Kortex abhängen. In: Kubesch, S. (Hrsg.): Exekutive Funktionen und Selbstregulation. Bern: Hans Huber, 19–47.

Diller, G./Graser, P. (2009): Zur Rolle des Arbeitsgedächtnisses im Sprachlernprozess von Kindern mit Cochlea-Implantat (Teil 2). In: Zeitschrift für Audiologie, 48, 80–89.

Diller, G./Graser, P. (2012): Entwicklung der Schriftsprachkompetenzen bei Kindern mit CI (Teil 3). In: Hörgeschädigtenpädagogik, 66, 50–62.

Diller, G./Martsch, A. (2010): Begleitung von Eltern mit Migrationshintergrund am Beispiel türkischer Familien. In: Hörgeschädigtenpädagogik, 64, 6–11.

Diller, G./Martsch, A. (2012): Migration und Hörschädigung. Heidelberg: Median.

Diller, S. (2009): Integration hörgeschädigter Kinder in allgemeinen und integrativen Kindergärten. In: Leonhardt, A. (Hrsg.): Hörgeschädigte Schüler in der allgemeinen Schule. Theorie und Praxis der Integration. Stuttgart: Kohlhammer, 274–294.

Dittmann, J. (2006): Der Spracherwerb des Kindes. 2., durchges. Auflage. München: C. H. Beck.

Domagala-Zysk, E./Kontra, E. H. (Eds.) (2016): English as a Foreign Language for Deaf and Hard-of-Hearing Persons. Cambridge Scholars Publishing.

Dotter, F. (2008): English for Deaf Sign Language Users. In: Bidoli, C. J. K./Ochse, E. (Eds.): English in International Deaf Communication. Peter Lang, 97–122.

Drechsler, R. (2007): Exekutive Funktionen. Übersicht und Taxonomie. In: Zeitschrift für Neuropsychologie, 18, 233–248.

Dworschak, W. (2010a): Schulbegleiter, Integrationshelfer, Schulassistent? Begriffliche Klärung einer Maßnahme zur Integration in die allgemeine Schule bzw. die Förderschule. Teilhabe, 49, 131–135.

Dworschak, W. (2010b): Schulbegleitung/Schulassistenz. Online unter: http://www.inklusion-lexikon.de/Schulbegleitung_Dworschak.php (Zugriff: 27.11.2016).

Easterbrooks, S. R./Beal-Alvarez, J. (2013): Literacy Instruction for Students who are Deaf and Hard of Hearing. Oxford University Press.

Easterbrooks, S. R./Stephenson, B. (2006): An Examination of Twenty Literacy, Science, and Mathematics Practices Used to Educate Students Who Are Deaf or Hard of Hearing. American Annals of the Deaf, 151, 385–397.

Eberle, M. (2007): Aspekte der Identitätsarbeit von Schwerhörigen und CI-Trägern im späten Jugendalter – Vergleichende Einzelfallstudien. In: Sonderpädagogische Förderung, 52, 180–194.

Eichel, S. (1897): Konferenz der Direktoren u. s. w. der sächsischen Provinzial-Taubstummenanstalten. In: Blätter für Taubstummenbildung, 10, 97–104.

Eichmann, H./Hansen, M./Heßmann, J. (Hrsg.) (2012): Handbuch deutsche Gebärdensprache. Seedorf: Signum.

Eitner, J. (2008): Zur Psychologie und Soziologie von Menschen mit Hörschädigung. 3. Auflage. Heidelberg: Median.

Ellger-Rüttgardt, S. L. (2008): Geschichte der Sonderpädagogik. München/Basel: Reinhardt.

Emmerig, P. (1927): Bilderatlas zur Geschichte der Taubstummenbildung, München: Maidl.

Emmorey, K. (2002): Language, Cognition and the Brain: Insights From Sign Language Research. Mahwah-New Jersey: Lawrence Erlbaum Associates, Publishers.

Emmorey, K./Kosslyn, S. M./Bellugi, U. (1993): Visual imagery and visual-spatial language: Enhanced imagery abilities in deaf and hearing ASL signers. In: Cognition, 46, 139–181.

Erber, N. P. (1982): Auditory Training. Washington DC: AG Bell Assoc. for the Deaf.

Erting, C. J./Thumann-Prezioso, C./Benedict, B. S. (1999): Bilingualism in a Deaf Family: Fingerspelling in early Childhood. In: Spencer, P. E./Erting, C. J./Marschark, M. (Eds.): The Deaf Child in the Family and at School, Mahwah, New Jersey: Lawrence Erlbaum Associates, Publishers, 41–54.

Estabrooks, W. (1998): Die auditiv-verbale Praxis. In: Leonhardt, A. (Hrsg.): Ausbildung des Hörens – Erlernen des Sprechens. Frühe Hilfen für hörgeschädigte Kinder. Neuwied, Kriftel, Berlin: Luchterhand, 121–148.

European Agency for Development in Special Needs Education: Special Needs Education. Country Data 2012. Online unter: https://www.european-agency.org/publications/ereports/sne-country-data-2012/sne-country-data-2012.

Farrell, M. (2000): Educational Inclusion and Raising Standards. British Journal of Special Education, 27, 35–38.

Ferstl, E. C. (2012): Theory of Mind und Kommunikation: Zwei Seiten derselben Medaille? In: Förstl, H. (Hrsg.): Theory of Mind. Neurobiologie und Psychologie sozialen Verhaltens. Berlin, Heidelberg: Springer, 121–134.

Fischer, R./Kollien, S./Poppendiecker, R./Vaupel, M./Weinmeister, K. (2000): Materialien zur Kontrastiven Grammatik DGS-Deutsch I: Singular-/Plural-Übereinstimmung bei Verben. Münster: LIT.

Foisack, E. (2003): Döva barns begreppsbildning i matematik. Malmö Högskola. Online unter: https://dspace.mah.se/bitstream/handle/2043/7055/foisack.pdf?sequence=1¬&isAllowed=y (Zugriff: 06.02.2017).

Förster, B. (2014): Deutsche Gebärdensprache als Unterrichtsfach: Ausgewählte didaktische und methodische Prinzipien. Das Zeichen, 28, 72–80.

Frostad, P. (1999): Deaf children's use of cognitive strategies in simple arithmetic problems. Educational Studies in Mathematics, 40, 129–153.

Galvan, D. (1999): Differences in the Use of American Sign Language Morphology by Deaf Children: Implications for Parents and Teachers. In: American Annals of the Deaf, 144, 320–324.

Ginsburgh, V./Weber, S. (2011): How Many Languages Do We Need? Princton-New Jersey: Princton University Press.

Glickman, N. S./Carey, J. C. (1993): Measuring Deaf Cultural Identities: A Preliminary Investigation. In: Rehabilitation Psychology, 38, 275–283.

Goldin-Meadow, S. /Mayberry, R. I. (2001): How Do Profoundly Deaf Children Learn to Read? In: Learning Disabilities Research & Practice, 16, 222–229.

Goswami U. (2001): So denken Kinder: Einführung in die Psychologie der kognitiven Entwicklung. Bern, Göttingen, Toronto, Seattle: Hans Huber.

Gräfen, C. (2015): Die soziale Situation integriert beschulter Kinder und Jugendlicher mit Hörschädigung an der allgemeinen Schule. Hamburg: Kovač.

Greenberg, M./Kusche, C. A./Speltz, M. (1991): Emotion regulation, self-control, and psychopathology: The role of relationships in early childhood. In: Cicchetti, D./Toth, S. L. (Hrsg.): Internalizing and externalizing expressions of dysfunction: Rochester Symposium on developmental psychopathology, Vol. 2. Hove, London: Lawrence Erlbaum Associates, 21–55.

Grimm, H. (2003): Störungen der Sprachentwicklung. Grundlagen – Ursachen – Diagnose – Intervention – Prävention. 3., überarb. Auflage. Göttingen: Hogrefe.

Grimm, H./Weinert, S. (2002): Sprachentwicklung. In: Oerter, R./Montada, L. (Hrsg.): Entwicklungspsychologie. 5., vollst. überarb. Auflage. Weinheim: Beltz, 517–550.

Gronewald, J. J. (1835): Taubstummenschule in Bayreuth. In: 3. Jahresbericht des Verwaltungs-Ausschusses des Vereins zur Beförderung des Taubstummen-Unterrichts zu Köln, 48–61.

Grosjean, F. (1993): Der zweisprachig und bikulturelle Mensch in der hörenden und in der gehörlosen Welt. In: Das Zeichen, 24, 183–189.

Grosjean, F. (2010): Bilingual: Life and Reality. Cambridge-Massachusetts: Harvard University Press.

Große, K.-D. (2003): Das Bildungswesen für Hörbehinderte in der Bundesrepublik Deutschland. Daten und Fakten zu Realitäten und Erfordernissen. Heidelberg: Ed. Schindele. Winter.

Große, K.-D./Schön, G. (2004): Hörbehinderte Schülerinnen und Schüler aus Migrantenfamilien in der Bundesrepublik Deutschland – Ergebnisse einer Untersuchung. In: Große, K.-D. (Hrsg.): Hörbehinderte Schülerinnen und Schüler unterschiedlicher nationaler Herkunft – eine internationale Herausforderung an die Hörbehindertenpädagogik. Heidelberg: Ed. Schindele. Winter, 99–120.

Gulati, B. (2016): Visualizing: The most Effective Way to Teach EFL to Deaf and Hard of Hearing Students. In: Domagala-Zysk, E./Kontra, E. H. (Eds.): English as a Foreign Language for Deaf and Hard-of-Hearing Persons. Cambridge Scholars Publishing, 153–167.

Günther, K.-B. (2002): Erwerb und Ausdifferenzierung der Schriftsprache bei hochgradig hörgeschädigten Kindern. Theoretisch-konzeptionelle Grundlagen für eine kompensatorisch-alternative Förderpraxis. Sprache Stimme Gehör, 26, 71–79.

Günther, K.-B./Schäfke, I. (2004): Bilinguale Erziehung als Förderkonzept für gehörlose SchülerInnen: Abschlussbericht zum Hamburger Bilingualen Schulversuch. Hamburg: Signum.

Günther, K.-B. (2001): Bedeutung und Erwerb der Schriftsprache für gehörlose und (hochgradig) schwerhörige Kinder. In: hörgeschädigte kinder, 38, 67–83.

Guy, R./Nicholson, J./Pannu, S. S./Holden, R. (2003): A clinical evaluation of ophthalmic assessment in children with sensori-neural deafness. In: Child: Care, Health and Development, 29, 377–384.

Halfmann, J. (2014): Migration und Behinderung. Orientierungswissen für die Praxis. Stuttgart: Kohlhammer.

Hänel, B. (2005): Der Erwerb der Deutschen Gebärdensprache als Erstsprache. Tübingen: Gunter Narr.

Harden, L. A. (2011): A review of research on working memory and its importance in education of the deaf. Online unter: http://digitalcommons.wustl.edu/cgi/viewcontent.cgi?article=1624&context=pacs_capstones (Zugriff: 08.12.2016).

Harnisch, W. (1832): Aus dem Reisetagebuche des Seminardirektors Harnisch, auf seiner Reise in Norddeutschland im August 1831 geführt. In: Rheinische Blätter für Erziehung und Unterricht mit besonderer Berücksichtigung des Volksschulwesens. Der neuen Folge fünfter Band, Januar – Juni 1832, Essen, 253–318.

Hattie, J. (2013): Lernen sichtbar machen. Hohengehren: Baltmannsweiler, Schneider.

Hausen, A. (2014): Englisch an der Schule für Hörgeschädigte – Chance oder Überforderung. In: Bartosch, R./Rohde, A. (Hrsg.): Im Dialog der Disziplinen, Trier: Wissenschaftlicher Verlag, 95–114.

Hauser, P. C./Lukomski, J./Hillmann, T. (2008): Development of Deaf and Hard-Of-Hearing Students' Executive Function. In: Marschark, M./Hauser, P. C. (Hrsg.): Deaf Cognition: Foundations and Outcomes. Oxford, New York: Oxford University Press, 286–308.

Hausotter, A. (2008): Integration und Inklusion in Europa. In: Eberwein, H./ Mand, J.: Integration konkret. Begründung, didaktische Konzepte, inklusive Praxis. Bad Heilbrunn: Klinkhardt, 75–91.

Haußer, K. (1995): Identitätspsychologie. Berlin: Springer.

Heese, G. (1954): Über Verallgemeinerungsbestrebungen in der Geschichte der Schwerhörigenbildung. In: Neue Blätter für Taubstummenbildung, 8, 341–345.

Heimlich, U. (2013): Ausbildung und Professionalisierung von Fachkräften für inklusive Bildung im Bereich der frühkindlichen Bildung, Betreuung und Erziehung. In: Döbert, H./Weißhaupt, H. (Hrsg.): Inklusive Bildung professionell gestalten. Münster, New York, München, Berlin: Waxmann, 11–32.

Heinike, S. (1781): Ueber Taubstumme, und über das kurfürstl. Institut zu Leipzig, solche Unglückliche sprechen zu lehren. In: Deutsches Museum, Zweiter Band. Julius bis Dezember 1781. Leipzig: Weygandsche Buchhandlung, 234–256.

Heinrich, M./Lübeck, A. (2013): Hilflose häkelnde Helfer? Zur pädagogischen Rationalität von Integrationshelfer/inne/n im inklusiven Unterricht. Bildungsforschung, 10, 91–110. Online unter: http://bildungsforschung.org/index.php/bildungsforschung/¬article/viewFile/163/189 (Zugriff: 27.11.2016).

Heinrich, M./Urban, M./Werning, R. (2013): Grundlagen, Handlungsstrategien und Forschungsperspektiven für die Ausbildung und Professionalisierung von Fachkräften für inklusive Schulen. In: Döbert, H./Weishaupt, H. (Hrsg.): Inklusive Bildung professionell gestalten. Situationsanalyse und Handlungsempfehlungen. Münster: Waxmann, 69–133.

Hennies, J. (2009): Lesekompetenz gehörloser und schwerhöriger SchülerInnen: Ein Beitrag zur empirischen Bildungsforschung in der Hörgeschädigtenpädagogik. Berlin. Humboldt-Universität. Diss.

Hennies, J. (2014): Laut- und Schriftspracherwerb von gehörlosen und schwerhörigen Kindern. In: Chilla, S./Haberzettl, S. (Hrsg.): Handbuch Spracherwerb und Sprachentwicklungsstörungen. Mehrsprachigkeit. München: Urban & Fischer, 227–239.

Heßmann, J. (2014): Britische Gebärdensprache als Fremdsprache für Gehörlose: Der Online-Sprachkurs Sign2Go. In: Bartosch, R./Rohde, A. (Hrsg.): Im Dialog der Disziplinen. Trier: Wissenschaftlicher Verlag, 131–146.

Hill, F. M. (1860): Die Ausdehnung der Elementarklasse in Taubstummen-Anstalten und die Beleuchtung einer hierauf bezüglichen Aeußerung des Dr. Haase zu Marienburg. In: Organ der Taubstummen- und Blinden-Anstalten in Deutschland und den deutschredenden Nachbarländern, 6, 50–56, 73–75, 81–88, 101–106, 118–121.

Hill, F. M. (1866): Der gegenwärtige Zustand des Taubstummen-Bildungs-Wesens in Deutschland. Weimar: Böhlau.

Hillenbrand, C./Melzer, C./Sung, J. (2014): Lehrerbildung für Inklusion in Deutschland: Stand der Diskussion und praktische Konsequenzen. Theory and Practice of Education, 19, 147–171.

Hintermair, M. (2003): Traumatisierende Sozialisationsbedingungen und psychosoziale Entwicklungsfaktoren bei Hörgeschädigten. In: Wirth, W. (Hrsg): Trauma und Hörbehinderung. Internationale Arbeiten zur Gebärdensprache und Kommunikation Gehörloser. Band 43. Hamburg: Signum, 23–43.

Hintermair, M. (2005): Identitätsarbeit hörgeschädigter Menschen als individuelle Konstruktions- und Veränderungsleistung im Kontext sozialer Anerkennung, personaler Stärkung und kultureller Zuordnungsoptionen. In: Hörgeschädigtenpädagogik, 59, 196–202.

Hintermair, M. (2007): Psychosoziales Wohlbefinden hörgeschädigter Menschen. Internationale Arbeiten zur Gebärdensprache und Kommunikation Gehörloser. Band 49. Seedorf: Signum.

Hintermair, M. (2008): Identitätsarbeit, psychische Gesundheit und Hörschädigung. Ressourcenorientierung als Hintergrundfolie für entwicklungsförderliche Prozesse bei hörgeschädigten Kindern, Jugendlichen und Erwachsenen. In: Hintermair, M./Tsirigotis, C. (Hrsg.): Wege zu Empowerment und Ressourcenorientierung in der Zusammenarbeit mit hörgeschädigten Menschen. Heidelberg: Median, 30–44.

Hintermair, M. (2008): Zur psychischen Entwicklung hörgeschädigter Kinder: Die Bedeutung von Sprache, Kognition und Emotion. Hörgeschädigtenpädagogik, 62, 138–148.

Hintermair, M. (2013): Executive functions and behavioral problems in deaf and hard-of-hearing students at general and special schools. In: Journal of Deaf Studies and Deaf Education, 18, 344–359.

Hintermair, M. (2015): Zur sozial-kognitiven und sozial-emotionalen Entwicklung gehörloser und schwerhöriger Kinder – Herausforderungen für Kinder, Eltern und Fachkräfte. In: Zeitschrift für Heilpädagogik, 66, 264–275.

Hintermair, M. (2016): Social Relations of Deaf Learners. In: Knoors, H./Marschark, M. (Eds.): Educating Deaf Learners. Oxford University Press, 283–310.

Hintermair, M./Dietzel, A./Gutjahr, A. (2013): Aggressiv-dissoziale Auffälligkeiten bei hörgeschädigten Schülern – Erkenntnisse aus der Perspektive Betroffener und ihrer Bezugspersonen. In: Zeitschrift für Heilpädagogik, 64, 264–270.

Hintermair, M./Heyl, V./Janz, F. (2014): Exekutive Funktionen und sozial-emotionale Auffälligkeiten bei Kindern mit verschiedenen Formen von Behinderung. Vierteljahresschrift für Heilpädagogik und ihre Nachbargebiete (VHN), 83, 232–245.

Hintermair, M./Knoors, H./Marschark, M. (2014): Gehörlose und schwerhörige Schüler unterrichten: psychologische und entwicklungsrelevante Grundlagen. Heidelberg: Median.

Hintermair, M./Korneffel, D. (2013): Zum Zusammenhang exekutiver Funktionen und sozial-emotionaler Auffälligkeiten bei integriert beschulten Kindern mit einer Hörschädigung. In: Zeitschrift für Kinder- und Jugendpsychiatrie und Psychotherapie, 41, 347–359.

Hintermair, M./Minder, N. (2013): Zum Selbstkonzept hörgeschädigter Grundschüler. Eine Pilotstudie mit einer deutschen Version der »Pictorial Scale« von Harter und Pike für junge Kinder. In: Hörgeschädigtenpädagogik, 67, 54–59.

Hintermair, M./Sandweg, J. (2013): Selbstwertgefühl von cochlea-implantierten Kindern. Eine Fragebogenstudie zum Zusammenhang von Selbstwertgefühl, kommunikativer Kompetenz und Verhaltensauffälligkeiten bei 10- bis 15jährigen cochlea-implantierten Kindern. In: Zeitschrift für Audiologie, 52, 52–60.

Hintermair, M./Schenk, A./Sarimski, K. (2011): Exekutive Funktionen, kommunikative Kompetenz und Verhaltensauffälligkeiten bei hörgeschädigten Kindern. Eine explorative Studie mit Schülern einer schulischen Einrichtung für Hörgeschädigte. In: Empirische Sonderpädagogik, 2, 83–104.

Hinz, A./Boban, I. (2009): Inklusive Pädagogik in der Schule. Zeitschrift für Heilpädagogik, 60, 171–180.

Hoff, E./Naigles, L. (2002): How children use input in acquiring a lexicon. In: Child Development, 73, 418–433.

Höhle, B. (2010): Erstspracherwerb: Wie kommt das Kind zur Sprache? In: Höhle, B. (Hrsg.): Psycholinguistik. Berlin: Akademie Verlag, 125–139.

Holodynski, M. (2006): Emotionen – Entwicklung und Regulation. Heidelberg: Springer.

Holodynski, M./Oerter, M. (2008): Tätigkeitsregulation und die Entwicklung von Motivation, Emotion, Volition. In: Oerter, R./Montada, L. (Hrsg.): Entwicklungspsychologie. Weinheim, Basel: Beltz, 535–571.

Holz, T./Kellermann, C./Harych, P./Brunner, M. (2014): VERA 3 – Vergleichsarbeiten in der Jahrgangsstufe 3 im Schuljahr 2013/14, 1–33. Berlin: Institut der Schulqualität der Länder.

Holzinger, D. (o. J.): CHEERS, 1–75. Linz. Online unter: http://www.bblinz.at/dl/mN¬nrJKJLolonJqx4KJK/Barmherzige_Br_der_Cheers-Studie.pdf (Zugriff: 14.01.2017).

Huber, C. (2011): Lehrerfeedback und soziale Integration. Wie soziale Referenzierungsprozesse die soziale Integration in der Schule beeinflussen könnten. In: Empirische Sonderpädagogik, 2, 20–36.

Ingeln, C. (2003): Selbstbilder einer gehörlosen Patientin im Medium der Kunsttherapie. In: Wirth, W. (Hrsg): Trauma und Hörbehinderung. Internationale Arbeiten zur Gebärdensprache und Kommunikation Gehörloser. Band 43. Hamburg: Signum, 55–77.

ISB (Staatsinstitut für Schulqualität und Bildungsforschung) (2015): Förderschwerpunkt Hören im Fokus. Grammatikalische Strukturen erwerben, erweitern und sichern. Online unter: https://www.isb.bayern.de/download/11582/foerderschwerpunkt_hoe¬ren_im_fokus_5.pdf (Zugriff: 14.06.2017).

Iversen, W. (2008): Keine Zahl ohne Zeichen. Der Einfluss der medialen Eigenschaften der DGS-Zahlzeichen auf deren mentale Verarbeitung. Dissertation: RWTH Aachen.

Iversen, W./Nuerk, H./Willmes, K. (2004): Do Signers Think Differently? The Processing of Number Parity in Deaf Participants. Cortex, 40, 176–178. Online unter: http://doi.org/10.1016(S0010-9452(08)70940-7.

Jussen, H. (1974): Schwerhörige, ihre Bildung und Rehabilitation. In: Deutscher Bildungsrat. Gutachten und Studien der Bildungskommission, Sonderpädagogik 2. Stuttgart: Klett, 185–316.

Jussen, H. (1982): Sprache. In: Jussen, H./Kröhnert, O. (Hrsg.): Handbuch der Sonderpädagogik. Bd. 3 Pädagogik der Gehörlosen und Schwerhörigen. Berlin: Marhold, 219–259.

Karth, J. (1902): Das Taubstummenbildungswesen im XIX. Jahrhundert in den wichtigsten Staaten Europas. Breslau: Korn.

Kaul, T./Niehaus, M. (2013): Teilhabe und Inklusion von Menschen mit Hörschädigung in unterschiedlichen Lebenslagen in Nordrhein-Westfalen, Köln: Universität zu Köln.

Kaul, T./Niehaus, M. (2014): Teilhabe und Inklusion von Menschen mit Hörschädigung in unterschiedlichen Lebenslagen in Nordrhein-Westfalen. Ministerium für Arbeit, Integration und Soziales (NRW).

Kaul, T./Prinz, S. (1983): Elizitieren von Schüleräußerungen durch den Lehrer in der Schule für Gehörlose (Sonderschule). Eine empirische Untersuchung von Interaktionsverläufen an ausgewählten Unterrichtssequenzen. Universität zu Köln.

Keilmann, A./Limberger, A./Mann, W. J. (2007): Psychological and physical well-being in hearing-impaired children. In: International Journal of Pediatric Otorhinolaryngology, 71, 1747–1752.

Ketelaar, L./Rieffe, C./Wiefferink, C. H./Frijns, J. H. M. (2012): Does hearing lead to understanding? Theory of mind in toddlers and preschoolers with cochlear implants. In: Journal of Pediatric Psychology, 37, 1041–1050.

Keupp, H. (2004): Fragmente oder Einheit? Wie heute Identität geschaffen wird. Online unter: http://www.ipp-muenchen.de/texte/fragmente_oder_einheit.pdf (Zugriff: 03.10.2015).

Keupp, H./Ahbe, T./Gmür, W./Höfer, R./Mitzscherlich, B./Kraus, W./Straus, F. (2008): Identitätskonstruktionen. Das Patchwork der Identitäten in der Spätmoderne. Reinbek: Rowohlt.

Kiel, E. (2014) (Hrsg.): Unterrichten, sehen, analysieren, gestalten. 2. Auflage. Bad Heilbrunn: Klinkhardt.

Kiesel, A./Koch, I. (2012): Lernen. Wiesbaden: Springer.

Kießling, J. (2008): Versorgung mit Hörgeräten. In: Kießling, J./Kollmeier, B./Diller, G.: Versorgung und Rehabilitation mit Hörgeräten. Stuttgart: Thieme, 59–130.

Klann-Delius, G. (2008): Modelle des kindlichen Wortschatzerwerbs. In: Wahl, M./Heide, J./Hanne, S. (Hrsg.): Spektrum Patholinguistik 1. Schwerpunktthema: Der Erwerb von Lexikon und Semantik Meilensteine, Störungen und Therapie. Potsdam: Universitätsverlag, 1–18.

Klinke, R. (1998): Hören lernen: Die Notwendigkeit frühkindlicher Hörerfahrungen. In: Leonhardt, A. (Hrsg.): Ausbildung des Hörens – Erlernen des Sprechens. Frühe Hilfen für hörgeschädigte Kinder. Neuwied, Berlin: Luchterhand, 77–95.

Knoepke, J./Richter, T./Isberner, M. B./Kutzner, Y./Naumann, J. (2013): Leseverstehen = Hörverstehen x Dekodieren? Ein stringenter Test der Simple View of Reading bei deutschsprachigen Grundschulkindern. In: Redder, A./Weinert, S. (Hrsg.): Sprachförderung und Sprachdiagnostik. Interdisziplinäre Perspektiven. Münster: Waxmann, 256–276.

Knoors, H./Marschark, M. (2013): Teaching Deaf Learners: Psychological and Developmental Foundations. Oxford, New York: Oxford University Press.

Koester, L. S. (1995): Face-to-face interactions between hearing mothers and their deaf or hearing infants. In: Infant Behavior and Development, 18, 145–153.

Koester, L. S./Papoušek, H./Smith-Gray, S. (2000): Intuitive Parenting, Communication and Interaction with Deaf Infants. In: The Deaf Child in the Family and at School. Psychology Press, 55–72.

Kommission der Europäischen Union (Hrsg.) (1995): Lehren und Lernen. Auf dem Weg zur kognitiven Gesellschaft. Weißbuch zur allgemeinen und beruflichen Bildung. Luxemburg: Amt für Amtliche Veröffentlichungen der Europäischen Gemeinschaft.

Koo, D./Crain, K./LaSasso, C./Eden, G. F. (2008): Phonological Awareness and Short-Term Memory in Hearing and Deaf Individuals of Different Communication Backgrounds. Annals of the New York Academy of Sciences, 1145, 83–99.

Kral, A. (2009): Frühe Hörerfahrung und sensible Entwicklungsphasen. In: HNO, 57, 1–8.

Kral, A. (2012): Frühe Hörerfahrung und sensible Phase. In: Leonhardt, A. (Hrsg.): Frühes Hören. Hörschädigungen ab dem ersten Lebensjahr erkennen und therapieren. München: Reinhardt, 26–46.

Kramer, F./Grote, K. (2009): Haben Gehörlose beim Rechnen mehr Schwierigkeiten als Hörende? In: Das Zeichen, 23, 276–283.

Kramreiter, S. (2011): Integration von gehörlosen Kindern in der Grundschule mit Gebärdensprache und Lautsprache in Österreich. Universität Wien.

Kretschmer, F. (1864): Splitter. 1. Was können die Volksschullehrer unter allen Umständen für die Taubstummen thun? In: Organ der Taubstummen- und Blinden-Anstalten in Deutschland und den deutschredenden Nachbarländern, 10, 129–132.

Kritzer, K. L. (2009): Barely Started and Already Left Behind: A Descriptive Analysis of the Mathematics Ability Demonstrated by Young Deaf Children. Journal of Deaf Studies and Deaf Education, 14, 15–421.

Krüger, M. (1991): Häufigkeitsstatistische und demographische Angaben zum Personenkreis hörgeschädigter Menschen. In: Jussen, H./Claußen, W. H.: Chancen für Hörgeschädigte. München/Basel: Reinhardt, 25–30.

Kruse, E. (2014): Entwicklung von Sprache und Sprechen. In: Wendler, J./Seidner, W./Eysholdt, U. (Hrsg.): Lehrbuch der Phoniatrie und Pädaudiologie. 5., unveränd. Auflage. Stuttgart: Thieme, 243–250.

Kruse, O. F. (1853): Ueber Taubstumme, Taubstummen-Bildung und Taubstummenanstalten; nebst Notizen aus meinem Reisetagebuche. Schleswig: Selbstverlag.

Kulig, W./Theunissen, G. (2016): Empowerment. In: Hedderich, I./Biewer, G./Hollenweger,J./Heimlich, U. (Hrsg.): Handbuch Inklusion und Sonderpädagogik. Bad Heilbrunn: Klinkhardt, 113–117.

Kull, G. (1889): Volksschule und Taubstummenschule. Eine pädagogische Vergleichung. In: Organ der Taubstummen-Anstalten in Deutschland und den deutschredenden Nachbarländern, 35, 114–118.

Kultusministerkonferenz (2011): Inklusive Bildung von Kindern und Jugendlichen mit Behinderungen in Schulen (Beschluss der Kultusministerkonferenz vom 20.10.2011). Online unter: http://www.kmk.org/fileadmin/veroeffentlichungen_beschluesse/2011/¬2011_10_20-Inklusive-Bildung.pdf (Zugriff: 27.08.2015).

Kun-Man Yiu, C./Tang, G. (2014): Social Integration of Deaf and Hard of Hearing Students in a Sign Bilingual and Co-Enrollment Environment. In: Marschark, M./Tang, G./Knoors, H. (Eds.): Bilingualism and Bilingual Deaf Education. Oxford University Press, 342–367.

Kurze Mittheilungen (1868a). In: Organ der Taubstummen- und Blinden-Anstalten und den deutschredenden Nachbarländern, 14, 101–104.

Kurze Mittheilungen (1868b). In: Organ der Taubstummen- und Blinden-Anstalten und den deutschredenden Nachbarländern, 14, 148–154.

Lechta, V./Leonhardt, A./Lindner, B./Schmidtová, M. (2008): Die historische Entwicklung der Hörgeschädigten- und Sprachbehindertenpädagogik in Bayern und der Slowakei – Ergebnisse einer vergleichenden Studie einer deutsch-slowakischen Forschergruppe. In: Biewer, G./Luciak, M./Schwinge, M. (Hrsg.): Begegnung und Differenz: Menschen – Länder – Kulturen. Bad Heilbrunn: Klinkhardt, 166–183.

Lederberg, A. R./Spencer, P. E. (2001): Vocabulary Development of Deaf and Hard of Hearing Children. In: Clark, M. D./Marschark, M./Karchmer, M. A. (Hrsg.): Context, Cognition, and Deafness. Washington, D.C.: Gallaudet University Press, 88–112.

Lehnhardt, E. (1997): Das Cochlear Implant von den Anfängen bis zur verläßlichen Hilfe für gehörlose Kinder. In: Leonhardt, A. (Hrsg.): Das Cochlear Implant bei Kindern und Jugendlichen. München/Basel: Reinhardt, 19–30.

Lenhard, W./Artelt, C. (2009): Komponenten des Leseverstehens. Online unter: http://www.i4.psychologie.uni-wuerzburg.de/fileadmin/06020400/user_upload/Lenhard/Kapitel_01_Lenhard_Artelt_rev3.pdf (Zugriff: 11.11.2015).

Leonhardt, A. (1996): Didaktik des Unterrichts für Gehörlose und Schwerhörige. Neuwied: Luchterhand.

Leonhardt, A. (2009): Cochlea-Implantate für gehörlose Kinder gehörloser Eltern? In: Ernst, A./Battmer, R.-D./Todt, I. (Hrsg.): Cochlear Implant heute. Berlin, Heidelberg: Springer, 63–71.

Leonhardt, A. (2009a): Pädagogische Aspekte der einseitigen und minimalen Hörschädigung. In: Sprache Stimme Gehör, 33, 121–125.

Leonhardt, A. (2009b): Integration hörgeschädigter Kinder und Jugendlicher in allgemeinen Schulen: Aktuelle Befunde aus der Wissenschaft. In: Bundesjugend im DSB e. V. (Hrsg.): Integration/Inklusion: Netzwerke für hörgeschädigte Kinder und Jugendliche in Regelschulen. Symposium der Bundesjugend im DSB e. V. Heidelberg: Median, 40–56.

Leonhardt, A. (Hrsg.) (2009c): Hörgeschädigte Schüler in der allgemeinen Schule. Theorie und Praxis der Integration. Stuttgart: Kohlhammer.

Leonhardt, A. (2010): Einführung in die Hörgeschädigtenpädagogik. München/Basel: Reinhardt.

Leonhardt, A./Ludwig, K. (2007): »Es ist ein unwahrscheinlicher Kraftakt ...«. Elternerfahrungen zur schulischen Integration. In: Schnecke, 18, 29–32.

Leonhardt, A./Wendels, S. (2007): Auf zu neuen Ufern – wie das Neugeborenenhörscreening die Frühförderung hörgeschädigter Künder verändert. Erste Teilergebnisse eines Projektes zur Entwicklung eines Beratungskonzeptes für Familien mit beim Neugeborenenhörscreening hörauffälligen Kindern in Frühförderstelle. In: Sonderpädagogische Förderung heute, 52, 87–98.

Leybaert, J./Van Cutsem, M.-N. (2002): Counting in Sign Language. Journal of Experimental Child Psychology, 81, 482–501.

Lindauer, M. (Hrsg.) unter Mitarbeit von Girardet, U./Reul, J./Rudat, A. (2009): Schülerinnen und Schüler mit Auditiven Verarbeitungs- und Wahrnehmungsstörungen (AVWS). Würzburg: Ed. Bentheim.

Lindner, B. (2007): Schulische Integration Hörgeschädigter in Bayern – Untersuchung zu den Ursachen und Folgen des Wechsels hörgeschädigter Schüler von der allgemeinen Schule an das Förderzentrum, Förderschwerpunkt Hören. Inaugural-Dissertation. München. Online unter: http://edoc.ub.uni-muenchen.de/7941/1/Lindner_Brigitte.pdf.

Lindner, B. (2009): »Soviel Integration wie möglich – so viele Sondereinrichtungen wie nötig.« Warum wechseln hörgeschädigte Schüler von der allgemeinen Schule an das

Förderzentrum, Förderschwerpunkt Hören? In: Leonhardt, A. (Hrsg.). Hörgeschädigte Schüler in der allgemeinen Schule : Theorie und Praxis der Integration. Stuttgart: Kohlhammer, 180–217.
Lindner, G. (1992): Pädagogische Audiologie. Berlin: Mosby/Ullstein.
Lohaus, A./Vierhaus, M. (2015): Entwicklungspsychologie des Kindes- und Jugendalters für Bachelor. Berlin, Heidelberg: Springer.
Lore, W. H./Song, S. (1991): Central and peripheral visual processing in hearing and nonhearing individuals. In: Bulletin of the Psychonomic Society, 29, 437–440.
Löwe, A. (1974): Gehörlose, ihre Bildung und Rehabilitation. In: Deutscher Bildungsrat. Gutachten und Studien der Bildungskommission, Sonderpädagogik 2. Stuttgart: Klett, 15–183.
Löwe, A. (1992): Hörgeschädigtenpädagogik international. Geschichte – Länder – Personen – Kongresse. Heidelberg: Ed. Schindele.
Ludwig, K. (2009): Eltern und Integration – Erfahrungen und Erwartungen. In: Leonhardt, A. (Hrsg.): Hörgeschädigte Schüler in der allgemeinen Schule. Theorie und Praxis der Integration. Stuttgart: Kohlhammer 2009, 148–179.
Ludwig, K. (2015): Türkeistämmige Eltern und Hörgeschädigtenpädagogik. In: Schnecke, 26, 28–29.
Ludwig, K./Sachsenhauser, K./Leonhardt, A./Schmidtová, M./Tarcsiová, D. (2013): Was brauchen Eltern hörgeschädigter Kinder mit Migrationshintergrund? – Ein binationales Forschungsprojekt. In: Sonderpädagogische Förderung heute, 58, 317–322.
Ludwig, K./Sachsenhauser, K./Leonhardt, A./Schmidtová, M./Tarcsiová, D. (2015): Eltern mit Migrationshintergrund und Hörgeschädigtenpädagogik: Was brauchen türkische Familien in Bayern und Romafamilien in der Slowakei? In: Leonhardt, A./Müller, K./Truckenbrodt, T.: Die UN-Behindertenrechtskonvention und ihre Umsetzung. Beiträge zur Interkulturellen und International vergleichenden Heil- und Sonderpädagogik. Bad Heilbrunn: Klinkhardt, 137–144.
Marentette, P. F./Mayberry, R. I. (2000): Principles for an emerging phonological system: A case study of early ASL acquisition. In: Chamberlain, C./Morford, J. P./Mayberry, R. I. (Hrsg.): Language acquisition by eye. Mahwah-New Jersey: Lawrence Erlbaum Associates, 71–90.
Marschark, M. (1997): Psychological Development of Deaf Children. Oxford, New York: Oxford Universtiy Press.
Marschark, M./Knoors, H. (2012): Sprache, Kognition und Lernen – Herausforderungen an die Inklusion gehörloser und schwerhöriger Kinder. In: Hintermair, M. (Hrsg.): Inklusion und Hörschädigung. Heidelberg: Median. 129–176.
Marschark, M./Peterson, R./Sapere, P./Convertino, C./Winston, E. A./Seewagen, R. (2005): Educational Interpreting. In: Marschark, M./Peterson, R./Winston, E. A. (Eds.): Sign Language Interpreting and Interpreter Education: Directions for Research and Practice. Oxford, New York: Oxford University Press, 57–81.
Marschark, M./Wauters, L. N. (2011): Cognitive Functioning in Deaf Adults and Children. In: Spencer, P. E./Marschark, M. (Hrsg.): The Oxford Handbook of Deaf Studies, Language, and Education, Vol. 1. Oxford, New York: Oxford University Press, 486–499.

Marx, H./Jungmann, T. (2000): Abhängigkeit der Entwicklung des Leseverstehens von Hörverstehen und grundlegenden Lesefertigkeiten im Grundschulalter: Eine Prüfung des Simple View of Reading-Ansatzes. In: Zeitschrift für Entwicklungspsychologie und Pädagogische Psychologie, 32, 81–93.

Masataka, N. (2006): Development of Communicative Behavior as a Precurser of Spoken Language in Hearing Infants, With Implications for Deaf and Hard-of-Hearing Infants. In: Marschark, M./Spencer, P. E. (Hrsg.): Advances in the Spoken Language Development of Deaf and Hard-of-Hearing Children. Oxford, New York: Oxford University Press, 42–63.

Matulat, P./Fabian, S./Köhn, A./Spormann-Lagodziski, M./Lang-Roth, R./Rißmann, A./ et al. (2014): Ergebnisqualität im universellen Neugeborenen-Hörscreening. HNO, 62, 171–179.

Maurer, J. (1889): Verhandlungen bei der ersten Konferenz der bayerischen Taubstummenlehrer am 2., 3. und 4. August I. Jahres zu Augsburg. Über die Notwendigkeit und Wichtigkeit der Vereinigung der bayerischen Taubstummenlehrer. In: Organ der Taubstummen-Anstalten in Deutschland und den deutschredenden Nachbarländern, 35, 2–10.

May, P. (2012): Manual/Handbuch Diagnose orthografischer Kompetenz. Verlag für pädagogische Medien (VPM)/Lernbuch.

Mayberry, R. I. (1993): First-Language Acquisition after Childhood differs from Second-Language Acquisition: The Case of American Sign Language. In: Journal of Speech and Hearing Research 36, 1258–1270.

Mayberry, R. I. (2002): Cognitive development in deaf children: The interface of language and perception in neuropsychology. In: Segalowitz, S. J./Rapin, I. (Hrsg.): Handbook of Neuropsychology. 2nd Edition, Vol. 8, Part II. Elsevier, 71–107.

McCullough, S./Emmorey, K. (1997): Face processing by deaf ASL signers: Evidence for expertise in distinguishing local features. In: Journal of Deaf Studies and Deaf Education, 4, 212–222.

Meier, R. P. (2006): The Form of Early Signs: Explaining Signing Children's Articulatory Development. In: Schick, B./Marschark, M./Spencer, P. E. (Hrsg.): Advances in the Sign Language Development of Deaf Children. Oxford, New York: Oxford University Press, 202–230.

Meier, R. P./Mauk, C. E./Cheek, A./Moreland, C. J. (2008): The Form of Children's Early Signs: Iconic or Motoric Determinants? In: Language Learning and Development, 4, 63–98.

Meijer, C. (1998): Provisions for Pupils with Special Educational Needs. European Agency, Middelfart.

Merz-Atalik, K. (2014): Inklusiver Unterricht und migrationsbedingte Vielfalt. In: Wansing, G./Westphal, M. (Hrsg.): Behinderung und Migration. Inklusion, Diversität, Intersektionalität. Wiesbaden: Springer, 159–175.

Meyer, H. (2011): Unterrichtsmethoden I: Theorieband. 14. Auflage. Frankfurt am Main: Scriptor.

Miller, E. M./Lederberg, A. R./Easterbrooks, S. R. (2013): Phonological awareness: explicit instruction for young deaf and hard-of-hearing children. Journal of Deaf Studies and Deaf Education, 18, 206–227.

Ministerium für Bildung Jugend und Sport des Landes Brandenburg (2012): Deutsche Gebärdensprache: Rahmenlehrplan für die Grundschule und die Sekundarstufe I.

Ministerium für Schule und Weiterbildung NRW (2015): Ausbildungsordnung sonderpädagogische Förderung – AO-SF. Online unter: https://www.schulministerium.nrw.de/docs/Recht/Schulrecht/APOen/SF/AO_SF.PDF (Zugriff: 06.02.2017).

Möckel, A. (2007): Geschichte der Heilpädagogik. Stuttgart: Klett-Cotta.

Moeller, M. P./Schick, B. (2006): Relations between maternal input and theory of mind understanding in deaf children. In: Child Development, 77, 751–766.

Mole, J./McColl, H./Vale, M. (2005): Deaf and Multilingual. Derbyshire, UK: Direct Learn Services.

Moores, D. F. (2001): Educating the Deaf. 5th Edition. Boston: Houghton Mifflin.

Moritz, N. (2016): Oral Communication and Intelligibility in Deaf Speech. In: Domagala-Zysk, E./Kontra, E. H. (Eds.): English as a Foreign Language for Deaf and Hard-of-Hearing Persons. Cambridge Scholars Publishing, 9–22.

Most, T./Michaelis, H. (2012): Auditory, visual, and auditory-visual perceptions of emotions by young children with hearing loss versus children with normal hearing. In: Journal Speech, Language, and Hearing Research, 55, 1148–1162.

Most, T./Wiesel, A./Blitzer, T. (2007): Identity and attitudes towards cochlear implant among deaf and hard of hearing adolescents. In: Deafness and Education International, 9, 68–82.

Müller, Th. (1862): Kurze Geschichte des Taubstummen-Unterrichts. In: Organ der Taubstummen- und Blinden-Anstalten in Deutschland und den deutschredenden Nachbarländern, 8, 17–29.

Muth, J. (1974): Einführung. In: Deutscher Bildungsrat. Gutachten und Studien der Bildungskommission, Sonderpädagogik 2. Stuttgart: Klett, 6–8.

Neumann, F. (1827): Die Taubstummen – Anstalt zu Paris im Jahre 1822; eine historisch-pädagogische Skizze ..., nebst Geschichte und Literatur des Taubstummen-Unterrichts in Spanien und Frankreich. Königsberg: Unzer.

Newport, E. L. (1988): Constraints on learning and their role in language acquisition: Studies of the acquisition of American sign language. In: Language Sciences, 10, 147–172.

Nickisch, A. (2010): Auditive Verarbeitungs- und Wahrnehmungsstörungen (AVWS). In: Götte, K./Nicolai, T. (Hrsg.): Pädiatrische HNO-Heilkunde. München: Urban u. Fischer, 201–210.

Niehaus, M./Kaul, T./Friedrich-Gärtner, L./Klinkhammer, D./Menzel, F. (2012): Zugangswege junger Menschen mit Behinderung in Ausbildung und Beruf. Bonn, Berlin: Bertelsmann.

Nielsen, D. C./Luedke-Stahlmann, B. (2002): Phonological Awarness: One Key to the Reading Proficiency of Deaf Children. In: American Annals of the Deaf, 147, 11–19.

Nothdurft, J. (2016): Pressemitteilung. Gebärdensprache als Wahlfach am Gymnasium. Online unter: http://www.taubenschlag.de/cms_pics/Wahlfach_PM2-rnow.pdf (Zugriff 06.02.2017).

Nunes, T./Moreno, C. (2002): An Intervention Program for Promoting Deaf Pupils' Achievement in Mathematics. Journal of Deaf Studies and Deaf Education, 7, 120–133.

Oerter, R. (2008): Kindheit. In: Oerter, R./Montada, L. (Hrsg.): Entwicklungspsychologie. Weinheim, Basel: Beltz, 225–270.

Oller, D. K./Eilers, R. E. (1988): The Role of Audition in Infant Babbling. In: Child Development, 59, 441–449.

Padden, C. A./Ramsey, C. L. (2000): American Sign Language and reading ability in deaf children. In: Chamberlain, C./Morford, J. P./Mayberry, R. I. (Eds.): Language acquisition by eye. Mahwah, New Jersey: Lawrence Erlbaum Associates, 165–189.

Pagliaro, C. M./Kritzer, K. L. (2013): The math gap: A description of the mathematics performance of preschool-aged deaf/hard-of-hearing children. Journal of Deaf Studies and Deaf Education, 18, 139–160.

Papoušek, H./Papoušek, M. (2002): Intuitive parenting. In: Bornstein, M. H. (Hrsg.): Handbook of parenting. Vol. 2. Mahwah-New Jersey, London: Lawrence Erlbaum Associates, 183–203.

Papoušek, M. (2004): Regulationsstörungen der frühen Kindheit: Klinische Evidenz für ein neues diagnostisches Konzept. In: Papoušek, M./Schieche, M./Wurmser, H. (Hrsg.). Regulationsstörungen der frühen Kindheit. Frühe Risiken und Hilfen im Entwicklungskontext der Eltern-Kind-Beziehungen. 1. Auflage. Bern; Göttingen; Toronto; Seattle: Hans Huber, 77–110.

Paul, P. V. (2009): Language and Deafness, 4 ed. Jones and Bartlett Publishers.

Petitto, L. A./Holowka, S./Sergio, L. E./Ostry, D. (2001): Language rhythms in baby hand movements. In: Nature, 413, 35–36.

Petitto, L. A./Marentette, P. F. (1991): Babbling in the manual mode: evidence for the ontogeny of language. In: Science, 251, 1493–1496.

Piskora, J./Sarimski, K./Hintermair, M. (2010): Exekutive Funktionen und psychische Auffälligkeiten bei hörgeschädigten Vorschulkindern. Eine Pilotstudie mit der deutschen Version des »Behavior Rating Inventory of Executive Function – Preschool Version« (BRIEF-P). In: Hörgeschädigtenpädagogik, 64, 166–175.

Pisoni, D. B./Conway, C. M./Kronenberger, W./Hennig, S./Anaya, E. (2010): Executive function, cognitive control, and sequence learning in deaf children with cochlear implants. In: Marschark, M./Spencer, P. E. (Hrsg): The Oxford handbook of deaf studies, language, and education. Vol. 2. Oxford, New York: Oxford University Press, 439–457.

Plath, P. (1992): Das Hörorgan und seine Funktion. Berlin: Edition Marhold.

Pöhle, K.-H. (1994): Grundlagen der Pädagogik Hörbehinderter. Potsdamer Studientexte – Sonderpädagogik.

Pospischil, M. (2013): Der »Bildungsartikel 24« aus der Konvention über die Rechte von Menschen mit Behinderungen und seine Konsequenzen für die Beschulung Hörgeschädigter. Hamburg: Kovač.

Powell, J. J. W./Wagner S. J. (2014): An der Schnittstelle Ethnie und Behinderung benachteiligt. Jugendliche mit Migrationshintergrund an deutschen Sonderschulen weiterhin überrepräsentiert. In: Wansing, G./Westphal, M. (Hrsg.): Behinderung und Migration. Inklusion, Diversität, Intersektionalität. Wiesbaden: Springer, 177–199.

Pritchard, P. (2004): TEFL for deaf pupils in Norwegian bilingual schools: Can deaf primary school pupils acquire a foreign sign language? Norwegian University of Science & Technology, Trondheim. Online unter: http://www.acm5.com/kompendier/pat_pritchard.pdf (Zugriff: 06.02.2017).

Pritchard, P. (2011): Using a Sign Language in the Teaching of English to Deaf Pupils. DFGS-Forum, 13–24.

Probst, R. (2008): Kindliche Hörstörungen – Pädaudiologie des Ohres. In: Probst, R./Grevers, G./Iro, H. (Hrsg.): Hals-Nasen-Ohren-Heilkunde. Stuttgart/New York: Thieme, 181–189.

Randall, J. (2014): Inklusion subjektiv – Eine empirische Studie zum subjektiven Erleben von Inklusion bei Schülern einer inklusiven Außenklasse. In: Horsch, U./Bischoff, S. (Hrsg.): Inklusion konkret. Wissen aus Forschung und Praxis. Heidelberg: Median von Killisch-Horn, 131–140.

Reber, K./Richter, B. (2011): Hintergrundinformationen zum Leseverstehen und zur Lesemotivation. In: Praxis Sprache, 1, 4–10.

Reber, K./Schönauer-Schneider, W. (2009): Bausteine sprachheilpädagogischen Unterrichts. München: Reinhardt.

Reglement für die Königliche Taubstummen-Anstalt zu Berlin (1878). In: Organ der Taubstummen- und Blindenanstalten und den deutschredenden Nachbarländern, 24, 113–115.

Reglement für die Provinzial-Taubstummen-Anstalten der Provinz Preußen zu Angerburg und Marienburg (1864). In: Organ der Taubstummen- und Blinden-Anstalten und den deutschredenden Nachbarländern, 10, 33–36, 52–58.

Rettenbach, R./Diller, G./Sireteanu, R. (1999): Do deaf people see better? Texture segmentation and visual search compensate in adult but not in juvenile subjects. In: Journal of Cognitive Neuroscience, 11, 560–583.

Reuschert, E. (1900): Die Verallgemeinerung des Taubstummenunterrichtes. In: Blätter für Taubstummenbildung, 13, 71–73, 83–89.

Rogers, B. (2013): Classroom Management: das Praxisbuch. Weinheim (u. a.): Beltz.

Rosanowski, F./Hoppe, U. (2004): Einseitige Innenohrschwerhörigkeit bei Kindern und Jugendlichen: Diagnostik und Intervention. In: Sprache Stimme Gehör, 28, 60–69.

Rößler, E. (1861): Statistisches über das Taubstummen-Bildungswesen in einigen deutschen und außerdeutschen Ländern. In: Organ der Taubstummen- und Blinden-Anstalten in Deutschland und den deutschredenden Nachbarländern, 7, 151–155.

Roy, C. B. (2000): Interpreting as a discourse process. New York: Oxford University Press.

Schäfer, H./Leis, N. (2008): Lesen und Schreiben im Handumdrehen: Lautgebärden erleichtern den Schriftspracherwerb in Förderschule und Grundschule. München/Basel: Reinhardt.

Schäfke, I. (2005): Untersuchungen zum Erwerb der Textproduktionskompetenz bei hörgeschädigten Schülern. Hamburg: Signum.

Schein; J. D. (1987): The Demography of Deafness. In: Higgins, P. C./Nash, J. E. (Ed.): Understanding deafness socially. Springfield, Illinois: Thomas, 3–28.

Schick, B./ Villiers, P. da/ Villiers, J. de/Hoffmeister, R. (2007): Language and Theory of Mind: A Study of Deaf Children. In: Child Development, 78, 376–396.

Schick, B./Williams, K./Bolster, L. (1999): Skill levels of educational interpreters working in public schools. Journal of Deaf Studies and Deaf Education, 4, 144–155.

Schirmer, B./Bailey, J./Lockman, A. (Hrsg.) (2004): What Verbal Protocols Reveal About the Reading Strategies of Deaf Students: A Replication Study. Online unter: http://www.uv.es/infabra/Schirmer%202004%20WHAT%20VERBAL%20PROTOC¬OLS%20REVEAL.pdf (Zugriff: 30.12.2016).

Schlamp-Diekmann, F. (2010): Förderung des Satz- und Anweisungsverständnisses im Unterricht. In: dgs-Landesgruppe Bayern (Hrsg.): Praxis Sprache, Themenheft Satz- und Anweisungsverständnis. Mitteilungsblatt Landesgruppe Bayern, 1, 4–8.

Schmidt, K./Wagner, K./Tsirigotis, C. (2009): Identitätsarbeit rund um CI – besondere Herausforderungen in der Pubertät. In: Hörgeschädigtenpädagogik, 63, 72–79.

Scholl, S. (2008): A Twisted Brain: Interpreting between Sign Language and a Third Language. In: English in International Deaf Communication. Peter Lang, 331–342.

Schröder, H. (2002): Lernen – Lehren – Unterrichten. Lernpsychologische und didaktische Grundlagen. München/Wien: Oldenbourg.

Schröder, M. (2004): »IBI – Ich bin Ich!« Schule, Identität – Wie passt das zusammen? (Ein Erfahrungsbericht). In: hörgeschädigte kinder, 41, 10–16.

Schulte, K. (1974): Phonembestimmtes Manualsystem (PMS). Forschungsergebnisse und Konsequenzen für die Artikulation hörgeschädigter Kinder. WB XII. Villingen: Neckar.

Schumann, G./Schumann, P. (1909): Samuel Heinicke. Leipzig: Wiegandt.

Schumann, P. (1929): Allgemeine Unterrichtslehre. In: Vom Bunde Deutscher Taubstummenlehrer (Hrsg.): Handbuch des Taubstummenwesens, Osterwieck am Harz: Staude, 133–197.

Schumann, P. (1940): Geschichte des Taubstummenwesens vom deutschen Standpunkt aus dargestellt. Frankfurt a. M.: Diesterweg.

Sekretariat der Ständigen Konferenz der Kultusminister der Länder in der Bundesrepublik Deutschland (KMK) (1996): Empfehlungen zum Förderschwerpunkt Hören. Online unter: http://www.kmk.org/fileadmin/Dateien/pdf/PresseUndAktuelles/200¬0/hoeren.pdf (Zugriff: 15.11.2016).

Sekretariat der Ständigen Konferenz der Kultusminister der Länder in der Bundesrepublik Deutschland (KMK) (2011): Inklusive Bildung von Kindern und Jugendlichen mit Behinderungen in Schulen. Online unter: http://www.kmk.org/fileadmin/veroe¬ffentlichungen_beschluesse/2011/2011_10_20-Inklusive-Bildung.pdf (Zugriff: 15.11.2016).

Sekretariat der Ständigen Konferenz der Kultusminister der Länder in der Bundesrepublik Deutschland (KMK) (2014): Das Bildungswesen in der Bundesrepublik Deutschland 2012/2013. Online unter: http://kmk.org/fileadmin/doc/Dokumenta¬tion/Bildungswesen_pdfs/qualitaetssicherung.pdf (Zugriff: 15.11.2016).

Siebeck, A. (2012): Elternberatung und Elternbegleitung. In: Leonhardt, A. (Hrsg.): Frühes Hören. Hörschädigungen ab dem ersten Lebensjahr erkennen und therapieren. München: Reinhardt, 226–235.

Siegler, R./Eisenberg, N./DeLoache, J./Saffran, J. (2011): Entwicklungspsychologie im Kindes- und Jugendalter. Deutsche Ausgabe. Berlin, Heidelberg: Springer.

Singleton, J. L./Tittle, M. D. (2000): Deaf parents and their hearing children. In: Journal of Deaf Studies and Deaf Education, 5, 221–236.

Sinus Sociovision (2008): Zentrale Ergebnisse der Sinus-Studie über Migranten-Milieus in Deutschland. Online unter: http://www.migration-online.de/data/sinusmilieusz¬ entraleergebnisse09122008.pdf (Zugriff: 29.08.2015).

Spencer, P. E. (2003): Parent-Child Interaction. Implications for Intervention and Development. In: Bodner-Johnson, B./Sass-Lehrer, M. (Hrsg.): The Young Deaf or Hard of Hearing Child. A Family-Centered Approach to early Education. Baltimore: Paul. H. Brookes Publishing Co, 333–369.

Spencer, P. E./Marschark, M. (2010): Evidence-Based Practice in Educating Deaf and Hard-of-Hearing Students. Oxford University Press.

Spreng, M. (o. J.): Physiologische Grundlagen der kindlichen Hörentwicklung und Hörerziehung. Online unter: http://www.schulinfos.de/ifdt/anla/Horen_beim_Kind_Sp¬ reng_Universitat_Erlangen.pdf (Zugriff: 05.05.2015).

Staatsinstitut für Schulqualität und Bildungsforschung (2015): Mobiler Sonderpädagogischer Dienst konkret – Förderschwerpunkt Hören. Online unter: https://www.isb.¬ bayern.de/download/16510/isb_msd_konkret_4.pdf (Zugriff: 15.11.2016).

Stecher, M. (2011): Guter Unterricht bei Schülern mit einer Hörschädigung. Heidelberg: Median.

Steiner, K. (2008): Schulische Integration Hörgeschädigter in Bayern: Die Wahrnehmung der Integrationssituation durch Lehrer, Mitschüler und hörgeschädigte Schüler. Online unter: https://edoc.ub.uni-muenchen.de/9529/1/Steiner_Katrin.pdf.

Stephani, D. (1815): Über die einfachste und natürlichste Weise, Taubstumme zu unterrichten. In: Bayerischer Schulfreund, 8. Bändchen, 1–12.

Stephani, D. (1907): Über die einfachste und natürlichste Weise, Taubstumme zu unterrichten. Mit einem Vorwort von Hermann Lehm. Leipzig: Dude.

Stevenson, J./McCann, D./Watkin, P./Worsfold, S./Kennedy, C. (2010): The relationship between language development and behaviour problems in children with hearing loss In: The Journal of Child Psychology and Psychiatry, 51, 77–83.

Stokoe, W. C. (1960): Sign Language Structure: An Outline of the Visual Communication Systems of the American Deaf. (Studies in Linguistics. Occasional papers 8). Department of Anthropology and Linguistics, University of Buffalo, Buffalo 14, New York.

Stumpf, P. (2007): Die phonologische Informationsverarbeitung bei Kindern mit Hörhilfen. Online unter: kups.ub.uni-koeln.de/2197/1/Doktorarbeit_PStumpf.pdf.

Swanwick, R./Gregory, S. (2007): Sign bilingual education: Policy and practice.

Swanwick, R./Marschark, M. (2010): Enhancing Education for Deaf Children: Research into Practice and Back Again. Deafness & Education International, 12, 4, 217–235.

Swanwick, R./Oddy, A./Roper, T. (2013): Mathematics and Deaf Children: An Exploration of Barriers to Success. Deafness & Education International, 7, 1, 1–21.

Szagun, G. (2013): Sprachentwicklung beim Kind. Ein Lehrbuch. 5. akt. Auflage. Weinheim, Basel: Beltz.

Tang, G./Kun-Man Yiu, C. (2015): Developing Sign Bilingualism in a Co-Enrollment School Environment: a Hong Kong Case Study. In: Marschark, M./Spencer, P. E. (Eds.): The Oxford Handbook of Deaf Studies in Language. Oxford University Press, 197–217.

Taylor, M. M. (2004): Assessment and Supervision of Educational Interpreters: What Job? Whose Job? Is This Process Necessary? In: Winston, E. A. (Ed.): Educational Interpreting. Washington, DC: Gallaudet University Press, 178–185.

Thagard, E. K./Strong Hilsmier, A./Esterbrooks, S. R. (2011): Pragmatic Language in Deaf and Hard of Hearing Students: Correlation with Success in General Education. In: American Annals of the Deaf, 155, 526–534.

Töpler, F. (1887): Dr. Wilhelm Harnisch. Ein Gedenkblatt zu seinem hundertsten Geburtstag. In: Blätter für Taubstummenbildung, 1, 8–11, 26–28, 43–46.

Topol, D./Girard, N./St. Pierre, L./Tucker, R./Vohr, B. (2011): The effects of maternal stress and child language ability on behavioral outcomes of children with congenital hearing loss at 18–24 months. In: Early Human Development, 87, 807–811.

Toussaint, A./Heinze, L./Lipsius, M. (2012): Zur Aussagekraft des SON-R 6-40 bei Kindern mit Hörbeeinträchtigung und Kindern mit Migrationshintergrund. In: Praxis der Kinderpsychologie und Kinderpsychiatrie, 61, 108–121.

Tracy, R. (2002): Themenschwerpunkt »Spracherwerb«. Deutsch als Erstsprache: Was wissen wir über die wichtigsten Meilensteine des Erwerbs? In: Informationsbroschüre 1/2002 der Forschungs- und Kontaktstelle Mehrsprachigkeit. Mannheim: Universität Mannheim. Online unter: http://www.ids-mannheim.de/prag/sprachvariation/fgvaria/Info-Spracherwerb-2002.pdf (Zugriff: 24.10.2015).

Tracy, R. (2008): Wie Kinder Sprachen lernen. Und wie wir sie dabei unterstützen können. 2., überarb. Auflage. Tübingen: Francke.

Tracy, R. (2014): Mehrsprachigkeit: Vom Störfall zum Glücksfall. In: Krifka, M./Błaszczak, J./Leßmöllmann, A./Meinunger, A./Stiebels, B./Tracy, R./Truckenbrodt, H. (Hrsg.): Das mehrsprachige Klassenzimmer. Berlin, Heidelberg: Springer, 13–33.

Trenk-Hinterberger, P. (2003): Die Rechte behinderter Menschen und ihrer Angehörigen. Düsseldorf: Schriftenreihe der Bundesarbeitsgemeinschaft Hilfe für Behinderte – Band 103.

Trezek, B. J./Wang, Y./Paul, P. V. (2011): Processes and Components of Reading. In: Spencer, P. E./Marschark, M. (Eds.): The Oxford Handbook of Deaf Studies, Language and Education. Oxford: Vol. 1, 99–114.

Truckenbrodt, T./Leonhardt, A. (2016): Schüler mit Hörschädigung im inklusiven Unterricht. Praxistipps für Lehrkräfte. 2. Auflage. München Basel: Reinhardt.

Tsirigotis, C. (2006): Ethische Herausforderungen und interkulturelle Kompetenz. In: Hintermair, M. (Hrsg.): Ethik und Hörschädigung. Heidelberg: Median, 141–170.

Tsirigotis, C. (2006): Hörgeschädigte Kinder in der Regelschule – was brauchen sie für ihre psycho-soziale Entwicklung? In: Hörgeschädigtenpädagogik, 60, 64–72.

Tsirigotis, C. (2012): Familien mit Migrationshintergrund – Beratung und Frühförderung unter Berücksichtigung interkultureller Kompetenz und Hörenlernen in mehreren Sprachen. In: Leonhardt, A. (Hrsg.): Frühes Hören. Hörschädigungen ab dem ersten Lebensjahr erkennen und therapieren. München: Reinhardt, 270–278.

Tsirigotis, C. (2013): »All inclusive« heißt nicht »Entweder – Oder«, sondern »Sowohl als Auch« – Mit welchen professionellen Haltungen in Beratung und Schule gelingen Streifzüge ins Inklusion(träume)land? In: Hintermair, M. (Hrsg): Inklusion und Hörschädigung. Heidelberg: Median, 197–219.

Ullherr A.-K./Ludwig, K. (2014a): Die Lautsprachentwicklung hörgeschädigter Kinder im deutschen Sprachraum – Eine systematische Übersichtsarbeit (Teil I). In: Hörgeschädigtenpädagogik, 68, 98–104.

Ullherr A.-K./Ludwig, K. (2014b): Die Lautsprachentwicklung hörgeschädigter Kinder im deutschen Sprachraum – Eine systematische Übersichtsarbeit (Teil II). In: Hörgeschädigtenpädagogik, 68, 138–142.

Ullherr A.-K./Ludwig, K. (2014c): Die Lautsprachentwicklung hörgeschädigter Kinder im deutschen Sprachraum – Eine systematische Übersichtsarbeit (Teil III). In: Hörgeschädigtenpädagogik, 68, 182–185.

Ullherr A.-K./Ludwig, K. (2014d): Die Lautsprachentwicklung hörgeschädigter Kinder im deutschen Sprachraum – Eine systematische Übersichtsarbeit (Teil IV). In: Hörgeschädigtenpädagogik, 68, 226–229.

Ullrich, H. (1915): Geschichte der Taubstummenbildung im bayerischen Kreise Unterfranken. In: Organ der Taubstummen-Anstalten in Deutschland und den deutschredenden Nachbarländern, 61, 1–16, 33–49, 65–96, 97–128, 139–143, Anhang 144–150.

Unter welchen Voraussetzungen kann ein Internat statt eines Hemmschuhs ein Förderungsmittel für eine Taubstummen-Anstalt sein (1870): In: Organ der Taubstummen- und Blindenanstalten in Deutschland und den deutschredenden Nachbarländern, 16, 121–128.

Van Gent, T./Goedhart, A. W./Knoors, H. E. T./Westenberg, P. M./Treffers, P. D. A. (2012): Self-concept and ego development in deaf adolescents: A comparative study. In: Journal of Deaf Studies and Deaf Education, 17, 333–351.

Van Gurp, S. (2001): Self-concept of deaf secondary school students in different educational settings. In: Journal of Deaf Studies and Deaf Education, 6, 54–69.

Vernon, M. (2005): Fifty Years of Research on the Intelligence of Deaf and Hard-of-Hearing Children: A Review of Literature and Discussion of Implications. In: Journal of Deaf Studies and Deaf Education, 10, 225–231.

Vollmer, K./Frohnenberg, C. (2014): Nachteilsausgleich für behinderte Auszubildende. Bielefeld: Bertelsmann.

Von Mende-Bauer, I. (2006): »Genau so ist es bei mir auch!« – Schwerhörige Jugendliche lassen sich auf ihre Hörschädigung ein. Sieben Unterrichtsbeispiele zur Thematisierung der eigenen Hörschädigung an der Schule für Schwerhörige. In: Renzelberg, G. (Hrsg.): Zeichen im Stillen. Über die Vielfalt der Zugänge zur Hörgeschädigtenpädagogik. Hamburg: Signum, 171–182.

Wachtel, P./Zimmermann, N. V. (2013): Nachteilsausgleich aus pädagogischer Perspektive. SVBL, 11, 449–452.

Wagner, S./Schlenker-Schulte, C. (2006): Textoptimierte Prüfungsaufgaben – ein Weg zu Chancengleichheit bei schriftlichen Prüfungen. BWP – Berufsbildung in Wissenschaft und Praxis, 1, 43–46.

Wagner, S./Schlenker-Schulte, C. (2015): Textoptimierung von Prüfungsaufgaben. Halle (Saale): IFTO.

Walgenbach, K. (2012): Intersektionalität als Analyseperspektive heterogener Stadträume. In: Scambor, E./Zimmer, F. (Hrsg.): Die intersektionelle Stadt. Geschlechterforschung und Medienkunst an den Achsen der Ungleichheit. Bielefeld: transcript, 81–92.

Walther, E. (1882): Geschichte des Taubstummen-Bildungswesens. Bielefeld und Leipzig: von Velhagen & Klasing.

Walther, E. (1888): Christian Salomo Schafft. In: Blätter für Taubstummenbildung, 1, 281–284.

Waltzmann, S. B./Robbins, A. M./Green, J. E./Cohen, N. L. (2003): Second oral language capabilities in children with cochlear implants. In: Otology & Neurotology, 24, 757–763.

Weinert, S. (2004): Wortschatzerwerb und kognitive Entwicklung. In: Sprache Stimme Gehör, 28, 20–28.

Weiss, H. (1989): Entwicklungen und Problemstellungen in der Zusammenarbeit mit Eltern. In: Speck, O./Thurmair, M. (Hrsg.): Fortschritte in der Frühförderung entwicklungsgefährdeter Kinder. München: Reinhardt, 71–96.

Wellman, H. M./Fang, F./Peterson, C. C. (2011): Sequential progressions in a theory-of-mind scale: Longitudinal perspectives. In: Child Development, 82, 780–792.

Wende, G. (Hrsg.) (1915): Deutsche Taubstummenanstalten, -schulen und -heime in Wort und Bild. Halle/S.: Marhold.

Werner, I. (2009): Phonologisches Arbeitsgedächtnis bei dysgrammatisch-sprachgestörten Kindern. Dresden, TU, Diss.

Wessel, J. (2012): Inklusive Beschulung hörgeschädigter Kinder und Jugendlicher – Anforderungen an eine »Schule für alle«. In: Sonderpädagogische Förderung heute, 57, 145–159.

Wessel, J. (2015): Inklusive Bildung hörgeschädigter Schüler an einem Gymnasium – ausgewählte Ergebnisse einer Evaluationsstudie. In: Leonhardt, A./Müller, K./Truckenbrodt, T. (Hrsg.): Die UN-Behindertenrechtskonvention und ihre Umsetzung. Beiträge zur Interkulturellen und International vergleichenden Heil- und Sonderpädagogik. Bad Heilbrunn: Klinkhardt, 452–458.

Wessel, J. (in Zusammenarbeit mit Dombrowski, S./Grzyb, M./Jussen, J./Plum, A./Schrage, E./Wernerus, S.) (2014a): Inklusive Bildung hörgeschädigter Schülerinnen und Schüler am Wilhelm-Remy-Gymnasium Bendorf – Abschlussbericht einer empirischen Studie – Teil 1. In: Hörgeschädigtenpädagogik, 68, 17–23.

Wessel, J. (in Zusammenarbeit mit Dombrowski, S./Grzyb, M./Jussen, J./Plum, A./Schrage, E./Wernerus, S.) (2014b): Inklusive Bildung hörgeschädigter Schülerinnen und Schüler am Wilhelm-Remy-Gymnasium Bendorf – Abschlussbericht einer empirischen Studie – Teil 2. In: Hörgeschädigtenpädagogik, 68, 70–75.

WHO (2005): Internationale Klassifikation der Funktionsfähigkeit, Behinderung und Gesundheit. Genf.

Wiater, W. (2014): Unterrichtsprinzipien: Prüfungswissen – Basiswissen Schulpädagogik. 6. Auflage. Augsburg: Auer.

Wiefferink, C. H./Rieffe, C./Ketelaar, L./Frijns, J. H. M. (2012): Predictical social functioning in children with a cochlear implant and in normal-hearing children: The role of emotion regulation. In: International Journal of Pediatric Otorhinolaryngology, 76, 883–889.

Windisch, M. (2014): Lebenslagenforschung im Schnittfeld zwischen Behinderung und Migration. Aktueller Stand und konzeptuelle Perspektiven. In: Wansing, G./Westphal, M. (Hrsg.): Behinderung und Migration. Inklusion, Diversität, Intersektionalität. Wiesbaden: Springer, 119–138.

Winston, E. A. (2004): Interpretability and Accessibility of Mainstream Classrooms. In: Winston, E. A. (Ed.): Educational Interpreting. Washington, DC: Gallaudet University Press, 132–167.

Wirth, W. (2003): Psychisches Trauma und Hörbehinderung. In: Wirth, W. (Hrsg.): Trauma und Hörbehinderung. Internationale Arbeiten zur Gebärdensprache und Kommunikation Gehörloser. Band 43. Hamburg: Signum, 111–141.

Wirth, W. (2010): Schwerhörigkeit – Trauma und Coping. Qualitative Untersuchung einer diagnostischen Fragestellung. Heidelberg: Median.

Wocken, H. (2015): Das Haus der inklusiven Schule. 6. Auflage. Hamburg: Feldhaus.

Woll, B./Ladd, P. (2011): Deaf Communities. In: Marschark, M./Spencer, P. E. (Hrsg.): The Oxford Handbook of Deaf Studies, Language, and Education Volume 1 Second Edition. Oxford: Oxford University Press, 159–172.

Wood, D./Wood, H./Howarth, P. (1983): Mathematical abilities of deaf school-leavers. British Journal of Developmental Psychology, 1, 67–73.

Zetzsche, A. (1906): Die Pädagogik Johann Baptist Grasers in ihrer besonderen Bedeutung für den Taubstummenunterricht. Leipzig: Merseburger.

Zweiter deutscher Taubstummenlehrer-Kongress zu Köln. Für den bevorstehenden zweiten deutschen Taubstummenlehrer-Kongreß zu Köln... (1889a). In: Organ der Taubstummen-Anstalten in Deutschland und den deutschredenden Nachbarländern, 35, 257–236.

Zweiter deutscher Taubstummenlehrer-Kongress (1889b). In: Blätter für Taubstummenbildung, 2, 309–315.

Autorenverzeichnis

Gräfen, Claudia, Dr.
Ludwig-Maximilians-Universität München
Lehrstuhl für Gehörlosen- und Schwerhörigenpädagogik
Leopoldstr. 13
80802 München

Kaul, Thomas, Prof. Dr.
Universität zu Köln
Lehrstuhl Pädagogik und Didaktik hörgeschädigter Menschen unter besonderer Berücksichtigung der Gebärdensprache und ihrer Didaktik
Klosterstr. 79b
50931 Köln

Leonhardt, Annette, Prof. Dr.
Ludwig-Maximilians-Universität München
Lehrstuhl für Gehörlosen- und Schwerhörigenpädagogik
Leopoldstr. 13
80802 München

Ludwig, Kirsten, Dr.
Ludwig-Maximilians-Universität München
Lehrstuhl für Gehörlosen- und Schwerhörigenpädagogik
Leopoldstr. 13
80802 München

Pospischil, Melanie, Dr.
Ludwig-Maximilians-Universität München
Lehrstuhl für Gehörlosen- und Schwerhörigenpädagogik
Leopoldstr. 13
80802 München

Wessel, Jürgen, Dr.
Universität zu Köln
Lehrstuhl Pädagogik und Didaktik hörgeschädigter Menschen unter besonderer Berücksichtigung der Gebärdensprache und ihrer Didaktik
Klosterstr. 79b
50931 Köln

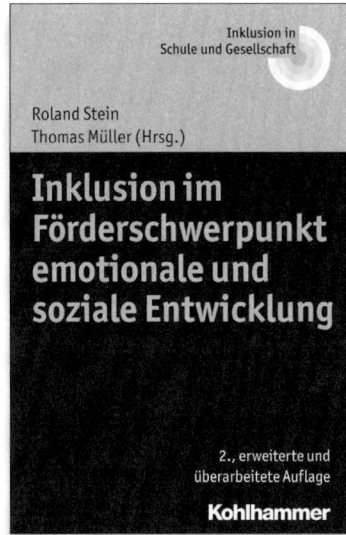

Roland Stein/Thomas Müller (Hrsg.)

Inklusion im Förderschwerpunkt emotionale und soziale Entwicklung

2., erweiterte und überarbeitete Auflage 2017. 271 Seiten, 9 Abb., 6 Tab. Kart. € 34,–
ISBN 978-3-17-032962-1 auch als EBOOK

Inklusion in Schule und Gesellschaft, Band 5

Der Umgang mit Verhaltensstörungen bildet einen der Brennpunkte der Schulentwicklung in den nächsten Jahren und eine Nagelprobe der Inklusion. Verhaltensstörungen sind nicht nur verbreitet und vielfältig; sie stellen die Lehrkräfte auch vor erhebliche Probleme. Das Buch zeichnet zunächst ein exaktes Bild der gegenwärtigen schulischen Situation in diesem Förderschwerpunkt und arbeitet die wichtigsten Entwicklungs- und Leitlinien zusammen mit den sich heute abzeichnenden Zukunftsperspektiven heraus. Anschließend geht es um wirksame Maßnahmen im Hinblick auf spezifische Auffälligkeiten im Verhalten und Erleben und die Organisationsformen inklusiver Förderung.
Der Bogen wird dabei von der schulischen Prävention bis zur intensiven Intervention gespannt.

Prof. Dr. Roland Stein ist Lehrstuhlinhaber für Pädagogik bei Verhaltensstörungen an der Universität Würzburg. PD **Dr. Thomas Müller** ist dort Akademischer Oberrat.

Leseproben und weitere Informationen unter www.kohlhammer.de

W. Kohlhammer GmbH
70549 Stuttgart

Kohlhammer